憲法からよむ
政治思想史

A History of Modern Political Thought

新版

髙山裕二
TAKAYAMA Yuji

有斐閣

新版はしがき

　初版で「憲法」から政治思想史を読み解くという試みをスタートさせましたが，今回改訂するにあたってそのための素材を少し追加しました。具体的には，コラムを増やし，新たにケース（判例）紹介の項目を加えました。また，それに合わせて，初版刊行後に発見された誤記を修正し，論旨をより明確にするために言葉を補うなどするとともに，憲法の教科書の改訂に合わせて書誌情報を一部アップデート致しました。

　ケース（判例）紹介の項目については，コラムのない回（計7回）に挿入しました。各章の政治思想のテーマを理解するうえで役に立つと思われる判例を選び，その観点から紹介しています。憲法学説における位置づけはもとより，判例自体やその背景については解説していません。そのため，判例について深く知りたい読者には，本書で参照した『憲法判例百選〔第7版〕』（長谷部恭男・石川健治・宍戸常寿編，有斐閣，2019年，以下，「百選Ⅰ・Ⅱ」）や『憲法判例50！〔第3版〕(START UP)』（上田健介・尾形健・片桐直人著，有斐閣，2023年，以下，「判例50！」）などをぜひ参照していただきたいと思います。

　最後に，こうして比較的早いタイミングでの改訂を快く引き受けてくださった岡山義信さんをはじめ，有斐閣のスタッフの皆様に心より感謝を申し上げます。

2024年5月3日

髙山　裕二

はじめに

本書の背景　本書は，政治を動かす，動かすべき基本的な考え方の成り立ちについて，日本国憲法の条文を手がかりに学ぶための，政治思想史の入門書です。大学での講義をもとに作られているので，大学で政治学・政治思想の講義を履修する学生の皆さんはもちろん，政治や憲法，公共哲学などに関心のある一般読者の方々にも活用していただくことをめざしています。

　本書のもとになった授業を行う1つのきっかけになったのは，2014年7月1日に閣議決定され，翌年9月19日未明に参院本会議で可決・成立した安全保障関連法案をめぐる議論でした。そこで，「立憲主義」という言葉がメディアでもしばしば聞かれ，いつしか誰もが知っている概念であるかのように広がっていきました。たしかに，政治学を学んでいれば誰もが知っているでしょうし，高校の授業（政治・経済など）でも耳にする概念だとは思いますが，その意味するところはそれほど自明なものでしょうか。

　一連の議論のなかで，たとえば立憲主義（constitutionalism）は憲法（constitution）によって〈権力を縛る〉ことだとメディアで説明がされていました（第99条参照）。しかし，それが権力の拘束と同時に権力の構成と深く関係していることはあまり意識されていなかったようです。つまり，私たちが国制（constitution）をいかに創造・維持するのかという，民主主義や国民主権に関わる問題です。日本国憲法前文1段には，「日本国民は……ここに主権が国民に存することを宣言し，この憲法を確定する」とあります。この種の関係性は，政治学の授業でもあまり教わりません。そもそも，戦後日

はじめに

本ではある時期まで,「立憲主義」といえば現在の民主政治よりも過去の君主政治と結びつけて理解されてきました。

　今日,憲法学と政治学は疎遠なように見えますが,本来は政治(学)こそ憲法(学)から学び,論じる必要があるのではないでしょうか。もちろん,憲法「改正」については政治(学)でも盛んに論じられています(直近の優れた研究成果として,たとえば,駒村圭吾・待鳥聡史編『統治のデザイン──日本の「憲法改正」を考えるために』〔弘文堂,2020年〕がある。なお,政治学・政治思想と憲法学の再交流を試みたものとして,飯島昇藏・川岸令和編『憲法と政治思想の対話──デモクラシーの広がりと深まりのために』〔新評論,2002年〕がある)。しかし,現代政治を成り立たせている憲法の概念自体を,その根底にある思想の歴史についてまで政治(学)が論じることはほとんどありません。実は,その概念を歴史的にひもとくことは,現代政治を成り立たせている理念と同時に,政治思想史をひもとくことにもなります。政教分離,国民主権,基本的人権,地方自治,平和主義などの理念には,それぞれに由来となる政治思想史があるのです。本書は,憲法の条文を紹介したうえで,そのテーマに合わせて**近代**(ファシズム前夜まで)を中心に政治思想史を語り直す試みです。

> **本書のねらい**

　　　　　　　　　こうして憲法から政治思想史をよみとくことで,その条文に現れる政治の概念・理論を遠い国や時代のもの──特に今の学生には縁遠いもの──ではなく,私たちの暮らす現代日本の政治に関係するものとして感じとれないでしょうか。また,概念や理論を事典的な定義だけではなく,歴史的な流れとして図像化(イメージ)することで,自分たちの知識として定着させ,憲法や政治をめぐる議論を成熟したものにさせられないでしょうか。さらに,こうして憲法の「近代的」意味を思想史を通じて知る試みはそれ自体,権力は縛られるべきだと主張するだけでな

iii

く，みずから権力を作ることに向けた立憲主義の実践の第一歩にならないでしょうか。

「立憲主義」という言葉も，先の安保法制がいったん成立すると巷間ではほとんど聞かれなくなりましたが，日本社会ではこうしたことは珍しくありません。というのも，このように政治で使われる言葉や概念が社会で共有され定着することがほとんどないため，時間が経過すると同様な議論があたかも新しい議論であるかのように繰り返されることがしばしばあるからです。そこで本書では，多くの人が一度は触れたことのある憲法の条文から始めることで，政治の基本概念・理念に関心を持ち，知識として修得するきっかけとしてもらうことをめざしています。

もとより，本書の土台になった大学での授業をするようになったのは，学生の多くが従来のアプローチでは政治思想に関心を持ちづらくなったように思われたためでもあります。以前はもっと強い関心を持っていたかどうか，教員の能力に問題があるのではないかという疑念は残りますが，それを棚に上げても，今日歴史に関わる学問分野への風当たりは強いものがあります。思想史のように「実用的」ではない学問は役に立たないといった感覚を持つ学生も少なからずいます。もちろん，すべての学生がそうだというわけではまったくありませんが，教員としてはなるべく多くの受講生に関心を持ってもらいたい。これが本講義を構想したもう1つのきっかけです。

政治思想史のテキストといえば，古代から現代までの偉大な思想家について彼・彼女らのテクストとその文脈を説明してゆくのが定石です。しかし戦後70年以上が経ち，基本的には西洋の思想を受容することで成り立っている政治思想史という分野でも，個別の思想家やテーマの研究蓄積が加速度的に進んできました。そこで，1

人の研究者がそれらを網羅的に整理することはきわめて困難になってきたのも事実です。たしかに今日でも優れた体系的・通史的な教科書は出版されていますが，著者はそれに新しいものを付け加える力がないということ以上に，いくつかのテーマごとに政治思想史を通覧するテキストが，上記のようなさまざまな事情で必要になってきているのではないかと考えるようになりました。

　この点で著者の手本となったのは——非常に体系的・網羅的なテキストではありますが——，川出良枝・山岡龍一『西洋政治思想史——視座と論点』（岩波書店，2012 年〔初版は 2001 年〕）です。さらに，テーマ別に憲法から政治思想史を読み直すことができるのではないかと思わせてくれたのが，曽我部真裕・見平典編『古典で読む憲法』（有斐閣，2016 年）でした。同書は，憲法学の専門家が憲法の基本原理を古典＝思想から読み解く力作です。他にも，本書で紹介するように，政治思想史で参照されるべき憲法研究者の著作は少なくありません。

本書の３つの留意点と特色

本書は，憲法の基本原理を読み解くというよりも，あくまで政治思想史を読み解くことが目的です。それゆえ，各講義は憲法の条文から始めるとはいえ，憲法条文とその解釈については政治思想史の各テーマをよりよく学ぶことを主眼に最低限触れるにとどまります。本書の各講義は，特定の思想家に合わせてトピックを設定し，内容は彼・彼女らのテクストの読解が中心になります。そして，思想家自身の言葉をなるべく多く紹介しているところに本書の１つの特色があります。その点では，オーソドックスな政治思想史のテキストともいえます。そのため，いうまでもないことですが，憲法自体については憲法学の良質なテキストで学習していただきたい。これが本書の第１の留意点です。

v

第 2 に，憲法から読む本書では，それに合わせて紹介する思想（家）を限定するため，政治思想史のテーマを網羅的に扱うことはできません。そもそも**近代**——おおよそ 16 〜 19 世紀——を中心に扱う著者の大学講義（上半期）の事情に合わせて，対象とする時代は限定的です。しかも，なるべくコンパクトに整理するという編集方針のもと，思想家の伝記的な記述や歴史的な叙述を大幅に削除し，参考文献も論述で直接参照したものに限定しました。そういった点で本書は網羅的な研究紹介にはなっていないことを，あらかじめお断りしておきたいと思います。

　したがって，本書は 1 つの視点から政治思想史をひと通り学べる講義として構成されていますが，古代から現代までの通史的な政治思想史の教科書を合わせて読んでいただきたい。これが本書の第 2 の留意点です。通史的・網羅的な教科書は，事典や資料集を含め下記に若干紹介するように優れたものが日本語でも読めます（たとえば，宇野重規『西洋政治思想史』〔有斐閣，2013 年〕は，西洋史を時系列的に辿りながら思想家の伝記を含めバランスよく学習できる）。いうまでもなく，本書の思想（家）の理解は特に言及しない場合も含め，先達が蓄積してきた思想史研究の知の体系に依拠しています。

　第 3 に，本書では結果的に西洋「近代」に注目しますが，その背景にある古代・中世の思想にも紙幅の許される範囲で目配りします。また，西洋近代の矛盾にも目を向けるため，必要があれば哲学や文学など隣接学問の蓄積を援用し，たとえばデフォーやモンテーニュ，ハクスリーなど，一般的な政治思想史の教科書ではほとんど出てこない著述家も扱っています。これが第 3 の留意点であり，本書のもう 1 つの特色でもあります。

　たしかに，今日歴史学（西洋史）の分野でもグローバル・ヒストリーが論じられ，「西洋」の外に目を向ける（その視点のバイアスに

はじめに

目を向ける）のが一般的です。それに比べれば本書は，「西洋近代」
で培われた思想を土台にして生まれた日本国憲法の条文から始め，
その叙述は基本的に西洋の内に愚直なまでにとどまります（日本
〔東洋〕の政治思想についてもほとんど触れられません）。しかしそれに
もかかわらず，「西洋近代」として語られてきた，たとえば合理主
義のイメージの矛盾も同時に「西洋近代」のなかで語られてきたこ
とに注目したい。そのため，西洋を内破するような複数の視座をな
るべく意識して叙述してゆきます。そうした問題関心につき，詳し
くは第1回を参照してください。

　なお，本書のよみ方として，通読しなくとも，まずはプロローグ
から読んでいただき（第2回は古代・中世を少し盛り込みすぎてやや重
いので），あとは読者の関心のあるテーマから読んでもらえればと
思います。その際，巻末に付録した日本国憲法条文を参考にして，
気になる項目を選んで読んでみるのもいいかもしれません。また，
各章末には読書案内が付してあるので——より多くの文献を紹介す
るため，あえて参考文献とは異なるものを各3冊ほど選びまし
た——，発展学習に役立ててください。加えて，6つのコラムを挿
入し，現代政治（学）を踏まえたいくつかの問いに答えるとともに，
各テーマに関連する7つのケース（判例）を（新たに改訂するにあ
たって加え）紹介しているので，政治（学）に関心を持つための素
材として活用していただけたら幸いです。

■参考文献

　本書全般で参考にした政治思想史や憲法学の教科書・解説書をこ
こに挙げておきます。なお，各章で直接参照した文献は章末に付し
ますが，複数の章で用いる「第1次文献」については重複を避ける
ため，初出の章でのみ記載します。引用文内の圏点はすべて原文，

vii

強調の太字は引用者によるものです。また，訳語や表記は断りなく
変更した場合があります。

［政治思想史］

有賀弘・内山秀夫・鷲見誠一・田中治男・藤原保信編『政治思想史の基礎
　　知識──西欧政治思想の源流を探る』有斐閣ブックス，1977 年。

小笠原弘親・藤原保信・小野紀明『政治思想史』有斐閣 S シリーズ，1987
　　年。

松本礼二・川出良枝『近代国家と近代革命の政治思想』放送大学教育振興
　　会，1997 年。

山岡龍一『西洋政治理論の伝統』放送大学教育振興会，2009 年。

川出良枝・山岡龍一『西洋政治思想史──視座と論点』岩波テキストブッ
　　クス，2012 年。

宇野重規『西洋政治思想史』有斐閣アルマ，2013 年。

杉田敦・川崎修編『西洋政治思想資料集』法政大学出版局，2014 年。

堤林剣『政治思想史入門』慶應義塾大学出版会，2016 年。

［憲法学］*

安西文雄ほか著『憲法学の現代的論点〔第 2 版〕』有斐閣，2009 年＝憲法論
　　点。

曽我部真裕・見平典編『古典で読む憲法』有斐閣，2016 年＝古典憲法。

高橋和之『立憲主義と日本国憲法〔第 5 版〕』有斐閣，2020 年＝高橋憲法。

樋口陽一『憲法〔第 4 版〕』勁草書房，2021 年＝樋口憲法。

長谷部恭男『憲法〔第 8 版〕』新世社，2022 年＝長谷部憲法。

芦部信喜『憲法〔第 8 版〕』高橋和之補訂，岩波書店，2023 年＝芦部憲法。

　　＊各著書の文中での表記を＝に続けて付す。

目　次

新版はしがき　*i*

はじめに　*ii*

本書の背景（*ii*）　本書のねらい（*iii*）　本書の３つの留
意点と特色（*v*）

プロローグ

第1回　クルーソーと「近代」の物語　　　*2*

政治思想史の課題と方法

1　『ロビンソン・クルーソー』とは？ ………………… *4*

──近代の幕開けを告げる小説

ジャーナリスト？（*4*）　冒険譚（*5*）

2　「近代」の意味と政治思想史のアプローチ ……………… *6*

経済人の誕生（*6*）　「近代」の１つの意味（*7*）　「近
代」への疑問（*8*）

3　「近代」の両面性と政治思想史の課題 ………………… *9*

──「近代」を内破する《近代》

もう１つの近代（*9*）　モノの支配（*11*）　感染症の記
憶（*13*）

第Ⅰ部　内戦の時代（16・17世紀）

第2回　政教分離　　　*16*

アウグスティヌスとマキアヴェリ

ix

1 ポリスの解体と「法」の支配 ……………………… *18*

古代ギリシアとノモス（*18*）　古代ローマと「政治」の
変容（*19*）　法秩序の体系化と自然法（*21*）

2 アウグスティヌスと中世キリスト教思想の誕生 ……… *23*

キリスト教と宗教の政治利用（*23*）　〈法〉に代わる
「神」の支配（*24*）　《分離》の意義（*25*）

3 トマス・アクィナスと政教の接合 ………………… *27*

12 世紀ルネサンスとアリストテレスの復権（*27*）　両剣
論と『神学大全』（*29*）　14 世紀の異変＝中世の黄昏
（*30*）

4 『君主論』の衝撃 …………………………………… *31*

道徳と権力の分離（*31*）　政治固有の論理を求めて（*33*）
政教分離思想の水脈（*34*）

第3回　思想・良心の自由／信教の自由 *39*

宗教戦争とモンテーニュ

1 宗教改革の政治理論──「真の宗教」の政治に向けて ……… *41*

原点としてのルター（*41*）　改革の旗手カルヴァン（*42*）

2 宗教戦争と政治的寛容 …………………………… *44*

フランスの宗教戦争と「妥協」（*44*）　信教の自由？
（*47*）　調停役モンテーニュ（*47*）

3 妥協の理由 ………………………………………… *50*

エセーとは何か？（*50*）　「レーモン・スボンの弁護」と
「中世」との別離（*51*）　〈習慣の力〉と妥協の政治（*53*）

4 宗教的寛容と「信教の自由」の成立 …………… *56*

イングランド内戦と「信教の自由」（*56*）　ヴォルテール
と理性信仰？（*58*）

第4回　主権／代表　　　　　　　　　　　　60

ホッブズと近代国家の作り方

1 「主権」の登場 ··· 62
「暴君」への抵抗（62）　　ボダンと〈法〉の支配の変容
（63）

2 「秩序」イメージの転換 ··· 65
自然法の世俗化（65）　　リヴァイアサン（66）　　ホッブ
ズの人間論（68）

3 自然権・自然法の転換 ··· 68
自然権（68）　　自然法（69）　　プーフェンドルフ（70）

4 近代国家の設立と「代表」の論理 ························· 72
「共通の権力」の創出（72）　　代表？（73）

第5回　基本的人権／議会　　　　　　　　　　　79

ジョン・ロックと近代立憲主義の成立

1 ジョン・ロックとその時代 ···································· 81
——議会主義の確立という課題
国王 vs. 議会（81）　　ロックの登場と排斥法危機の時代
（82）

2 国家を作る理由 ·· 84
自然状態≠戦争状態（84）　　自然法と不都合の理由（85）

3 国家の作り方と抗い方 ··· 86
国家を作る目的と手順（86）　　「公共の福祉」（88）

4 近代国家の「リベラル」化と近代人の不安 ·············· 91
ロック思想の2つの意義（91）　　理性の不安：知性の限
界と自由主義の課題（93）

第Ⅱ部 イングランドの世紀（18世紀）

第6回 権力分立 98

政治体制論の伝統とモンテスキュー

1 混合政体論の誕生 …………………………………………… 99
古代ギリシアと政治体制論（*99*）　「混合」の発想（*101*）

2 キケロと共和主義の展開 …………………………………… 103
ローマ共和政最後の政治家（*103*）　「混合」の発想の継承（*105*）　共和主義の再興（*105*）

3 モンテスキューと古代ローマ ……………………………… 107
『法の精神』と政治体制論（*107*）　権力均衡（*108*）

4 『法の精神』における「権力分立」の意味 …………… 111
イギリス国制と権力分立（*111*）　分立？ 見落とされる論点（*111*）　意義と課題（*113*）

第7回 結社／二院制 116

アメリカ独立革命とフェデラリスト

1 アメリカ建国と2つの思想潮流 …………………………… 117
権利宣言と自由主義（*117*）　合衆国憲法と共和主義（*119*）

2 『ザ・フェデラリスト』――共和主義を近代化する実験 …… 119
論争の背景（*119*）　「デモクラシーの過剰」（*121*）

3 新しい権力均衡論と二院制 ………………………………… 123
人間の認識の不確かさ（*123*）　アメリカ型権力分立（*124*）　立法権の分割（*125*）　新しい共和政と代表制の課題（*126*）

目　次

4 結社の自由とその意義 ……………………………………… *128*
　　結社の自由の理由（*128*）　　意義と課題（*129*）

第**8**回　経済的自由／財産権　　　　　　　　　　　　　　*134*

スコットランド啓蒙思想とスミス

1 もう１つの思想の復権
　　　　　　　　——市場（自由主義）vs. 共同体（共和主義）…・ *136*
　　「権利」の思想史（*136*）　　《徳》の思想史（*136*）

2 スコットランド啓蒙思想の誕生——富と徳の対立 ……… *138*
　　奢侈論争と「経済的自由」の理由（*138*）　　ヒュームと商
　　業の《徳》（*139*）

3 ロックとの対決——市場原理と財産権をめぐって ………… *141*
　　市場社会の原動力（*141*）　　財産権と「公共の利益」
　　（*141*）

4 スミスによる〈富 vs. 徳〉の止揚 ……………………… *143*
　　　　　　　　——「経済的自由」と《公共の利益》
　　富の再定義と「経済的自由」の肯定（*143*）　　「経済的自
　　由」の影（*145*）　　「経済的自由」と公正さ（*146*）

第Ⅲ部　フランス革命の時代（18世紀）

第**9**回　生存権／憲法改正　　　　　　　　　　　　　　　*152*

ジャン＝ジャック・ルソーと人民主権

1 「徳の憤慨」……………………………………………………… *154*
　　庶民の子（*154*）　　ヴァンセンヌの森で（*155*）

2 不平等が拡大する論理 ………………………………………… *156*
　　　　　　　　——人間の自然（権利）とその破壊
　　不平等の約束と「幸福」の権利（*156*）　　不幸の源泉

xiii

（157）　社会的不平等と従属状態（159）　　フランス革命とルソー（159）

3　社会契約と憲法制定権力 ……………………………… 163
もう1つの国民主権と真の社会契約（163）　　一般意志と人民集会（165）　　憲法制定権力とシィエス（167）

4　ルソーの思想史上の影響と解釈 ……………………… 168
「プープル主権」（168）　　シュミットとロールズ（169）公教育とコンドルセ（170）

第10回　政党／代議制　　　　　　　　　　　　　173
エドマンド・バークとフランス革命

1　バークの政党論と代議制 ……………………………… 175
人と思想（175）　　『現代の不満』と政党論（177）2つの代表モデル（179）

2　トマス・ペインと「フランス問題」……………………… 180
『コモン・センス』とアメリカ革命（180）　　『人間の権利』とフランス革命（181）

3　時間の重みと〈保守〉の論理 ……………………… 183
フランス革命批判（183）　　〈保守〉の論理と「慣習」政治（185）

4　「改正の限界」問題 ……………………………………… 187

第11回　自衛権／公務員　　　　　　　　　　　　　190
カントとリアルな平和論

1　ドイツ観念論と《自律》の政治思想 …………………… 192
2つの自由と人間の尊厳（192）　　国家と「国際国家」の理念（194）

目　次

2 永遠平和に向けた具体的な構想 ……………………………… *196*
予備条項と常備軍の廃止（*196*）　確定条項とあるべき政
治体制（*198*）　デモクラティック・ピース？（*200*）

3 「国連」の構想と安全保障体制 …………………………………… *201*
国際的な連合（*201*）　「国際的」自衛権？（*202*）

4 公務員と公共性——理性の公共的使用をめぐって …………… *204*
言論の自由と理性の「公共的」使用（*204*）　《公》と
〈公共〉の相違（*205*）

第 IV 部　〈民主化〉の時代（19 世紀）

第**12**回　地方自治／陪審制　　　　　　　　　　　　　　　*210*

トクヴィルと政治参加

1 政治的無関心は問題か？ ………………………………………… *212*
講演「ドイツとドイツ人」（*212*）　自由主義者とアパ
シー（*213*）　トクヴィルとアメリカ旅行の衝撃（*214*）

2 政治教育と地方自治の「本旨」…………………………………… *216*
デモクラシーの「政治教育」（*216*）　地方自治の役割
（*217*）　もう 1 つの効用と宗教（*218*）

3 司法権の役割 ……………………………………………………… *219*
裁判官の権威と役割（*219*）　法曹精神の評価（*220*）

4 政治制度としての陪審制 ………………………………………… *221*
陪審制の由来とトクヴィルの独創（*221*）　刑事より民事
（*222*）　シティズンシップ教育と政治参加のかたち
（*225*）

xv

第 13 回　平等／参政権 229

ミルとフェミニズムの誕生

1 フランス革命とフェミニズムの覚醒 …………………… 231
『女性の権利の擁護』（231）　　社会主義との共闘（234）

2 ミルの『女性の隷従』――『自由論』の応用 …………… 235
ミルの女性論（235）　　慣習の専制（238）　　男女平等の
3つの理由（239）

3 参政権と政治的平等の理由 ……………………………… 242
参政権を認めるべき理由（242）　　政治的平等とその問題
（245）

第 14 回　天皇制／議院内閣制 249

バジョットの英国国制論と「行政権」

1 権力分立論の欠陥 ………………………………………… 251
行政あるいは政府とは何か？（251）　　君主の大権？
（252）　　モンテスキューとルソー（253）

2 内閣と君主の役割 ………………………………………… 254
銀行家バジョット（254）　　権力分立論の批判（255）
野党と君主の役割（256）　　象徴天皇制（259）

3 官僚制の欠陥と政治主導 ………………………………… 260
官僚主義の欠陥（260）　　工業国の指導者（260）　　ビジ
ネス中心の時代に（261）

エピローグ

第 15 回　労働社会の「人間らしさ」？ 266

ヨーロッパの世紀末と政治思想史の役割

目　次

1 近代「労働」社会と政治──ヘーゲルからマルクスへ ····· *268*
「労働」の復権（*268*）　　ヘーゲルから社会主義へ（*269*）
マルクスと労働（*270*）

2 ヨーロッパの世紀末 ································· *272*
　　　　　　　──文明への失望と「非合理性」への欲求
「世紀末」の流行（*272*）　　『西洋の没落』（*273*）　　「新保
守主義」の台頭（*274*）

3 『すばらしい新世界』と「生産性」の論理の優位 ···· *275*
華麗なる一族とディストピア（*275*）　　近代の至上命題と
しての「安定性」（*276*）　　苦痛のない「幸福」と自由
（*277*）　　「人間らしく！」（*279*）

あ と が き　　*283*

日本国憲法　　*287*

事 項 索 引　　*299*

人名・書名索引　　*304*

xvii

コラム一覧

① 政治は〈私〉をどこまで支配できるか？　*55*

② 個人は国家より先に存在するのか？　*92*

③ 本当に多数者が支配しているのか？　*131*

④ 死刑はなぜ認められないのか？　*161*

⑤ 保守は「右」といえるのか？　*176*

⑥ それほど裁判官は正しいのか？　*223*

ケース一覧

① 政教分離は〈国家と教会〉を分離すれば十分か？　*26*

② 小選挙区制は「国民代表」原理に違反しないか？　*74*

③ 「三権分立」は三権の不介入を意味するのか？　*109*

④ 経済的自由は「公共の福祉」によって規制されるか？　*142*

⑤ 憲法9条は自衛権を認めるか？　*199*

⑥ 夫婦別姓はなぜ認められないのか？　*237*

⑦ 内閣総理大臣の権限はどこまで及ぶのか？　*258*

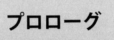

第1回 クルーソーと「近代」の物語

政治思想史の課題と方法

【基本的人権の永久性】

第11条　国民は，すべての基本的人権の享有を妨げられない。この憲法が国民に保障する基本的人権は，侵すことのできない永久の権利として，現在及び将来の国民に与へられる。

【憲法尊重擁護の義務】

第99条　天皇又は摂政及び国務大臣，国会議員，裁判官その他の公務員は，この憲法を尊重し擁護する義務を負ふ。

● ● ●

その昔，古代ギリシアでは神の法（掟）が人間の生活や社会を規定していたという。しかし，その権威が動揺すると，人間が自覚的にルールを作る必要が生まれ，政治思想の営みもそのとき同時に生まれたと理解されてきた（→第2回）。

古来，政治について考えるには，それを規定するルール，すなわち法と呼ばれるものについても同時に考えられてきたのである。そして今日，その根幹にあるのが「憲法」と呼ばれ，日本国憲法でもその最高法規性が規定されている（第98条）。しかも，一般国民というよりは統治に直接関わる公職者等にその尊重擁護が義務づけられている（第99条）。このため，日本国憲法自体には賛否があるとはいえ，その大きな枠組みのなかで日本の政治が現に動き，それについて考えざるをえないことをまずは確認しておこう。

そのなかで，もっとも重要な規定が基本的人権のそれである（第

11 条)。というのも，基本的人権については日本国憲法を超えた規範性を備えているとされる永久性が謳われ，最後尾の「第 10 章 最高法規」において再びその由来が説かれているからだ（第 97 条）。さらに，憲法が最高法規であるのは法律以下の国内法に対して形式的に上位にあることに加えて，それが「個人の尊重」の原理という最高の価値に基づく点で実質的に上位にある「根本規範」だと考えられるからである（芦部 1966：6；芦部憲法：12）。

　本書のように，憲法からよむ政治思想史が「近代」から始めるのはこのことに関係する。「近代」の定義はさまざまあり，ここではその時期を明確に定義しないが，さしあたり基本的人権の対象となる「個人」（第 13 条）が生まれた時代だとみなすことができる。「個人」が生まれたといっても，それは理念・権利上の話であって，人が封建的身分制から解放されて「個人」として尊重されるべきだと考えられるようになった時代を漠然と指す。

　そこで，まずはこの時代を理解しなければならない。そして，そのための格好のテクストが『ロビンソン・クルーソー』であるといったら，疑問に思う向きもあるかもしれない。たしかに，この 18 世紀初頭のイギリスの小説は政治思想史のテクストとは普通考えられない。しかし，この小説は戦後日本の政治学・法学を含む社会科学の分野で，「近代」の自律した「個人」を最初に典型的なかたちで描いた著作だとみなされ，その個人と彼らからなる社会を形成することこそ学問的・実践的課題とされてきたのである。

　したがって，第 1 回はプロローグとして，同書とその解釈を紹介しながら，「近代」がどう理解されてきたのか，どう理解されてこなかったのかを確認する。そのことを通じて，「近代」政治思想史をどういった視点で読み進めるべきかを考えてみよう。

プロローグ

1 『ロビンソン・クルーソー』とは？——近代の幕開けを告げる小説

ジャーナリスト？ 『ロビンソン・クルーソー』の著者といえば，読者は小説家を想像するに違いない（実際今日そのように紹介されることが多い）。だが，彼はジャーナリストだったといったほうが正確である。ダニエル・デフォー（Daniel Defoe, 1660–1731 年）は，ロンドンの富裕な蠟燭商ジェームズ・フォーの子として，イギリスで共和政（1649–60 年）の終わった年に生まれた（本名の姓は foe であり，Defoe という姓は彼自身がのちに付けたものである）。父は長老派教会の非国教徒だった。5 歳のとき，ロンドンでペストが流行するが（一家は地方に疎開した），その「経験」はのちに『疫病の年の記録』（1722 年）として刊行されることになる。

1684 年に結婚し，さまざまな商いをして破産したあと，執筆業に専念する。そして，97 年に経済に関する論評を出版，1702 年には政治的なパンフレット「非国教徒撲滅最短法」"The Shortest Way with the Dissenters" を刊行して投獄される。このパンフレットは下院多数派のトーリー党による非国教徒の撲滅策を風刺したものだった。前述の通り，フォー家は宗教的マイノリティに属していたのだ。さらに，デフォーは 04 年に新聞『レビュー』を発刊（当初は週 1 回，1 年後から週 3 回出版，1713 年に廃刊），ジャーナリストの草分けとして活躍した。

1719 年 4 月，59 歳で初めて書いた小説が『ロビンソン・クルーソー』である。それは発表されると瞬く間に版を重ね，3 カ月後には第 2 部『ロビンソン・クルーソーのさらなる冒険』も出版され，諸外国でも翻訳されるなど大成功を収めた。

第1回　クルーソーと「近代」の物語

冒険譚

正式なタイトルは『ヨークの船乗りロビンソン・クルーソーの生涯と奇妙で驚くべき冒険』という（副題は省略）。当時無人島で4年間あまりを過ごした実在の船乗りセルカークの生活記録や冒険物語などを素材にして書かれた，孤島での冒険譚である。19歳で初めて船出をした主人公ロビンソン・クルーソーは，最初の航海での難破にも懲りずに再び出帆して遭難，南米の無人島に漂着する。そこで日記を付け，住居を築いて農耕や牧畜を営み生計を立て，28年にわたって孤島で生き抜く物語である。

デフォー

『ロビンソン・クルーソー』は近代最初の小説といわれ，それは当時勃興した中産階級の独立不羈を反映した近代的人間の典型を示すテクストと評されてきた。同書は3部作であり，一般に『ロビンソン・クルーソー』と呼ばれているのは第1部を指す（ここでも慣例に従う）。3カ月後に刊行された第2部は，クルーソーが島を再訪し，乱れていた島を統治するとともに南米やアジアを旅行，シベリアを横断して帰国するという物語である。翌年に刊行された第3部『ロビンソン・クルーソーの生涯と不思議な冒険中の真面目な省察』は，冒険譚というより「実質は敬虔，敬神といった精神論」だった（塩谷

『クルーソー』初版の本扉

2011：306）。

2 「近代」の意味と政治思想史のアプローチ

経済人の誕生　クルーソーは近代人あるいは経済人（ホモ・エコノミクス）のモデルであるといわれる。アダム・スミス（Adam Smith, 1723-90 年）が近代経済学の古典『国富論』を書く際に前提にした経済人は，クルーソーだといわれてきた。こうした見方は，マルクスが「経済学はロビンソン物語がお気に入りのようだから」といって批判したことで定着したと考えられる（マルクス 2005：117）。もっとも，マルクス（Karl Marx, 1818-83 年）にとって「明るい島」に暮らすクルーソー自身は，商品市場（資本主義社会）から免れた「自律した人間」だったのだが。

　また，マックス・ウェーバー（Max Weber, 1864-1920 年）は『プロテスタンティズムの倫理と資本主義の精神』（1905 年）などで，「孤立的経済人」ロビンソン・クルーソーを合理主義的な——それは同時にピューリタン的であることが同書では重要だったが——人間モデルとして評価した。「たとえばデフォーのロビンソンは……，周囲から隔絶したなかで置かれた状況にしたがって『合理的』な経済を営んでいる」（ウェーバー 1982：136）。

　日本国内でもウェーバーの影響のもと，「徹底した実践的合理主義」がそこにあることが強調された。実際，『クルーソー』には次のような記述がある。「ここでいっておきたいことは，理性が数学の本質であり，根源であるのと同様に，すべてを理性に従って工夫し，もっとも合理的な判断に基づいて行動すれば，われわれはどんな手工にも長じるようになるということである」（デフォー 1951：78）。経済史学者の大塚久雄は，このように行動する人間を「中産

的生産者」のモデルとして提示したのである。

合理的な行動様式は，時間の観念と「損益計算書」の作成によく表れている。つまり，クルーソーは島に漂着してから日時を記録し，「どういう損益があったか，それを借方貸方のバランス・シートにつくっている」（大塚1966：118）。「近代」とはこの意味で合理主義の時代なのだ。マルクスであれウェーバーであれ，その評価はともかく人間とその行動のこの面に光を当てることで，社会事象の近代的＝科学的な認識を可能にした。

ウェーバー

「近代」の１つの意味　デフォーがそのような人間像を描くことを可能にしたのは，中産階級が勃興しつつあった 18 世紀イングランドという時代である。そして，それをフィクションとして純粋なかたちで造形できたのは〈孤島〉という舞台設定が絶妙だったからだろう。というのも，無人島はいやが応でも既存の社会（伝統や慣例などのしがらみ）から隔絶した空間を作り出し，封建社会やそれを支える宗教や道徳から解放された人間を描くことを可能にしたからだ。たとえば，主人公は次のように語っている。

　このような〔人の足跡を見つけたことで生まれた〕恐怖は，私がそれまで宗教心に基づいて持っていた希望をまったくなくさせた。神の恵みについて私が経験した幾多の驚くべきことから生じた神への信頼は消え失せた。今まで私を奇跡的に養ってきて下さった神が，その慈悲深さから私に与えて下さったものを，

プロローグ

その力によって守って下さることはできないと私は考えたわけ
なのである。(デフォー 1951 : 180)

　もちろん，当時の人々，とりわけ中産階級がみな慣例に従って信
心深かったとは思えない。しかし，既成社会のなかで大っぴらにい
えないことを孤島だからこそいえる，また考えていなかったことが
自覚されるという効果がある。さらに，著者がそうした考えにかた
ちを与えることで，ある種の理念となる。このとき間違いなく誕生
したのは，完全に解放され自律した「**個人**」という**理念**だった。
　戦後日本の思想史研究では，大塚のほか丸山眞男や福田歓一など，
「日本的」社会（共同体）からの解放を時代的課題として引き受けた
研究者たちが，こうした理念を思想史のなかに求めたことはごく自
然だっただろう。

「近代」への疑問　　しかし，高度経済成長に伴う社会道徳の荒
　　　　　　　　　　　廃や公害問題など，近代合理主義あるいは
資本主義の影の部分が明らかになるなか，次の世代（仮に戦後第2
世代と呼ぼう）の思想史研究者たちは，「近代」に疑問を投げかける
ようになる。たとえば，佐々木毅，藤原保信，小野紀明の各氏は，
単純化していえば，それぞれマキアヴェリ研究から共和主義（政治
的人文主義），ホッブズ・ヘーゲル研究からコミュニタリアニズム，
ロマン主義・ハイデガー研究からポストモダニズムに着目しながら，
「近代」をめぐる議論に一石を投じた。もっとも，彼らは「近代」
をまるごと否定したわけではなく，スタンスの取り方もさまざま
だった。
　こうした日本における政治思想史研究は，欧米における同様な研
究動向を反映したものでもあった。一例を挙げれば，J. G. A. ポー
コックやクエンティン・スキナー，アラスデア・マッキンタイアや

8

チャールズ・テイラー，ウィリアム・コノリーやリチャード・ローティといった研究者たちである。彼らの研究対象や手法は——ここでは紹介できないが——さまざまだが，ステレオタイプ化された「近代」概念に揺さぶりをかけた点で共通していたといえる。

　時を同じくして，政治思想史の方法論についても盛んに論じられた。テクストのうちに時代を超えた普遍的真理を探究する「**テクスト主義**」——そのなかにはレオ・シュトラウスに代表されるエソテリシズム（行間から真理を読み解く手法）が含まれる——を批判した，ケンブリッジ学派の「**コンテクスト（文脈）主義**」はその花形といえる。ただ，同学派を代表するスキナーは，テクストを説明する歴史的文脈の研究を重視する一方，その問題点も当初から指摘していた。つまり，社会的文脈によってテクスト（の意味）が規定されるのではなく，その理解に「役立つ」と考えるべきである，と（佐藤1990：134-135）。

　本書でも，過去の思想家自身の言葉をできるだけ多く紹介するように努める一方で，彼らの生きた時代情況に目配せしながらそれを理解してゆくというアプローチ，「近代」政治思想のいわゆる「歴史的再構成」（同上：147-148）を試みることにしたい。

3　「近代」の両面性と政治思想史の課題——「近代」を内破する《近代》

| もう１つの近代 |

本書は，上述のような研究動向を踏まえつつも，「超」近代とか近代「後」というよりは，近代そのもののなかに〈もう１つの近代〉を見いだしてゆく。いわば二重の《近代》に着目しながら政治思想史を辿ってゆく試みである。

　実はこの点でも，クルーソーは格好のモデルである。というのも，

クルーソーは解放された「個人」の自律（自信）を表現すると同時に，その不安を吐露する存在としても作中に現れるからだ。当時は，絶対的な神ないし宗教が社会そして人間生活になお大きな位置を占めていたが，そこから解放された主人公は幸福かというとそうではなく，逆に悲惨のようにさえ見えるのである。作中幾度も人間生活の不安定さと精神的な不幸に関する言及があるのは偶然ではないだろう。たとえば，クルーソーは「人間の生活というものは，そのように不安定なもの」（デフォー 1951：181）だと語った後，次のように続けている。

　　病気がわれわれの体に起こさせるのと変わらない作用を，そういう不安はわれわれの精神に生じさせるのであって，この場合に精神上の不安は体の不調と同じ程度の，というよりも，それよりもはるかに大きな障害となるのであり，それは神に祈るということが，体よりも精神の行為だからである。（同上：189）

　さらに，「近代」に対するより直接的な批判は次の一節である。「私は自分の生涯で，人間というものがもっともかかりやすいある病気に対する戒めの役を，いつも務めさせられてきたのであって，人間の苦役の半分はこの病気から生じると思われるのであるが，それは，神と自然によって自分が置かれた状態に満足しないということなのである」（同上：224）。つまり，自分の置かれた今の境遇に満足しないことを「病気」だと述べているのである。いうまでもなく，アダム・スミスによれば，近代化（産業化＝分業化）の動因は，人間が今の境遇に満足しない「自己改善能力」を有していることにあった（『国富論』第2編3章）。
　クルーソーのうちに精神の不安が見いだせるのは偶然ではないと

いったが，精神論を主題とした同書第3部1章のタイトルが「孤独
について」だったことはその証左だろう。

モノの支配　身分制から解放された個人の不安を理解す
るうえで，「近代」のモノの支配を無視す
ることはできない。文学者の山本史郎はクルーソーについて，「思
想が先か，モノが先か？」という問いを提起している（山本 2011：
70）。これまで「近代」とは〈私〉個人の意識がまず先にあり，続
いてモノが獲得・使用＝支配する対象として認識される時代だと考
えられてきた。だが，そうではなく，溢れるモノ（市場で値段が付け
られると「商品」と呼ばれる）の世界が先にあり，そのなかで〈私〉
の（非？）存在が否応なく意識される時代なのではないか。つまり，
個人がモノのなかに埋もれかねない時代……。

デフォーが同書を執筆した翌年，あらゆる階層の人間がモノ（カ
ネ）に踊らされた南海泡沫事件（実態は金融会社だった貿易会社の高騰
した株価が急降下した事件）が起きたのは象徴的である。これはまさ
しく，人の価値もモノ（カネ）に還元される商業社会の到来を告げ
る事件だった。

作中には，そういった解釈を裏づけるような場面も登場する。孤
島に「食人種」が現れ，主人公も一瞬で奴隷にされかねない恐怖に
苛まれる場面である。それは，「自分が商売を司る側から商品の側
に落ちてしまうことへの潜在的な恐れ」だったと理解できる（武田
2011：484）。『クルーソー』をそう解説する武田将明によれば，デ
フォーがここで描いたのは，単に文明が野蛮を恐れる「コロニア
ル」な世界であるよりも，近代（文明）自体の抱える矛盾，すなわ
ち「人間を『物』に還元する過酷な経済システム」である。そこで
個人にできたせめてもの抵抗は，聖書の入った箱から煙草を取り出
し吸うことだった（！）。

プロローグ

「近代」という時代に「個人」という理念がフィクションとして創出された意義はかぎりなく大きい。しかし彼／彼女らは，モノを産出しながら自分自身もモノ（カネ）に還元されかねない時代にあって，不安や恐怖を同時に抱えざるをえない「個人」でもあった。つまりは，己の価値（価格）が他人（経済システム？）によって評価されるため，それ自身として価値があるのかという不安に苛まれる「個人」でもあった。そこで，近代の政治思想家たちは，二重の《近代》を見据えながら，人間がただ合理的かつ自律的であることを説くのではなく，その「尊厳」を保障するために人間の非合理的かつ他律的な面にも着目せざるをえなかったのではないか。

　この点で，政治思想史上の分岐点にいる——ある意味で1つの到達点にいる——思想家は，カント（Immanuel Kant, 1724-1804 年）だろう。『純粋理性批判』の著者は，理性の働きとその限界を見据えながら人間の「尊厳」に関して無類の哲学を建立し，それはロールズをはじめ現代の政治理論家にも多大な影響を及ぼしている。たしかに，それに比べれば本書で扱う他の思想家たちは人間の尊厳それ自体を語っているわけでは必ずしもなく，二重の《近代》を見据えた度合いにも幅がある。とはいえ，彼らは必ずしも合理的ではない人間の行動を規定する宗教や自然（法），集団・派閥や伝統・慣行あるいは恐怖心や羨望，自己実現欲求のような情念などに着目した。そうすることで，政教分離や基本的人権，権力分立や代議制，男女平等などの理念を紡ぎ出しながら，人間の尊厳を保障するような政治（権力）のあり方を構想しただろう。

　これに対して，本講義の終着点であるファシズム前夜に出現するのは，1つの「近代」（＝合理性）を一方的に追求することで，人間の尊厳が脅かされるという事態だった。

第1回　クルーソーと「近代」の物語

感染症の記憶　最後に，デフォーが『疫病の年の記録』の著者でもあることについて一言しておこう。それは彼が5歳のときに発生したロンドンのペスト大流行を再現した著書である。田舎に疎開していたデフォーはこの〈死に至る病〉を直接観察したわけではないが，同書は叔父の証言などに基づいた本格的な感染症のパンデミックの記録である。その執筆動機は，ウイルス大流行を乗り越えたロンドン市民を描写することにあるとされるが（この危機に対応した行政当局に対しても概して好意的な記述が目につく），近代消費社会の夜明け前にあって，不安や恐怖に苛まれる——そうした感情を煽る誤情報に踊らされる——「近代人」の姿が描かれてもいることはやはり見逃せない。

　『クルーソー』の著者は，彼の生きた時代，すなわち「近代」を，合理と非合理，希望と不安といった二重の視点で観察していた。本書も，そうした視点を意識しながら政治思想史を語り直してゆこう。それは，あえて比喩的にいえば，「幾何学的精神」が幅をきかせる時代の「繊細の精神」（パスカル）にも耳を傾けながら近代西洋の政治思想史を辿る試みである。

📖読書案内

内田義彦『社会認識の歩み』岩波新書，1971年。
　　戦後日本の社会科学者たちは「近代」を認識しようと格闘したが，その経験は今日もなお示唆的である。本書はその記録としても読める社会科学の入門書である。また，「近代」思想史の独自な視座を提示した研究として，アルバート・O・ハーシュマン『情念の政治経済学〈新装版〉』（佐々木毅・旦祐介訳，法政大学出版局，2014年）もお薦めしたい。合理や非合理では語れない「利益」という情念に着目して「近代」思想史を語り直した一冊である。
小野紀明『西洋政治思想史講義——精神史的考察』岩波書店，2015年。

プロローグ

　　政治思想史にはさまざまなアプローチがあるが，それを
「精神史」の立場，すなわち「非合理的存在としての人間の
『生』」に着目する歴史観に基づき論じた，異色の講義録である。

『思想』特集「政治思想史の新しい手法」第 1143 号，2019 年 7 月。

　　本講義ではスキナーの方法論にも触れたが，ポストスキナー世代の
研究を含め，政治思想史の方法論の最新研究については，同特集の諸
論攷，特に犬塚元「ケンブリッジ学派以後の政治思想史方法論――思
想史と因果分析・実証主義」(5–22 頁) を参照してほしい。また，西洋
だけでなく日本（東洋）の思想史とその方法にも目配りできれば理想
的だろう。その手引きとして，苅部直『日本思想史への道案内』(NTT
出版，2017 年) を紹介しておきたい。

▏引用・参照文献

［第 1 次文献］

ウェーバー，マックス 1982「R・シュタムラーの唯物史観の克服」『ウェー
　　バー社会科学論集』出口勇蔵・松井秀親訳，河出書房新社。

デフォー，ダニエル 1951『ロビンソン漂流記』吉田健一訳，新潮文庫。

マルクス，カール 2005『資本論〈第 1 巻上〉』(マルクス・コレクション)
　　今村仁司ほか訳，筑摩書房。

［第 2 次文献］

芦部信喜 1966「第一問」芦部信喜・小嶋和司・田口精一『憲法の基礎知
　　識――質問と解答』有斐閣双書：1–17 頁。

大塚久雄 1966『社会科学の方法――ヴェーバーとマルクス』岩波新書。

佐藤正志 1990「クエンティン・スキナー――『テクスト主義』と『文脈主
　　義』を超えて」小笠原弘親・飯島昇蔵編『政治思想史の方法』早稲田大
　　学出版部：第 4 章。

塩谷清人 2011『ダニエル・デフォーの世界』世界思想社。

武田将明 2011「訳者解説」デフォー『ロビンソン・クルーソー』河出文庫。

山本史郎 2011『名作英文学を読み直す』講談社選書メチエ。

第I部
内戦の時代（16・17 世紀）

第2回 政教分離

アウグスティヌスとマキアヴェリ

【政教分離】

第20条　信教の自由は，何人に対してもこれを保障する。いかなる宗教団体も，国から特権を受け，又は政治上の権力を行使してはならない。

2　何人も，宗教上の行為，祝典，儀式又は行事に参加することを強制されない。

3　国及びその機関は，宗教教育その他いかなる宗教的活動もしてはならない。

【公の財産の用途制限】

第89条　公金その他の公の財産は，宗教上の組織若しくは団体の使用，便益若しくは維持のため，又は公の支配に属しない慈善，教育若しくは博愛の事業に対し，これを支出し，又はその利用に供してはならない。

　　　　　● ● ● ●

　政教分離というと文字通り政治から宗教を引き離すこと，というように一般的には考えられるのではないか。日本では，戦前の国家神道のような政教一致体験が強烈だったこともあり，とにかく政教の接近を否定すれば政教分離だと考えている人も多いかもしれない。しかし今，日本を含む世界の先進諸国では，宗教団体を支持母体とする政党が政権を担っていることも珍しくなく，宗教が政治に直接的に影響を及ぼす場面を目にすることさえ少なくない。

　本講義が主題とするのは，政治（国家）は特定の宗教（団体）と

結びついてはならないという政教分離原則である（第20条1項後段，同条3項，第89条）。これは次回扱う（狭義の）信教の自由と合わせて，「広義の信教の自由」とも呼ばれる（憲法論点：第15章）。その最初の典型的な規定は，アメリカ合衆国憲法修正1条の「国教樹立の否定条項 establishment clause」に見られ，それは西洋世界で国家と教会が相克を繰り返しながら得られた原則である。

　しかし，古代から近代までの政治思想史を辿ることで見えてくるのは，政教分離原則が国家（政治）をただ教会（宗教）から分離するという以上の意味である。すなわち，国家は特定の宗教と結びつき，それを支持しない，というだけでは十分ではないのだ。逆に言えば，特定の宗教団体の支持を得た人物が政治を担うことそれ自体に問題があるのではないのかもしれない。

　古代以来，政治は道徳（規範）と不可分の関係にあった。古代ローマではそれをなかば引き継ぐかたちで普遍的「法」の支配の理念が生まれるが，代わって中世には宗教の権威（教皇権）の支配が正統化される。そこで，政治（権力）がそれ自体として存立するにはまず，みずからを宗教から切り離す必要があった。「政教分離」をめぐる政治思想史はなにより，権力（国家）を宗教という名の道徳（権威）から分離・自律させ，政治（権力）がそれ固有の論理を獲得する歴史である。そのほうが，政治にとってだけでなく宗教（教会）の側にとっても有益ではないか，と考えられるようになったのである。

　この点で重要な政治思想家は，アウグスティヌスとマキアヴェリである。両者は，立場はもとより思想も一見正反対だが，こうした《分離》の必要を主張した点では共通している。その理由はむろん同じではないが，両者の思想に注目することで政教分離原則の異なる意義が確認できるだろう。特にマキアヴェリには，宗教・道徳を

17

第 I 部　内戦の時代（16・17 世紀）

否定した手段を選ばぬ「現実主義者^{マキアヴェリスト}」として消極的なイメージがつきまとうが，政教分離に焦点を当てたとき，その真の功績が明らかになるはずである。修正 1 条の成立に直接貢献したアメリカ合衆国の建国父祖たちの思想も，そうした思想史の営為のうえに初めて成り立ちえただろう。

　それでは，政教分離の意義とは何かについて，「政治」固有の意味をめぐる思想の変遷を古代ギリシアから辿りながら振り返ってみることにしよう。

● ● ●

1　ポリスの解体と「法」の支配

古代ギリシアと
ノモス

西洋の「政治」の始まりとして挙げられる古代ギリシアは，もともと神々が支配する世界であり，掟（法）としてのノモスが神によって人間に課されていると認識されていたとされる（ノモスとは掟や慣習など人為的なものを意味する）。しかし，オリエント世界と対峙することになったペルシア戦争（前 492-前 449 年）は，「外部」とは異なる西洋の政治（秩序）とは何かという意識をギリシア人たちに芽生えさせた。続いて，「内部」の戦争であるペロポネソス戦争（前 431-前 404 年）によって，既存の規範秩序（ノモス）の権威は動揺した。

　ソフィストと呼ばれる弁論術を教える教育者が現れ，既存の法秩序が批判的に考察され始めた。その 1 人，プロタゴラスが「人間は万物の尺度である」と言ったとき，法は人が作ったものにすぎないと暴露したに等しい。プラトン（Plato, 前 427-前 347 年）が弁論術について論じた『ゴルギアス』（前 380 年頃）でも，真理を追求してい

18

ると自称するソクラテスの言うことは自然（ピュシス）ではなく社会慣習（ノモス）に基づくと、アテナイの政治家カリクレスが批判している。ノモスは結局、大多数の弱者に有利に作られたものにすぎない、と。

このようにノモスが動揺するなか、「善く生きる」ことを探求したソクラテスは、その法に従って処刑された。それを目の当たりにしたプラトンはそ

プラトンとアリストテレス

の理由を自問する。そこで出した答えは、法ではなく人、善い魂を持った人間が支配すべきだというものだった。善い生き方と善い政治が一体とならねばならない、『ポリテイア（国家）』（前380年頃）ではそう主張されたのである。また、プラトンの弟子であるアリストテレス（Aristotle, 前384–前322年）は、人間は「**政治的動物**」であり、ポリス（都市共同体）のなかでこそ共に善く生きることができると論じた。ここに政治の1つの原意がある。これを仮に〈**ポリスの論理**〉と呼ぼう。もっとも、晩年のプラトンは法律の支配の必要を強く認識し（『政治家』『法律』）、またアリストテレスによれば、市民は自分たちの作った共通のルールのもとでのみ善く生きることができると考えられた。『ポリティカ（政治学）』でも、「法の支配」が「神と理性の支配」として擁護されている（第4巻6章）。

古代ローマと「政治」の変容

ヘレニズム時代に入ると、ポリスが弱体化し、その論理が形骸化してゆくことになる。ヘレニズム時代とは、マケドニアのアレクサンドロス大王の東征からローマの地中海世界の統一、あるいはコンスタンティヌス帝によるキリスト教の公認までの時代を指し、そ

第Ⅰ部　内戦の時代（16・17世紀）

のとき国王を頂点とする集権体制とその拡張主義が支配するようになる。この時代に〈ポリスの論理〉，すなわち市民（当時の奴隷と女性を除く）が共に活動する場と，その政治という活動を通じて「善く生きる」べきだという規範・道徳が動揺し始めたのである。

　たしかに，古代ローマではギリシア政治思想が継承され，政治共同体は**「公共の事柄」**を意味するレス・プーブリカ（res publica）と呼ばれ尊重された。しかし，ローマはその拡張主義によって古代の政治の論理を変貌させてゆく。シェルドン・ウォーリンの言うように，「権力と決定の存在する場所」が市民から乖離することで，ポリスの政治を支えていた〈共に参加している〉という感覚が衰微していったのである（ウォーリン 1994：88）。

　タキトゥス（56頃-120年頃）は，古代ローマの歴史家・政治家である。彼は帝国化する共和政を具に観察し，優れた洞察を残した。タキトゥスによれば，帝政への移行によって共和政の「自由」は失われたが，それには政治空間の拡大が決定的な意味を持ったという。ローマ人は1つの都市の市民であるとき，質素という徳を持ち自己を制御していたが，諸外国を征服することで，浪費することを学び取ったのだ（タキトゥス 1981，上：217）。そして，もともと古代ローマには貴族と平民という大きな身分の区別があったが，その支配領域の拡大と富の流入によって新たに力を得た政治家の形成する民衆派が，貴族の門閥派と激しく対立するようになった。そうしたなか，共和政を維持しながら国内の対立あるいは出世欲を外部に転化してゆくことには限界があった。

　政治とは，「公共の事柄」への参加による共通善の追求などではなく，国内外の対立の調停を意味するようになったのである。そこで可及的速やかに必要とされたのが法律の整備であり，それを解釈する「実用的」技術を備えた法律専門家だった。係争を調停する法

は，古代ギリシアのアリストテレスの唱えたような市民によって確立された（善く生きるための）共通のルールとしての「法」とは異なる。タキトゥスは次のように述べた。「今や法律は，一般への適応ばかりでなく，個々の人間の告発までも目的として公布され，国家がもっとも腐敗したときに，もっとも多くの法律が制定されるようになった」（同上：193）。

法秩序の体系化と自然法

国内外の対立を，人ではなく法によって調停することが必要とされた。そして，2つの法秩序の体系が生まれた。1つは，諸身分間をめぐる「市民法 jus civile」であり，もう1つは，（帝国内の諸民族に適用される）市民非市民間をめぐる「万民法 jus gentium」である。こうして公法と区別された私法（市民法）の原型が形成され，諸民族に適用される法という発想も生まれた。3世紀初頭の傑出した法律家ウルピアヌスの『法学提要』が最初に私法（市民法）を公法から明確に区別したとされるが，そうすることで「伝統的な市民法を皇帝の干渉から守り」，それは公法とは異質であることが再確認されたのである（スタイン 2003：27）。

　さらに，**法**（jus）と**法律**（lex）が区別された意義を強調しておきたい。「法（ユス）」は法文のかたちで制定されることで，「読み上げること（レゲレ）」に由来する「法律（レークス）」となる（同上：6）。たしかに，古代ギリシアにおいても政治支配を拘束する共通のルールの存在は重視されたが，古代ローマにおいて明示的に個別の法律を超えた高次の「法（ユス）」概念が析出されたことの意味は大きい。政治思想史では，この発想の成立はある思想家の存在を抜きには語れない。キケロとその自然法哲学である（→第6回）。

　ギリシア哲学に学びながら実践的なローマ法を「法」思想へと展開させたのは，政治家・哲学者のキケロ（Marcus Tullius Cicero, 前

第Ⅰ部　内戦の時代（16・17世紀）

106–前43年）である。彼によれば，ローマ法は自然法と同一視されるべきだった。自然法とはキケロの作った概念ではなく，古代ギリシアのゼノン（Zēnōn, 前335–前263年）が創始したストア哲学（stoicism）に由来する（ダントレーヴ 1952：23）。それを体系化したクリュシッポス（Chrysippus, 前280–前207年頃）は，次のように述べている。「正義は，その名で呼ばれるにふさわしいものであるならば，自然本性に基づいている」（クリュシッポス 2005：309）。「この法はすべての時代を超えて，書かれた法のすべてより以前に，**そもそも国家より以前に生まれたものである**」（同上：315）。こうして「**自然法 jus naturale**」＝〈万物を支配する永遠不変の法〉が世界を統べるべきだという発想が生まれたのだった（同派においては，現実政治に対して無関心であることが最高善である「心の平静」をもたらすとされたが）。

　他方で，古代ローマの初期法学者のなかにはガイウスやウルピアヌスのように，ローマ法を自然法と区別する傾向があったことも確認しておこう。実際，ローマ法は以後独自な発展を遂げてゆく。

　紀元前5世紀，ローマ人の最初の成文法たる「12表法」の発展の成果も包摂しながら，帝国の東西分裂後に東ローマ皇帝ユスティニアヌス帝（527年即位）によってローマ法の編纂がなされたことはよく知られる。『勅法彙纂』，『学説彙纂』，『法学提要』に『新勅法彙纂』を加えた，『ローマ法大全』*Corpus Iuris Civilis*（市民法大全）である。これが西洋文明に与えた影響は，聖書に次ぐ法典と呼ばれるほど大きい（ダントレーヴ 1952：17, 32–36）。ヨーロッパ法制史研究の泰斗も，次のように書いている。「〔中世には〕地域法が事実上の効力を有したにせよ，ローマ市民法が与えた思考様式は，一般に受け容れられ，全ヨーロッパにおいて政治思想・法思想の基礎をなした」（スタイン 2003：87）。

22

2 アウグスティヌスと中世キリスト教思想の誕生

キリスト教と宗教の政治利用

法秩序の整備が進んだ背景には，ポリスの解体によって小規模な共同体から大規模な「非人格的な社会」へと政治の基本的単位が移行したことがある。しかし，社会の一体感を保証するものは「法」では十分ではない。人々は権力に「自分たちの物質的な，また知的な要求以上の，それを超えた何か，つまり救済にも似た何か」を求めるようになる。そこで登場した皇帝アウグストゥスを，詩人は「廃墟と化した世界を救済」する〈政治的救済者〉として描いたのである（ウォーリン 1994：105-107）。

時を同じくして生まれた宗教がキリスト教である。よく知られるように，もともとキリスト教はマイノリティの宗教として迫害を受けながらも徐々に勢力を拡大し，皇帝もその存在を否定してはいられなくなる。いや，むしろ利用したほうが得策となった。そこで，313年にコンスタンティヌス帝によってキリスト教が公認され，380［392］年にテオドシウス帝によって国教化された。その背景には，先述のポリスの解体と皇帝政治の内部事情があった。と同時に，キリスト教の側でもパウロが「ローマ人への手紙」第13章で，「人は皆，上に立つ権威に従うべきです」と教えているように，政治権力によって利用されうる理由があっただろう。もっとも，これに続けて「神に由

アウグストゥス

第Ⅰ部　内戦の時代（16・17世紀）

アウグスティヌス

来しない権威はなく……」と述べられ，あくまで国家は神の下に置かれ，神によらない権威は批判しうるとも読み取れる面があった。

しかしながら，いったん支配者に利用された宗教はその権力の瓦解とともに手痛いしっぺ返しにあう。数年後，ローマ帝国の東西分裂（395年），410年の西ゴート族によるローマへの侵入を経て，476年に西ローマ帝国が滅亡するなか，帝国の弱体化の元凶としてキリスト教は批判された。これに対して，キリスト教の政治利用を批判しつつ宗教本来のあり方を恢復するように唱えたのが，アウグスティヌス（Aurelius Augustinus, 354-430年）である。北アフリカの小都市に生まれた彼は，のちに『告白』*Confessiones*（397-8年執筆）で赤裸々に語るように放縦な生活を青年期に送ったあと，イタリアに移住してミラノで教師をする傍ら，386年に32歳での回心体験を経て司祭となる。そして晩年，キリスト教を弁護するとともに異教徒を論駁した大著『神の国』*De civitate Dei contra pagonos*（413-26年）（全22巻）を14年かけて書きあげたのである。

〈法〉に代わる「神」の支配

もともとアウグスティヌスは，ドナトゥス派やペラギウス派などと論争することを通じてみずからの思想を形成した。たとえば，400年頃ローマに来たといわれる修道士ペラギウスあるいはその弟子カエレスティウスによって，善なる存在である人間は善行によって救われると説かれた。これに対してアウグスティヌスは，人間は

24

第2回　政教分離

生まれながらにして原罪を背負っており，ただ神の恩寵によっての
み救われると説く。これはペラギウス（派）に影響を与えたとされ
るキリスト教哲学，なかでもストア派の自然法の発想を否定するも
のだった。〈法〉に代わる「神（宗教）」の支配の宣言ともいえよう。

　たしかに，この世界は神の摂理とその永久法によって秩序づけら
れているとともに，その一部である自然法を人間は理性で認識でき
るとすることで，アウグスティヌスはキリスト教的自然法論の原型
を提示したともいわれる（田中ほか 1997：29-31）。しかし『神の国』
の著者にとって，原罪を背負った人間がそうした「法」の支配のな
かを平和裡に生きることはありえない。西ゴート族のローマへの侵
入はそうした思いを強くさせただろう。キリスト教世界を震撼させ
るこの大事件は，『神の国』執筆の直接的なきっかけとなった。

　同書では，「地の国 civitas terrena」と「神の国 civitas dei」の相
克が描かれる。政治と宗教の間にある永遠の距離（政教の不一致）
を強調する一方，国家とそれに従属する宗教は批判される。前者は
自己愛に生きる集団，後者は神への愛に生きる集団に対応する（第
14 巻 2, 13, 28 章）。この相克はアダムとイブの自由意志の悪用（原罪）
に遡るもので，罪を背負う人間は善をなしえず，ただ神の恩恵を待
つのみのであると主張された。

《分離》の意義　とはいえ，2 つの国は精神的（理念的）な
国であって，世俗の国家＝地の国（悪魔の
国）というわけではなく，「最後の審判」まで「お互いに混じり
合っている」という。それどころか，この世の国家も 1 つの善なの
である（『自由意志論』）。つまり，『神の国』の著者によれば，神の
国が「永遠の平和」の達成に関係づけられるのに対して，世俗の国
家は「地上の平和」の達成に関連づけられる点では善なのだ（第 19
巻 14 章）。よって，国家は神から与えられたものであって（第 5 巻

25

第Ⅰ部　内戦の時代（16・17世紀）

ケース①　政教分離は〈国家と教会〉を分離すれば十分か？

【津地鎮祭事件（判例50！・14）】

　市体育館の起工式，いわゆる地鎮祭が政教分離原則に反するかどうかが争われたケース（最高裁1977年7月13日大法廷判決）。

　最高裁は，公共機関に禁じられる宗教的活動とは，「当該行為の目的が宗教的意義をもち，その効果が宗教に対する援助，助長，促進又は圧迫，干渉等になるような行為」であるとしたうえで，地鎮祭はこれにあたらないと判示した。「国家と宗教との分離にもおのずから一定の限界があることを免れず」として，政教分離のある種の例外を認めたのである。

　憲法学のテキストによれば，政教分離の必要理由は政治秩序の分断や宗教的少数者への圧迫を防ぐことにあり，その方法は不介入と公平な扱いがあるとされる（安西文雄・巻美矢紀・宍戸常寿『憲法学読本〔第3版〕』有斐閣，2018年，134–135頁）。一方で，こうした「理論的解釈」に対しては，政教分離の例外になるケースとして，当該活動がすでに慣習になっており，「社会通念上」宗教的活動とはいえないと認められるような解釈が現実にはあるとされる（憲法論点：第15章）（cf. 最高裁1997年4月2日大法廷・愛媛玉串料訴訟違憲判決）。

　政治思想の歴史を振り返ると，中世において強大な権力を握った教会から政治を分離したうえで，近代においては政治（国家）による宗教（教会）への干渉（特権的扱い）を制限することが目的になった。だが，それは宗教という名の特定の「道徳」（の特権的扱い）から政治を切り離す歴史でもあったことが重要だろう。その点に注目すれば，「慣習」となっているからといって，それが「宗教的」活動ではなくとも——ある一定の道徳を強要するような——「道徳的」活動であるとすれば，それには警戒をする理由は十分にある。

21章），この世の国家は人々の自己本位的な利己愛によって結合されているとしても，それは**必要悪**だと考えられる。このように，

第2回 政教分離

『神の国』は世俗の国家を批判し宗教との距離を強調する一方で，「必要悪」としての——人間は両者が混じる現実を生きるという点で——国家（政治）の存在理由も提示しえたことに政治思想史上の意義を持つ。政教分離の理由と政治固有の論理の発見は軌を一にしていたのである。

他面，宗教にとって政教分離は「悪」を引き離すという消極的な理由を超えて，宗教本来の役割を恢復させるという積極的な理由からも要請された。もともと，宗教が「法」に代わって支配する／すべきなのは市民の外面（行為）ではない。アウグスティヌスの偉大な発見は，〈私〉とその領域の存在の理由だった。真理は内面にあるというアウグスティヌスは，「内面に帰れ」と説いた（『真の宗教』）。内面の奥底には真理が存在しているはずだからだ。こうして政治や世俗社会から距離をとって自己に立ち返ることで，人はそれより意味のある宗教（真理）の空間を見いだせると考えられた。

このことは，人間の実存的意味を内包した空間だったはずの共同体を見直し，世俗国家を時には批判する別次元の視座を用意することにもなる。ともあれ，古代ギリシア以来の政治共同体とその価値観が揺らいだすえに危機に直面したローマ世界において，キリスト教は自分の居場所を見失い自身に投げ返された人々のうちに新たな生活「道徳」として浸透していった。そして，宗教＝教皇支配の「中世」を迎えることになる。

3 トマス・アクィナスと政教の接合

12世紀ルネサンスとアリストテレスの復権

アウグスティヌスによって開幕した「中世」という長い時代は，周知のように 14，15世紀のルネサンスに大きな転換期を迎

える。しかし、ルネサンス（文芸復興）はそれ以前に開始されていた。8世紀後半から9世紀にかけて起こった「カロリング・ルネサンス」は、フランク王国の主として聖職者の教養を高めるローマの古典復興運動だった。続いて12世紀ヨーロッパでは、科学や法学など、より広範な知的転換が生じた。これは「12世紀ルネサンス」と呼ばれる。それはボローニャ大学を起点とした古代ローマ法研究や新プラトン主義の創始、ユークリッド幾何学やアリストテレス哲学の復興からなる。それを可能にしたのは、当時学術や文化の点で先進的だったアラビア世界との接触、その積極的な移入消化だった。たとえば、アリストテレスも論理学の一部を除けば当時のヨーロッパではほとんど知られておらず、ビザンティン文明圏を介して「西洋」に知られるようになったのである（伊東 2006）。

この時代を代表する思想家にソールズベリのジョン（1120頃–1180年）がいる。彼の主著『ポリクラティクス』（1159年）は、聖書と古典の深い読解を通して君主としての徳や人格を説く「**君主の鑑**」と呼ばれる教育論の一種である。しかし、本講義で注目したいのは、同じく「君主の鑑」について著した神学者トマス・アクィナス（Thomas Aquinas, 1225頃–74年）である。その未完の著書『君主統治論』（1267年）では、この時代の国家（政治）と教会（宗教）の関係が端的に示されている。アリストテレスに倣って人間は「社会的および政治的動物 animal sociale et politicum」であり、その共同生活の目的は「共に善く生きること」と語るアクィナスは、

アクィナス

第2回 政教分離

『政治学』のラテン語訳者（グイレルムス）と同じドミニコ会に属していた。

この神学者は，次のようにも述べる。「しかし人間は徳にしたがって生活しながら，すでに上述したように，神の享受のうちにあるより高次の目的に向かって秩序づけられているので，多数の人間の目的と1人の人間の目的は同一のものでなければならない」（アクィナス 2009：87）。アクィナスは，世俗の「人間的職務」の管理は王に委ねられるとする一方，より高次の「終局目的に関する管理を司る者」がそのうえに立ち指導しなければならないとする。したがって，中世最大のキリスト教思想家が描いたのは「2つの世界」，自然の世界と恩寵（gratia）の世界の対立よりは調和だったが（その基礎をなすのは人間の善性である），前者に対しては後者が優位しなければならないと考えられた。

両剣論と『神学大全』

たしかに，「中世」は一貫して教権が帝権に対して優位した時代ではない。いわゆる両剣論——5世紀末ローマ教皇ゲラシウス1世が唱えた教皇の権威（auctoritas）と皇帝の権力（potestas）の関係論——は，2権の対等な関係を前提にしていたが，その後，2権の境界線をめぐる主導権争いは激化した。特にカール大帝の戴冠（800年）および西ローマ帝国の復活によって，帝権による教権の支配が進行した。しかし10，11世紀にキリスト教が帝国を越えて拡大するなか，11世紀後半の「神に選ばれた執政官」の異名を持つ教皇グレゴリウス7世による改革（教皇の首位権の確立）と叙任権闘争を経て，教皇の権威が著しく増大した。そして，それは13世紀初頭，インノケンティウス3世の時代に絶頂を迎えたのである。

アクィナスはこの時代に生まれ，大著『神学大全』*Summa Theologiae*（1265-73年）を著した。そこでは，人間が理性によって

第Ⅰ部　内戦の時代（16・17世紀）

わかる法として「自然法 lex naturalis」の存在を認める一方，その上位に神の法としての「永遠法 lex aeterna」を措定することで，法の源泉が神の理性・意志に帰着させられた。それは政治と宗教の連続性を説くと同時に，宗教（教皇権）の支配を正当化する試みだったといえる。つまり，ローマ教会の権威が確立するなか，政治と宗教を後者の優位のもとに接合させる試みだった。

もっとも，2つの世界や信仰と理性の調和というと，非合理的なものを合理的なものに接続させるといったニュアンスがあるが，アクィナスにとって信仰はそもそも「知的性格」のものだったと最新の研究は強調する。つまり，「理性の徹底的ないとなみ」が「理性を超えたものへと開かれていくという自己超越的な在り方を可能にする」のだ，と（山本 2014：143-144）。ともあれ，次世紀のルネサンスで再燃するのは，理性と非理性あるいは両権の緊張関係である。

14世紀の異変＝中世の黄昏

14世紀に入ると，中国を含む当時の文化圏で気候変動に伴う自然災害や大飢饉が頻発する。そして13世紀に絶頂を迎えたヨーロッパの繁栄と安定に陰りが見え始めたと理解されるようになった。その象徴が，1347年にヨーロッパに侵入したとされる黒死病（ペスト）の大流行である（村上 1983：三）。それらは政治体制と一体化した感があった教皇の至上権も動揺させることになった。

すでに1324年には，パドヴァのマルシリウスが『平和の擁護者』において平和を阻害する要因が教皇の至上権にあると指摘，宗教による世俗支配への影響力の排除を主張していた。さらに，フランス国王によってローマ教皇庁がアヴィニョンに移される，いわゆるアヴィニョン捕囚（1309-77年）と，教皇のローマ帰還後に改めて2人の教皇が併存するシスマ（西方教会大分裂，1378-1417年）の勃発が，その影響力を減退させる決定的な事件となった。

30

この間，教会の至上権とともに富裕の追求を堕落と批判するジョン・ウィクリフやヤン・フスの活動が民衆感情と呼応し，教会（教皇）の権威は徐々に失墜した。時を同じくして生じたのが 14, 15 世紀のルネサンスと呼ばれる人文主義研究，すなわち神学的な学問（litterae theologicae）から人間的な学問（litterae humaniores）への転換運動だった。そのなかで，中世に近接しすぎた宗教（道徳）と政治（権力）の関係に楔を打ち込む思想家が現れる。

4 『君主論』の衝撃

道徳と権力の分離

ニッコロ・マキアヴェリ（Niccolò Machiavelli, 1469–1527 年）は，15 世紀のルネサンスに生まれた思想家である。当時のイタリア半島では諸国が分かれて群雄割拠するなか，彼が生まれたフィレンツェは政治的に不安定な状況にあった。当時はメディチ家が支配していたが，フランス王シャルル 8 世のイタリア侵攻（1494 年）によって同体制は崩壊。そこで共和政が復活すると，マキアヴェリは市政府の書記官に任命された（98 年）。そして，軍事や外交を担当する書記官として祖国のために奔走するが，1512 年 8 月共和政が崩壊，メディチ家支配が復活すると，マキアヴェリもその職を解かれた（市内から一時追放）。翌年から一気に書き上げられたとされるのが不朽の名作『君主論』Il Principe であり，1515–16 年には完成しメディチ家の小ロレンツォに献呈された（刊行は死後，1532 年）。つまり，『君主論』も同時代に流布し

マキアヴェリ

第Ⅰ部　内戦の時代（16・17世紀）

た「君主の鑑」，君主に捧げられる教育論の一種だったのである。

　もともとカロリング朝時代に数多く出版されたこのスタイルの書
物は，キリスト教に忠実に有徳な統治を教えるものだった。そのこ
とを踏まえれば，『君主論』の与えた衝撃の度合いがわかるだろう。
マキアヴェリは同書で，腐敗した宗教（教会）権力を批判，その際
に道徳と権力の分離，いわゆる〈べき〉と〈である〉の区別を訴え
たのである。

　　しかし私の狙いはそれを読む人にとって有益な事柄を書くこと
　であり，したがってそれについて想像よりも事柄の現実的真理
　に即するのがより適切であると思われる。
　　多くの人々は実際見えもしないし，知覚されもしない共和国
　や君主政を頭に描いている。しかしながらどのように生きてい
　るかということと，どのように生きるべきかということとは非
　常にかけ離れているので，なされるべき事柄を重視するあまり，
　なされている事柄を省みない人は，みずからの存続よりも破滅
　を招くことを学んでいるようなものである。（マキアヴェッリ
　2004：127）

　『君主論』の著者は，宗教・道徳（教会）による政治への（悪）影
響を批判した。なるほど，マキアヴェリは政治における宗教の効用
を否定していない。むしろ『君主論』のなかでローマ教会の支配権
のもとにある政治がいかに安定したものでありうるかを語っている
（たとえば第11章「教会の支配権について」を参照）。しかし，それはあ
くまで宗教・道徳のためではなく権力，その獲得・維持・拡大のた
めだったことを見落としてはならない。この点で，彼が一時フィレ
ンツェを支配したサヴォナローラを念頭に「武装した預言者は勝利

32

し，武器なき預言者は破滅する」と言ったことは有名である。

　逆に，教会はイタリアの政治的統一を妨げてきた不安定要因であるために，政治から分離されなければならない。つまり，政教分離の理由は政治（権力）の安定と統一，発展である。言い換えれば，それは宗教それ自体，あるいは信教の自由のためではまったくない。最新の研究によれば，マキアヴェリは当時フィレンツェにあった「共和的キリスト教」を信じていたとされるが，彼がキリスト教を評価したとすれば，それは公共の徳（＝名誉）の追求に反しないかぎりであって，それ本来の役割（魂の救済）や道徳（謙遜や服従）のためではなかった（Viroli 2010：61-88）。政治は，宗教と同時に既存の道徳や信義から切り離されなければならない。また，君主は本来「邪悪な」人間に対して狐のように狡猾かつ獅子のように獰猛に手段を選ばず支配すべきだとマキアヴェリは主張した（『君主論』第18章）。

> **政治固有の論理を求めて**

マキアヴェリは『ティトゥス・リウィウス「ローマ史」に基づく論考（ディスコルシ）』（1517年）というローマ史論で，古代ローマを模範に共和政を評価した（宗教の有用性も指摘している）。しかし同書では，「公共の事柄」への献身が推奨される一方，市民に必要とされる「徳」というのはアリストテレス以来のそれではない。つまり，マキアヴェリによれば，ローマ共和国を発展させた徳（virtù）とはあくまで〈力〉を意味した（第2巻2章）。この点で，共和政の利点とは，まさに市民全員が名誉を求めて競争するその多様性とエネルギーにこそあると考えられたのである（第3巻9章）。これに対して，むしろ君主政は君主の猜疑心，能力の限界，あるいは偶然的要因によって体制としては不安定であり，なにより対外的に拡張するエネルギーを欠いているとして低く評価された。

第 I 部　内戦の時代（16・17 世紀）

　ここで 2 つの著作，あるいは自己の権益のために他人を支配する
君主政と市民の相互関係を基調とした共和政の主張の間には矛盾が
あるように思われるかもしれない。しかし両者は stato の問題の優
位という点で共通していると考えられる（佐々木 1970：196-198；
佐々木 1981：63-71）。英語の state にあたる stato は，それまでポリ
ス（ラテン語訳は civitas）と呼ばれてきた政治共同体とは異質である。
つまり，従来ポリス（国家）は人々が〈正義や法に従って共に生き
る場〉を意味し，政治とはそこで善く生きる活動を含意したが，い
まや stato は純粋に支配権力を指し，政治とはそれを維持・拡大す
るための統治術（arte dello stato）とみなされるようになったのであ
る。この点で，マキアヴェリにとって政治体制の分類それ自体は重
要ではなく，軍事・外交の面で権力を維持・拡大できるかどうかが
重要だった。

　なお，国家には維持・拡大すべきそれ固有の利益や目的があると
いう「国家理性論（レゾン・デタ）」がヨーロッパ中に広まる機縁となったのは『君
主論』より後，ジョバンニ・ボテロの『国家理性論』（1589 年）の
刊行である。ただし，ボテロの場合，国家理性はキリスト教の教え
と矛盾しないと主張された。

<blockquote>政教分離思想の水脈</blockquote>　マキアヴェリによって宗教や「法」（信義）
の支配が否定された背景には，政治固有の
論理，むきだしの〈力〉の支配の再発見があった。その衝撃によっ
てマキアヴェリは，政治思想史上で政教分離への突破口を開いたと
いえる。逆にいえば，政治から「宗教」を引き剝がすには，それと
べったりと癒着した宗教や法という名の「道徳」を打倒する必要が
あったのだろう。同種の論理を発見したアウグスティヌスとは異な
り，それはもはや罪深い人間にとっての必要悪とはいわれない。
『君主論』の著者は，気ままな運命の女神（フォルトゥナ）に対して人間の力（ヴィルトゥ），

34

第 2 回 政教分離

自由意志を強調するのである（『君主論』第 25 章）。それを可能にしたのは，人間的な学問を復興させたルネサンス・ヒューマニズム（人文主義）の時代であったことを忘れてはならない。

たしかに，日本国憲法の政教分離原則の 1 つの淵源であるアメリカ合衆国憲法修正 1 条にマキアヴェリの議論が直接影響を与えたわけではない。むしろ修正 1 条への直接的かつ決定的な影響では，マディソンが起草した「宗教課税に反対する請願と抗議」（1785 年）とジェファソンが起草したヴァージニア信教自由法（1786 年）が挙げられる（古典憲法：217）。たとえば，キリスト教の指導者を財政的に支援する法案に反対した前者には次のように書かれている。「それゆえ，あらゆる人の宗教は各人の信念と良心に委ねなければならず，それに従って信仰することはすべての人の権利である」（反対理由 14 項目のうち第 1 項目）。このように，政教分離が良心あるいは信教の自由の観点から論じられている点では，マキアヴェリよりもロックの影響が認められる。

とはいえ，ロックでさえ宗教的寛容（→第 3 回）を統治術の観点から論じており，この点でマキアヴェリの影響が指摘される（山岡 2006：137-142）。そしてマディソン自身も，宗教の公定化の問題を良心の自由の観点だけでなく政治に及ぼす害悪の点からも論じており（大下 1982：84），政治を宗教・道徳から切断し，それ固有の論理から観察するというマキアヴェリの発想がそこにも見いだせるだろう。マキアヴェリは，国家（政治）をその宗教的起源から分離させることで，間接的であれ，以後の「近代的」思想に多大な影響を及ぼしたのである。ただ，そう語る 20 世紀の新カント派哲学者によれば，マキアヴェリが否定したのは従来の政治に癒着した超自然的な秩序観や霊的価値であって，宗教や道徳それ自体ではなかったと考えられる点も見逃せないだろう（カッシーラー 2018：第 11 章）。

35

第Ⅰ部　内戦の時代（16・17 世紀）

　古代からマキアヴェリに至る政教関係の思想史を辿ることで明ら
かになるのは，政治を宗教（教会）とただ分離させるだけでなく，
道徳と峻別して観察することの意義である。『君主論』の著者に
よって再発見された政治固有の論理としての〈力〉が道徳と結びつ
くとき，政治的には悲惨な結末を招きうる。それが同時代，宗教戦
争として現実のものとなるが，人類はまさにそのなかで良心の自由
や信教の自由を紡ぎ出してゆくことになるのである。

📖読書案内

上山安敏『魔女とキリスト教──ヨーロッパ学再考』講談社学術文庫，
　　1998 年。

　　　キリスト教の思想はもとよりその普及の歴史は見落とせないテーマ
　　である。ローマ帝国で公認宗教になったあと，キリスト教がいかに異
　　教と融合しながらも魔術と競争し，それに取って代わっていったのか
　　を法学者の独自な視点で描き出した労作である。「異教の哲学」アリス
　　トテレスのキリスト教化や，ボダンの『悪魔学』と『国家篇』の連結
　　に関する指摘も興味深い。なお，その思想面については特に政治との
　　関係をコンパクトに整理した著書として，田上雅徳『入門講義 キリス
　　ト教と政治』（慶應義塾大学出版会，2015 年）がある。

クェンティン・スキナー『マキアヴェッリ──自由の哲学者』塚田富治訳，
　　未來社，1991 年。

　　　邦語で読めるマキアヴェリ思想入門としてはもっともコンパクトか
　　つ水準の高い著書である。

佐々木毅『よみがえる古代思想──「哲学と政治」講義Ⅰ』，『宗教と権力
　　の政治──「哲学と政治」講義Ⅱ』講談社学術文庫，2012 年。

　　　本書では古代・中世については十分に扱えないが，政治思想史研究
　　の泰斗の入門講義を読めば，さしあたり必要な知識とその見取り図が
　　手に入れられる。

丸山眞男「権力と道徳──近代国家におけるその思想史的前提」『政治の世

界 他十篇』岩波文庫，2014 年：157-184 頁。（原著は 1950 年）

　「近代」国家の成立が権力と道徳の分離にあること，しかし実際はその合一の危険につねに晒されてきたことを思想史的に描き出した一読の価値ある古典的な論攷である。

■引用・参照文献

［第 1 次文献］

アウグスティヌス 1982-1991『神の国〈1 〜 5〉』服部英次郎・藤本雄三訳，岩波文庫。

アウグスティヌス 2014『告白〈I, II, III〉』山田晶訳，中公文庫。

アクィナス，トマス 2009『君主の統治について——謹んでキプロス王に捧げる』柴田平三郎訳，岩波文庫。

アクィナス，トマス 2014『神学大全〈I, II〉』山田晶訳，中公クラシックス。

キケロー 1999『キケロー選集〈8〉』岡道男訳，岩波書店。

クリュシッポス 2005『初期ストア派断片集〈4〉（西洋古典叢書）』中川純男・山口義久訳，京都大学学術出版会。

タキトゥス 1981『年代記——ティベリウス帝からネロ帝へ〈上・下〉』国原吉之助訳，岩波文庫。

マキアヴェッリ，ニッコロ 2004『君主論』佐々木毅訳，講談社学術文庫。

［第 2 次文献］

伊東俊太郎 2006『十二世紀ルネサンス』講談社学術文庫。

ウォーリン，シェルドン・S. 1994『西欧政治思想史』尾形典男ほか訳，福村出版。

大下尚一 1982「アメリカ革命と教会」阿部斉ほか編『アメリカ独立革命——伝統の形成』東京大学出版会：63-95 頁。

カッシーラー，エルンスト 2018『国家の神話』宮田光雄訳，講談社学術文庫。

佐々木毅 1970『マキアヴェッリの政治思想』岩波書店。

佐々木毅 1981『近代政治思想の誕生——16 世紀における「政治」』岩波新書。

第Ⅰ部　内戦の時代（16・17世紀）

スタイン，ピーター　2003『ローマ法とヨーロッパ』屋敷二郎監訳，ミネルヴァ書房。

田中成明ほか 1997『法思想史［第2版］』有斐閣Sシリーズ。

ダントレーヴ，A.P. 1952『自然法』久保正幡訳，岩波現代叢書。

村上陽一郎 1983『ペスト大流行――ヨーロッパ中世の崩壊』岩波新書。

山岡龍一 2006「ジョン・ロックの寛容論――政教分離の原理と思慮の政治」大西直樹・千葉眞編『歴史のなかの政教分離――英米におけるその起源と展開』彩流社：V。

山本芳久 2014『トマス・アクィナス――肯定の哲学』慶應義塾大学出版会。

Viroli, Maurizio 2010 *Machiavelli's God*, Princeton University Press.

第3回　思想・良心の自由／信教の自由

宗教戦争とモンテーニュ

【思想・良心の自由】

第19条　思想及び良心の自由は，これを侵してはならない。

【信教の自由と政教分離】

第20条　信教の自由は，何人に対してもこれを保障する。いかなる
宗教団体も，国から特権を受け，又は政治上の権力を行使しては
ならない。

2　何人も，宗教上の行為，祝典，儀式又は行事に参加することを強
制されない。

3　国及びその機関は，宗教教育その他いかなる宗教的活動もしては
ならない。

● ● ● ●

　思想・良心の自由は妥協の産物である（！）。そう言ったら驚か
れるかもしれない。しかし政治思想史上，それはその種の新たな政
治像の登場とともに生まれた面がある。ちょうど政教分離（→第2
回）への突破口が，ポリス（公共）のための政治という第1の政治
像から〈力〉とその獲得の技術としての第2の政治像への転換を通
じて開かれたように。

　政治から人間の価値観や世界観を分離しようとしても，それを排
除することはできない。まさに16世紀の宗教改革は，信仰を通じ
て政治を変革しようとする試みだった。とはいえ，〈力〉の政治に
信仰が持ち込まれると，それは文字通り「神々の闘争」となる。実

39

際に人類は宗教戦争において凄惨な闘争に突入した。これに対して，血みどろの戦争を避けるために生まれたのが他の信仰に対する寛容，政治的寛容である。それは〈力〉の衝突に代わる〈第3の政治〉，妥協の政治とともに成立した。妥協というと悪いイメージを伴うが，それは世界観の衝突によって戦争をしないための人類の叡智でもあった。

　この点で，政治思想史上注目されるのは，宗教戦争とその内戦下で登場した「ポリティーク派」という集団，なかでもミシェル・ド・モンテーニュという思想家である。同集団は，マキアヴェリによって再発見された政治固有の論理に基づきながら政治的寛容，ある種の妥協を論じ，結果的に思想・良心の自由への道を切り開いてゆくことになる。その論客の1人，モンテーニュの書いた『エセー』は，日本語で『瞑想録』とも訳される哲学的な著作と目されるが，時代情況を踏まえて書かれたすぐれて政治的な書物である。

　ところで，内面の精神活動（第19条）──「思想」はその論理的側面で「良心」はその倫理的側面に着目した言葉（高橋憲法：189）──は，それを外に現す狭義の信教の自由（第20条1項前段，2項）や表現の自由・学問の自由（第21条1項，第23条）と不可分の関係にある。ただ，為政者の助言者でもあったモンテーニュにとって，精神活動を外界に現す自由までも殊更に擁護する理由はなかったはずだ。この点で，信教の自由それ自体を積極的に擁護するのは，17世紀のイングランド内戦とその時代の思想家たち，ミルトンやロックを待たねばならないだろう。それが新大陸に持ち込まれ，アメリカ合衆国憲法修正1条の宗教活動のいわゆる自由条項（free exercise clause）に結実し，日本国憲法へと至る。

　それでは，信教の自由の前提となる思想・良心の自由はどのような理由でかつて正当化されたのだろうか。政治思想史が教えるのは，

第3回　思想・良心の自由／信教の自由

その権利をお互いに認めないならば，社会が妥協を許さない生死を
賭けた対立によって内戦に陥るという危険性だった。

● ● ● ●

1 宗教改革の政治理論——「真の宗教」の政治に向けて

原点としてのルター　ドイツ・ザクセン地方の修道士にして神学
教授だったルター（Martin Luther, 1483-1546
年）は，1517 年に「95 カ条の論題」を発表する。それはローマ教
皇庁の「贖宥状」の発行を批判するもので，彼の意図を超えてカ
トリック教会制度そのものを否定する運動への発火点となった。

1520 年代に著述活動を展開するルターに影響を及ぼしたのは，
「福音のうちに神の義が啓示されている」，また「義人は信仰によっ
て生きる」というパウロの「ローマ人への手紙」だったとされる。
そこで，人間の意志は罪に縛られていると説いたルターによれば，
人間はみずからの力で救済されることはない（『不自由意志論』1525
年）。自身の行為を通じて救われることはなく，ただひたすら神の
恩寵と愛とを信じることによってのみ，人は義とされ，救われる
（信仰義認説）。このとき，〈私〉は神と直接的に対峙することになり，
それを媒介する教会の役割は不要になりうる。

したがって，見える権威は聖書にだけ認められ，聖職者の特権的
身分は許されない。各人が聖書を読み解釈し神と向き合うため，あ
る意味で万人が司祭となる。これを万人司祭説という。このように
ルターは宗教上の個人主義や平等主義を唱えているようにも見える
が，それはどこまでもキリスト者の内面の問題であって，世俗社会
への改革を志向するものではなく，むしろ彼は既成の世俗権力によ
る教会の保護を主張した。

41

第Ⅰ部 内戦の時代（16・17世紀）

カルヴァン

改革の旗手カルヴァン　ルターらの宗教改革の主張の影響を受け，自身もその運動に身を投じていったのがフランス・ピカルディ地方出身のカルヴァン（Jean Calvin, 1509-64年）である。彼は法律学を修めたあと，旧教勢力の支配するフランスを逃れスイス・バーゼルへと向かう。そして当地で『キリスト教綱要』（1536年）を執筆，刊行して一躍有名となり，ジュネーヴに拠点を移して改革派の旗手として活動することになった。

改革理念において，カルヴァンはルターと似ているようで決定的に異なる面を持つ。ルネサンス・ユマニスト（人文主義者）として出発したカルヴァンが改心を体験したエピソードを聞けば，その相違は明らかである。次の文章は彼自身の改心体験の回想である。

> 私は教皇の迷信に頑迷にもはまり込んでいました。……が神は突然の回心によって私の心を征服し従順になるよう導かれました。……私がやっと自分で歩きはじめたばかりなのに，純粋な教理に渇えていた人々が皆私のもとにやって来て学ぼうとしたので私はすっかり仰天してしまいました（『詩篇注解序文』）。（倉塚 1969：387）

ここにはルターのような激烈な罪の意識やそれに伴う救済の願望はない。あるのは〈私〉を使ってこの世でもみずからの意志を貫徹しようとする神の絶対性の認識である。このとき，まさに被造物た

42

る人間にできるのは神の道具としてその影響を現すことにほかならない。一方で，この種の体験は〈私〉がこの世で遂行することは——神の永遠の計画に忠実に従っているかぎりで——絶対的となり，批判を許さないという反転した意識を芽生えさせる。

　たしかにカルヴァンは，誰が救われ誰が救われないかは，あらかじめ定められているという**予定説**を説いたことで有名である。そのかぎりで人間は無力な存在である。しかしそれでも，人間は救済を渇望しないではいられない。そこで，ルターのように信仰による〈義〉にとどまらず，神の栄光を増すよう現世を聖化する欲求に駆り立てられる。そのために具体的にどう生活すればよいか，どうすれば救われるのかは定かではないが，明確なのはそれに相応しくない人間の生活を矯正する制裁権を教会が持つことだという。教会は国家から独立した存在であると強調される一方，神によって設立された国家（世俗権力）を教え従わせるのである。

　実際，カルヴァンはジュネーヴで「真の宗教」を実現するために「神権政治」を樹立した。それは単に聖職者が世俗権力を握る政治ではなく，社会生活のすべてが神の言葉によって統制され「神の国」をめざすことを意味した。こうして宗教的迫害にかつて抗議した男がその遂行者となり，1553 年，反三位一体論者ミシェル・セルヴェが焚刑に処された。翌年，聖書への批判的検討のためにジュネーヴを追放された人文主義者のセバスティアン・カステリヨンは，プロテスタント正統派がカルヴァンに味方するなか，その迫害に激しく抗議した。その言葉は今，良心の自由と寛容の問題を提起したものとして読める。

　　カルヴァンは自分の信仰は絶対に正しいという。だが他のものもそういっているのだ。では誰が彼を全教派の審判者として彼

のみに殺す権利を与ええようか。(倉塚 1969:408)

結局,「真の宗教」とはカルヴァンの解釈する宗教となったのだ。要するに,この人文主義者が指摘しているのは,カルヴァンが当初批判した既存の教会と同じように,独自な解釈権や制裁権を独占するようになったということである。しかし,カルヴァンの教義を支持する人々がフランスでも勢力を拡大し,両派に分かれた凄惨な内戦に突入することになる。

他方,スコットランドの宗教改革の指導者ジョン・ノックス(1514頃-72年)の場合は,カルヴァンとは事情が異なり,国内少数派で,逆に迫害を受ける立場にあった。そこで生み出されたのが,抵抗する論理である。「真の宗教」を弾圧する国王に対しては,貴族と民衆に抵抗(処罰)する義務があると説いたのだ。こうした**抵抗権論**は,フランスでの大虐殺を経て発展していくことになる(→**第4回**)。

2 宗教戦争と政治的寛容

カトリーヌ・ド・メディシス

フランスの宗教戦争と「妥協」

1572年8月24日,サン゠バルテルミの祝日にその事件は起きた。文豪アレクサンドル・デュマが『王妃マルゴ』(1845年)で描いたことでも有名な大虐殺である。王妹マルグリットと,有力な王位継承権を持つブルボン家当主で新教徒指導者のナヴァール王アンリ

第3回　思想・良心の自由／信教の自由

との結婚式に集まった新教徒指導者たちが暗殺され，プロテスタントの虐殺が全国に波及する起因となった。フランス国内で勢力を拡大してきた──その首領コリニー提督は国王シャルル9世を動かすまでになっていた──新教徒（フランス語では「ユグノー Huguenots」と呼ばれる）に対する融和を図った結婚のはずが，この機会を捉えて母后カトリーヌ・ド・メディシス（Catherine de Médicis, 1519–89年）が彼らの暗殺を仕組んだといわれる。真相は定かではないが，カトリーヌは息子が幼くして国王に即位すると摂政政治を指揮し，陰に陽に権力を奮ったのは事実である。彼女の父親はメディチ家の小ロレンツォ，マキアヴェリが『君主論』を捧げた人物であることも，そうした連想を生むのに一役買ったに違いない。

　大虐殺後，早世した兄に代わって王位に就いたアンリ3世がプロテスタントに大幅に譲歩すると，これに不満を持ったカトリックたちがギーズ公アンリ（3人目のアンリ）を中心に旧教同盟（リーグ）を結成し，国王に圧力をかけた。これに対して，穏健な旧教徒のなかで，政治的安定を宗教問題より優先すべきだという論者たちが現れる。彼らは**ポリティーク派**と呼ばれたが，これは妥協を批判した同盟派による蔑称だった。ポリティーク派はしばしば宗教・信仰問題より政治的安定を優先させた党派と理解されるものの，正確にいえば宗教を軽視したのではなく，（ある場合は信仰のために）政治固有の論理に着目し，難局を打開しようとした主に法律家からなる集団だった。その意味で，彼らがしばしばマキアヴェリの名とともに批判されたのはある面では正鵠を射ている。ポリティーク派は政治（秩序）の安定のために，宗派が異なるという理由だけで新教徒を抑圧しない，政治はそれに干渉しないよう主張した。それは政治的理由に基づく寛容といえる。

　そうした思想は大虐殺後，急に生まれたのではない。それ以前か

45

第Ⅰ部 内戦の時代（16・17世紀）

ロピタル

ら，ポリティーク派と呼ばれる人々は王政の政策形成に関与していた。カトリーヌも，少なくともある時期は和平を指向し，ロピタル（Michel de l'Hôpital, 1507-73年）のような同派の指導的役割を担う人物を重用した。大虐殺の15年も前に，カトリック以外の礼拝を行った者は死刑に処すという勅令が出され，異端者への処罰が一度は厳しくなったが，その一方で，摂政の側も勢力を拡大するプロテスタントに対して良心の自由と私的礼拝を許可せざるをえなくなったのである（1560年5月の勅令）。良心の自由はこうして認められるようになった。

1561年にトゥールの副司教は，「良心は手の平のようで押せば押すだけ反発する」と言って〈良心への強制〉に反対している。それはパウロ以来の「誤れる良心」を許すキリスト教の伝統に根ざしているとされるが，この時代には，良心に（他の信仰を）強要することはかえって強い反発，究極的には内戦につながるという主張とともに良心の自由論が展開されたのである。前年大法官に就任したロピタルは，同じく〈良心への強制〉を批判するとともに，国家の強制力は世俗の事柄，騒擾＝〈秩序の不安定〉に対してのみ行使されるべきだと主張した。すなわち，政治には固有の領域があり，それを超える人間の内面の問題である「良心の自由」は認められるべきであると。そして「王は彼らに良心の自由を与える」として，法＝権利上の「良心の自由」へと議論を発展させた（宇羽野 2014：131-138）。

第3回 思想・良心の自由／信教の自由

信教の自由？ 1563 年の王令で「良心の自由」が明記された

が，それは個人というより（プロテスタント）集団の権利として，しかも信仰（礼拝）は政治的理由によって許容されたのであって承認されたのではない。暗殺されたアンリ3世に代わって王位に就いた4世が98年4月13日に発したナントの勅令（Édit de Nantes）は，一般にいわれるようにおよそ信教の自由や公的礼拝を認めるものではなかった。プロテスタントは一定の地域でのみ礼拝やそれに基づく教育や結婚を許され，信教の自由は認められない。むしろ，異教徒を一定の領域に封じ込めるための措置だったといわれる（木崎 1997：第1章）。

ナントの勅令は正式には和平勅令（Édit de Pacification）というが，両宗派にとって満足できるものではなかった。しかしそれにもかかわらず，良心の自由と（新教徒の）一定の信仰を認めることで，和平（休戦）の実現を可能にした政策だったと評価できる。その理由はともかく，各人の良心あるいは思想の自由が認められ，それを外に表現する宗教的自由（信教の自由）の土台となってゆく。その意味で**政治的寛容**，暫定的な和平政策の意義は大きい。そして，その思想的立役者ともいえるのがモンテーニュだった。彼の『エセー』はこの点できわめて政治的でアクチュアルな著作であり，その寛容論は自然とポリティーク派の「マニフェストの役割」を果たしたとみなされるのである（Fontana 2008）。

調停役モンテーニュ モンテーニュは『エセー』を執筆した当時

（初版 1580 年），前述の3人のアンリの調停者として奔走していた。彼自身はカトリックだが，宗教戦争の残酷さを目の当たりにするなか，同盟派に批判的な舌鋒を向けるようになる。

『エセー』（モンテーニュ 2005-16：第3巻10章。以下，III-10 のよう

47

第Ⅰ部　内戦の時代（16・17世紀）

に記す）では、「現在のこの国の騒乱状態にあっても、私は自分の利害のせいで、敵方のほめるべき点を認めないとか、味方の人々の非難すべき点を見落とすと言ったことはない」、どの党派だからといって決めつける「間違った思考法を徹底して糾弾したい」と書いている。そして、今ではわれわれの側にこそ宗教というより熱情や欲望に駆られた現象が見いだせると断じた。

　　わたしは、こうした現象を、わが国の熱狂的な党派で最初のもの〔新教改革派〕のうちに著しいのを実感した。そして、その後生まれた別の党派〔旧教同盟派〕は、前者を模倣しながらも、これを凌ぐこととなった。そこで、私は、これは民衆の謬見と不可分の特質だと気づいたのである。最初に、ひとつのあやまった考え方が出てくると、あたかも嵐の動きで波が起こるように、さまざまな謬見がせめぎ合いを演じることになる。それらに反対して、全体の波の動きとともに右往左往しないような人間は、世間から除け者になる。(III–10)

　カトリック側で、「熱情に駆られて理性というたががはずれ、ときとして不正で、暴力的で、とても無謀な決意をする者も数多い」現状を観察するモンテーニュは、この「なんとも奇怪なる戦争」の病因は宗派（教義の解釈）の違いそれ自体ではなく、他者を殺すまでに敵対させる情念や謬見にあると診断した（II–11）。それは彼自身がその悲惨な内戦で得た知見だった。地元ボルドーは、スペインと手を組み過激化する同盟派とそれに乗じて暴徒化する民衆、それにペストの流行が加わって混乱を極め、モンテーニュも自邸を逃れざるをえなかった。そうした誰も頼れずに困り果てた自身の経験が、『エセー』には綴られている（III–10）。人間が、理由なく動物を追

い回すことにさえ心を痛める彼には耐え難い光景だっただろう。

　そこで，モンテーニュが選んだのが第3の道，寛容政策である。特定の信仰あるいは善悪を強要しない**不干渉**によって平和・秩序を保全するという立場だ。『エセー』の著者は，当時和平を指向する政府の批判者が例に挙げた「背教者」ユリアヌスについて，むしろ「良心の自由という処方箋」を遂行し，国内の分裂を回避した皇帝として称賛するのである（II-19）。その背景には，たしかに内戦下の祖国での悲惨な境涯があったが，その主張は彼自身の一個の確信ともいえる思想，懐疑主義に裏打ちされたものだった。

　「**私は何を知っているのか**」，この言葉とともに知られる彼の懐疑主義によれば，1つの正しい信仰や正義があること，いやあるとしてもそれがあると断言できる理由はない。実際，哲学が唱える正義や法はいかに多様か，時々の国民や君主の意見や感情の変化に応じていかに融通無碍に作り変えられてきたか——。続けてモンテーニュは次のように問うのである。

　　わたしは，そのような融通のきく判断力をもつことはできない。昨日はもてはやされてたのに，明日はもはやそうではない善とは，川一本越すと犯罪になる善とは，はたして何だろうか？　山が境界をなして，山の向こう側では虚偽となるような真理とは，いかなるものだというのか？（II-12）

　この言葉の背景には，「もっとも傲慢なのが人間なのだ」というモンテーニュの悲観的な人間観が見え隠れする。彼によれば，人間が無条件に動物より高等と考えること自体，人間の「思い上がり」であり，それは人間が生まれつき持つ「病気」でさえある。「われわれは，つまらない存在にすぎない」と言って憚らない『エセー』

49

第I部　内戦の時代（16・17世紀）

の著者だが、しかし単に悲観的あるいは厭世的な言葉だけを同書に書き連ねたわけではない。そこに書かれてある、より積極的な価値、あるいは政治的な思考について次に見てゆくことにしよう。

3　妥協の理由

エセーとは何か？　モンテーニュ（Michel de Montaigne, 1533–92 年）は、1557 年（24 歳）にボルドー高等法院の裁判官に就任すると、1570 年には法曹の世界から隠退してしまう。37 歳だった。そこで、自身の領地にある塔に引きこもって 10 年あまりをかけて執筆されたのが『エセー』である。初版（1580 年に第 1・2 巻）刊行後、ボルドー市長に選出されるが（1585 年 7 月退任）、その後も改訂が重ねられた（第 3 巻は 1588 年に刊行された）。

エセー（essai）というと、いわゆる「エッセイ（随筆）」が思い浮かぶが、仏語には「試み」という意味もある。まさに同書は、世界の事物をみずから＝〈外見にとらわれないで〉判断する試み（エセー）の成果なのだ。モンテーニュはその点をこう説明している。

判断力は、どのような主題にでも通用する道具であって、どこにでも入り込んでいく。したがって、今している、この判断力の試み（エセー）においても、私は、あらゆる種類の機会を用いるようにしている。……したがって、事物の外的な性質がどうだこうだと、口実に持ち出すのは、もうやめようではないか。心が事物

モンテーニュ

50

にまとわせたものについて、われわれが、みずからに説明しなくてはいけないのだ。(I–50)

巷間で語られる意見はもとより正義や権力にも靡(なび)くことなく、自身で考えてみよう、というわけだ。この「試み」の意味は個人史にとどまらず、思想史上においても絶大である。社会的立場にとらわれず、物事の判断において

「モンテーニュの塔」

まずは自分の内面に訴えること、言い換えれば判断において特権的な領分としての——まずは優先されるべきという意味で——〈私〉（内面）が発見されたのだから。これは判断の場であって、アウグスティヌスの示したような真理の探求の場とは異なる。モンテーニュ自身、「私は心のなかに法律と法廷を持っていて、自分を裁くのだし、他のどこよりもここに出向いていく」と書いている (III–2)。他方で、その判断は「裁判官の判決よりも厳しくて容赦がない」という (III–9)。その〈私の法廷〉の判断基準となるのは「良心」であり、『エセー』にはキケロの言葉が引用されている。「徳と悪徳の判断は、良心に重くのしかかってくる。良心をどけてしまえば、すべてが崩れてしまう」(同上)。

この〈私〉の判断によって、古代・中世の規範理論がそれこそ容赦なくふるいにかけられてゆく。それは以下に示すように、あたかもマキアヴェリの「試み」のようであった。

| 「レーモン・スボンの弁護」と「中世」との別離 | 『エセー』でもっとも長く、「3巻本の要」(Tuck 1993：48) といわれる第2巻12章「レーモン・スボンの弁護」（以下、「弁護」） |

でモンテーニュは，スボンの「弁護」と称して自身の人間観や正義感をより鮮明に展開している。レーモン・スボンとは15世紀スペインの神学者・医学者で，『自然神学』（1487年）という著書を刊行し，人間の理性に照らして信仰の正当性を論証しようとしたことで知られる。モンテーニュは，父の勧めに従って同書の仏訳を刊行している（1569年）。そのスボンの「弁護」と題した章を中心に以下，第3の政治理論の原像をスケッチしてみよう（特に指示のない場合はII–12からの引用である）。

　まず，古代以来，宗教がいかに政治利用され，現下の内戦でも人間の野心のために利用されているかが指摘される。「片方の党派に正義があるといっても，それは飾り物の口実にすぎない。……このたびの戦争では，人間が導き手となって宗教を利用しているのだ」。続けてこう論じられる。「神は，信仰や宗教に対しては，特別の助けを与える義務があるけれども，われわれの情念に対しては，そうした義務はない」。宗教は信仰（内面）の問題であって，（社会生活領域における）人間の情念の統制に押し広げるべきではないといっているのである。

　次に，同じく古代から中世に引き継がれた〈法〉の支配と「ポリス」の前提となる政治観が否定される。モンテーニュによれば，権力を超えた正義＝法は存在しない。少なくとも，哲学者たちが法の正しさの証拠とするような自然法の存在は疑わしい。なぜなら，人間はその「厳密で正確なイメージを持たない」からだ（III–1）。また，古代のアリストテレスから中世のアクィナスまで，共通善を実現する「政治的動物」として人間の優位が指摘されてきたが，「弁護」ではこれが完全に否定される。たとえば，次のように反問する。「ミツバチの社会以上に，秩序が整い，責任や職分が細分化され，つねに変わることなく維持されている社会組織（ポリス）があるだ

第3回　思想・良心の自由／信教の自由

ろうか？」。さらに別の章では，「われわれが生きている時代は……徳の実行はいうに及ばず，その観念も欠けている」（I-36）と書いている。

　こうした従来の規範理論の批判や政治固有の論理の直視において，マキアヴェリとの類似がやはり指摘できる。しかし『エセー』の著者が，古代以来称揚されてきた名誉や徳を外面の虚飾にすぎないと喝破している点に目を向ければ，その懸隔の大きさは明らかだろう。いわく，「しかし人間は，それの外身ではなく，その人自身によって判断しなくてはならない」（I-42），「栄光と名誉に属するのは神だけである」（II-16）。これに対してモンテーニュが擁護するのは非英雄的，「日常的な徳」（Fontana 2008）であり，それはマキアヴェリが賛美した古代ローマの軍事的徳（＝力量）とは正反対のものである。「魂の偉大さは，高い場所ではなしにむしろ月並みさのなかで発揮される」（III-2）と言うモンテーニュは，従来の規範理論の批判において一見マキアヴェリ的であるが，むしろ名誉や徳の価値を否定することで，より徹底した旧来の規範（道徳）批判を展開しているといえなくもない。

〈習慣の力〉と
妥協の政治

『君主論』の著者と違ってむきだしの〈力〉も疑い，為政者に和平を助言するモンテーニュがある面で信頼するのが〈習慣の力〉であり，その行き着く先は妥協の政治である。習慣がわれわれの精神に与える影響は絶大で，「はたして習慣に不可能なことがあるだろうか」（I-22）とさえモンテーニュは指摘する。習慣はある地域で理性にも支えられて実例となり法（ルール）をなす。他方で，その指摘に続けて，多数者が心酔する「宗教という，とんでもないぺてんについては脇にどけておきたい」（同上）と留保しているのは，逆に宗教が内面の問題であって習慣によって統制されるべきで

53

第 I 部　内戦の時代（16・17 世紀）

はないと示唆しているのだろう。

　習慣となった法律を変えないほうがメリットは大きいとまでいうとき，モンテーニュの態度はすぐれて「保守的」だといいうるが，それは無用な変革＝諍いを起こさないための人類の叡知を照射するものでもある。大きな変革を避け，異なる意見や価値観を暫定的に調停してゆく政治が望見されたのだ。そうした妥協の政治に至ったのは，前述のように，時代情況と同時に彼固有の思想，懐疑主義があった。モンテーニュによれば，唯一の正しい真理がないから宗教に関しても多様な意見が出てこざるをえない，よって寛容でなければ混乱，内戦を招く。だから「公共社会は，われわれの思想には関知しない」（I-22）。しかし，それはすべての価値を否定するものではない。モンテーニュはその思想を通じて，良心・思想の自由な（私による）判断に「価値」を見いだしたのである。こうして，他人やその意見・評判にとらわれない自己の内面とその判断に価値を見いだしたモンテーニュにおいて，モノとは異なる〈自尊〉の意識が芽生え，それによって人間同士の尊重（尊厳）の承認へと向かう「近代」政治思想の可能性が開かれたとひとまずいえるだろう。

　とはいえ，モンテーニュの唱えた「良心の自由」は，やはり近代個人的なそれとは同定できない。まして，価値相対主義の立場にないことにも留意すべきである。良心を拘束する「道義上の掟」が存在すると言明し，あるいは偽りの徳とそうでない徳があると示唆しているように（II-2），〈私〉の思想ないし価値観を尊重するといっても，すべてが個人に委ねられるわけではなかった。それでも，ここに思想・良心の自由を定式化する理論が生まれたということができ，信教の自由の理由も消極的であれ提示されたのである（⇒コラム①）。

54

第3回 思想・良心の自由／信教の自由

■■■ コラム① ● 政治は〈私〉をどこまで支配できるか？ ■■■

　冷戦体制下，共産主義・社会主義諸国は，アメリカ合衆国を中心とした西側諸国から全体主義体制だとしばしば批判されたが，両者は同じものだろうか。政治学では，共産主義においては統制が経済だけに及ぶという建前があるのに対して（計画経済），全体主義では私生活にまで及ぶというのが1つの答え方である。たとえば，ナチスの「グライヒシャルトゥング（強制的同質化）」政策は当然思想統制を含み，国民の内面にまで及んだといわれる。

　とはいえ，政治権力はどこまで〈私〉の内面まで支配できるだろうか。実際，世界大戦期，ドイツの政治思想家カール・シュミットは戦後に刊行した『獄中記』で，戦中期のドイツ人が驚くほど組織され，いかに自発的に政権に協力する体制が作りあげられていたとしても，人々が退却しうる「私的内面」の伝統は守られたと証言している（長尾龍一編『カール・シュミット著作集2（1936—1970）』慈学社，2007年：137頁）。その伝統は，帝政ローマの後期ストア派の哲学者セネカ（Lucius Annaeus Seneca, 前4頃-65年）にまで遡りうるかもしれない。セネカは，かつての弟子である暴君ネロと帝政下の権力闘争とを批判し，国家（政治）を人間の堕落の産物とみなす一方で，「心の平静」をめざした内面的生活の優位を説いたのである。これは後発のキリスト教の価値観にも近い面を持つ。そして，モンテーニュはセネカの愛読者だった。

　こうした政治思想の歴史からすれば，政治の支配が及びえない〈私〉の世界が存在するはずであり，むしろ後者のほうに価値があるとする伝統もある。とはいえ，内面の生活が外面の生活，すなわち実践的な政治生活より優先され，後者に特段の価値が与えられなくなることは危うさも孕んでいる。それはまさに，内面は自由である（と思っている）間に，外面（社会関係）の自由が奪われていったナチズムの経験が教えるところである（参考，丸山眞男「現代における人間と政治」『丸山眞男セレクション』平凡社，2010年）。それゆえ，いくら内面の自由が重要だといっても，全体主義を避けるためには，精

55

第 I 部　内戦の時代（16・17世紀）

神的自由とそれを外部に表現する自由やその実践がセットで考えられ
なければならない。

4　宗教的寛容と「信教の自由」の成立

イングランド内戦と「信教の自由」

君主政派モンテーニュにとっては，思想・良心の自由を外界に向けて表現することを主張する積極的な理由はなかっただろう。この点で積極的な擁護は，半世紀後のイングランド内戦下の反王権派を待たねばならなかった。

　宗教戦争と市民革命が重なったイギリスで，共和主義者のミルトン（John Milton, 1608-74年）は，不当な支配を行う国王を弑逆することを正当化するとともに，そうした体制による表現統制を厳しく批判した。長老派支配の議会による検閲制度の復活を批判するために書かれた『アレオパジティカ──許可なくして出版する自由をイングランド議会に対して訴える演説』（1644年）では，真理に到達するために「自由な著述と自由な言論」の必要を訴えたのである（古典憲法：229-232）。それは，自由な言論を通じて偏見や誤謬が淘汰され真理へと至るという，モンテーニュとはある意味では真逆な楽観，ある種の信仰に基づいた議論だとはいえ（『失楽園』の著者はカトリックを寛容しないピューリタンだった！），表現の自由をめぐる思想史のなかでは重要なモメントをなしただろう。しかも，ミルトンは同書で，寛容の政治的理由を示す一方で，それは「よりキリスト教的」だと書き，宗教（キリスト教）内部の価値として寛容をより積極的に擁護したのである。

　また，革命派のなかでもレヴェラーズ（水平派）と呼ばれた急進

56

派は初めて，良心の自由と信仰の自由（各教派の礼拝の自由）を権利
として政治的に要求した。それは彼らが軍会議に提出した憲法草案，
「（第1次）**人民協約** Agreement of the People」（1647年）において
だった（第4条1項）。だが，同派を壊滅させたクロムウェルの崩御
や王政復古，そして名誉革命を経て，最終的に両自由を定式化した
とされるのは，ジョン・ロックの『寛容についての書簡』*Epistola
de Tolerantia*（1689年）である（古典憲法：214–216）。

　当時の不寛容政策批判として書かれた同書は，宗教的寛容を説い
ている。政治的寛容と比較しながらその要点を3つに整理しておこ
う。①政教分離原則と個人の良心の自由を主張——「魂の配慮」は
各人に委ねられるべきである（ロック 2018：47–48, 89–90）。②寛容
ないし信教の自由それ自体の価値の擁護——「宗教的なことがらにつ
いて他者と意見を異にする人々に寛容であることはイエス・キリス
トの福音と人間の真正な理性とにまことによくかなったことです」
（同上：18–19）。加えて，ロックは，③宗教の結社の自由を擁護する。
他の宗派の結社は治安を脅かすために同自由を認めるべきではない
といわれるが，それらの結社が治安を脅かすとすれば，それは彼ら
が抑圧を受けているからにほかならない。同じ論理は，「皮膚の色，
体型，容貌の違い」に基づく他の差別に抵抗して結集する人々にも
当てはまるという指摘は興味深い（同上：101–102）。

　こうして，宗教的寛容は明らかに政治的寛容を超える射程を持つ
が，宗教（教会）による政治社会のルール違反や世俗の事柄への介
入は認められないこととは別に，神の存在自体を否定することまで
は寛容されない。つまり，無神論は寛容の対象とはならなかった。
カトリックもその対象外であり，ここにはロックの宗教的寛容論の
政治的（＝統治術としての）側面が表出しているといえよう（→第2
回）。

第 I 部　内戦の時代（16・17 世紀）

　この点では，同時代に絶対的寛容を唱えたフランスの哲学者ピエール・ベール（Pierre Bayle, 1647–1706 年）のほうが徹底していた。しかも，ロックにおいて良心の自由や信教の自由は「自然権」として論じられていない（同書の「自然権」という文言は英訳者によって付加された。訳注（166）参照）。それが基本的人権として主張されるには，ヴァージニア権利宣言（第 16 条）を待たねばならなかったのである。

ヴォルテールと
理性信仰？

　ロックの寛容論を大革命前にフランスに導入したのは，ヴォルテール（Voltaire; François-Marie Arouet, 1694–1778 年）である。その著書『寛容論』（1763 年）でヴォルテールは，国家が宗教問題に介入しない世俗（政治）的理由を示すと同時に，ロックのように多様な意見（信仰のかたち）を許容すべきだという宗教的寛容を説いた（ヴォルテール 2016：52–53, 215）。ただ，啓蒙主義の時代にあって理性（合理主義）への信頼はヴォルテールにおいてはるかに大きい。「理性は人間の徳を高めるものである」（同上：57）。そして，狂信者たちの「精神的な病」も理性によって治療されなければならないとさえ言うヴォルテールは，理性への信頼（信仰？）が強いあまり，「頭のいかれた下層民」のような合理的でない人間に対する許容度はひどく狭いといわざるをえない。

　これに対して，政治的寛容の発想は人間の非合理な情念の激しい衝突を直視することで初めて生まれえた。そこで，妥協の理由を提示したモンテーニュの寛容論のほうが後進的とはいえない。思想はつねに「進歩」してきたわけではないのである。この点に，本書が良心の自由や寛容を語るうえでヴォルテールはもとよりロックよりも前にまで遡る理由があった。精神活動の自由の保障を現実的に論じるうえで，第 3 の政治像が教えるところは多い。

第3回　思想・良心の自由／信教の自由

□読書案内

アレクサンドル・デュマ『王妃マルゴ』鹿島茂訳，文藝春秋，1994年。
　　　宗教戦争のイメージを摑むために文豪の歴史小説から始めるのもいい。女優イザベル・アジャーニ主演で映画化もされている。

アントワーヌ・コンパニヨン『寝るまえ5分のモンテーニュ「エセー」入門』山上浩嗣・宮下志朗訳，白水社，2014年。
　　　寝る前に少し触れたら，政治思想を超えて生き方まで見直せるかもしれない。コレージュ・ド・フランス教授（文学）によるコンパクトな入門書である。

長谷部恭男『憲法とは何か』岩波新書，2006年：第1章。
　　　近代憲法あるいは立憲主義の思想的基礎に宗教戦争とその政治理論があることが平易に理解できる。本講義でも参照した文献解題と合わせて読むことをお薦めしたい。

■引用・参照文献

［第1次文献］

ヴォルテール　2016『寛容論』斉藤悦則訳，光文社古典新訳文庫。

モンテーニュ，ミシェル・ド　2005-16『エセー〈1-7〉』宮下志朗訳，白水社。

ロック，ジョン　2018『寛容についての手紙』加藤節・李静和訳，岩波文庫。

［第2次文献］

宇羽野明子　2014『政治的寛容』有斐閣。

木崎喜代治　1997『信仰の運命――フランス・プロテスタントの歴史』岩波書店。

倉塚平　1969「カルヴィニズムの成立」大津透ほか編『世界歴史（岩波講座14)』岩波書店：378-412頁。

Fontana, Biancamaria 2008 *Montaigne's Politics: Authority and Governance in the Essais*, Princeton University Press.

Tuck, Richard 1993 *Philosophy and Government 1572-1651*, Cambridge University Press.

第4回 主権／代表

ホッブズと近代国家の作り方

前文（第1段）　日本国民は，正当に選挙された国会における代表者
　を通じて行動し，……ここに主権が国民に存することを宣言し，
　この憲法を確定する。そもそも国政は，国民の厳粛な信託による
　ものであつて，その権威は国民に由来し，その権力は国民の代表
　者がこれを行使し，その福利は国民がこれを享受する。
【両議院の組織と国民代表】
第43条　両議院は，全国民を代表する選挙された議員でこれを組織
　する。
2　両議院の議員の定数は，法律でこれを定める。

* * *

　周辺諸国による自国領土への侵犯は「主権」侵害だ（！）。この
ように熱っぽく語られることは珍しくない。そこには譲れない権益
があるというニュアンスがあり，まさしく「神学」論争のような熱
量を帯びる。実際，「主権」は宗教との縁が深い政治概念なのだ。
　もともと，宗教戦争の最中，揺れる王権の正統性を再建するため，
神学に代わって政治学によって析出されたのが「主権」という概念
だった。しかし，それが神にも似た絶対性を帯びる根拠は何か？
ボダンという法学者が，伝統に依拠しながら「主権」を国家に接ぎ
木したのに対して，自然状態という歴史的所与をいっさい消去した
ところから出発し，新しい国家の「合理的」存在根拠としてそれを
提示しえたのがホッブズだった。

第4回　主権／代表

　ホッブズが『リヴァイアサン』という著作で主権の成立過程を描くなかで,「代表」という概念が同時に析出された。主権は,代表されることで具現されると考えられた至高の権力なのだ。言い換えれば,主権はなかば必然的に代表者を伴うことになる。

　日本国憲法の前文第1段では「主権が国民に存する」と宣言され,第1条にも「主権の存する日本国民」という文言が見られるが,その権力は「国民の代表者」によって行使されるとある。では,どういう意味で代表されるのか。近代以降,代表者は被代表者から独立すべきだと強調されてきたが(純粋代表),その一方で19世紀末になると,代表者は(彼らに先立って存在すると考えられる)選挙民の意志を反映すべきだと主張されるようにもなった(半代表)。そこで,ある学説によれば,憲法43条の「代表」も各代表観に見られる「禁止的規範意味と積極的な規範意味が,緊張をはらみながら共存している」と考えられる(樋口憲法:324–333)。もともと憲法には,議員を(出身選挙区の)有権者の意思に拘束する「命令委任」的側面の強い条文もある(第15条1項)。

　これに対して,近代政治思想史上に現れた「代表」はしばしば前者を正当化する概念と理解される。しかし,代表者が被代表者と同一視されることで代表が成立するのであって,その契機は単純に前者の代表観に回収されるものではない。ホッブズの代表観が示唆するのは,むしろ上記のような両者の「緊張関係」ではないか。

　本講義では,宗教(道徳)から解放された国家の「主権」とは何か,それが正当化された理由と,それが代表される論理,あるいは代表者は被代表者からどれほど自由に行動できるのか,主権の絶対性とある種の限界について検討することにしよう。

第 I 部　内戦の時代（16・17世紀）

1　「主権」の登場

「暴君」への抵抗　前回講義で確認したように，宗教戦争においてそれまで自明視されてきた王権の正統性が揺らいだ。たとえばフランスでは，サン゠バルテルミーの大虐殺の後，新教徒（ユグノー）たちが自分たちを抑圧する国王には支配の正統性がないと主張し，「暴君」を放伐する政治理論を展開した。これを**モナルコマキ**（Monarchomachi）と呼ぶ。

　その代表的な著作は 3 つある。①ジュネーヴにおけるカルヴァンの後継者ベーズ（Théodore de Bèze, 1519–1605 年）の『臣民に対する執政官の権利について』（1574 年）。王権の正統性は人民の同意（＝契約）に依拠していると主張し，カルヴァンが「法の番人」と呼んだ「執政官」による抵抗権を論じた。②著名な法学者オットマン（François Hotman, 1524–90 年）の『フランコ・ガリア』（1573 年）。もともとフランク族は自由な選挙によって王を決定・解任してきたと主張し，ここに人民の抵抗権の根拠を求めた。③ブルートゥス（Junius Brutus）という匿名（実際は H・ランゲと D・P・モルネ）で出版されたパンフレット『暴君に対する権利主張（ヴィンディキアエ・コントラ・ティランノス）』（1579 年）。国王は神と共に人民と「契約」関係にあると指摘し，それに反する支配者――「資格による暴君」と「行使による暴君」に区別される――に人民は抵抗する権利があり，義務すらあると主張した（野田 1968：45-59）。こうして，正統性のない現国王＝暴君の放伐が高唱されたのである。

　これに対して，新教徒のアンリ 4 世が即位すると，今度は旧教徒の同盟側が抵抗権論を借用し，対抗した。すでに見たように，ここに登場したのが第 3 の党派「ポリティーク派」で，彼らはルネサン

ス人文主義の影響のもと、政治の役割を「秩序」に限定し、政治的寛容を唱えた。「破門された者でさえやはり公民（citoyen）だ」（1562年1月の演説）、こう説いた大法官ロピタルに象徴されるように、積極的な寛容論ではないが「不」寛容に反対し、良心の自由が主張されたのである。同じく、強要はかえって人を強情にするか無神論者にすると唱え、不寛容を否定したのが法学

ボダン

者のジャン・ボダンだった。王権の正統性が揺らぐなか、それに終止符を打とうと「主権」概念を提示した人物である。

ボダンと〈法〉の支配の変容

ボダン（Jean Bodin, 1529/30–96年）がトゥールズ法科大学で研究を始めた1550年代は、ローマ法再解釈の最中だった。そこで彼はローマ法の欠陥を、歴史研究を通じて補正しながら王権の絶対性を論証しようとした（Franklin 2009：ch.2）。ローマ法は中世中期には北イタリア諸都市で再編され（12〜3世紀の註釈学派、14〜5世紀の註解学派）、後期には西洋諸国に継承されるが、個々の君主は教皇に対する優越性を主張するためにそれを利用しようとしたのだ（ブルンナー 2013：152-155）。ボダンによれば、国王は教皇ではなく神から直接世俗権力を得ており、それは地上における神の似姿（image de Dieu）だという。

『歴史方法論』（1566年）の10年後に発表された『国家篇』*Les six livres de la République*（1576年）は、ヨーロッパ中で大きな成功を収めた。『国家篇』によれば、「国家（République）とは、多くの家族とそれらに共通の事柄に対する、主権的権力を伴った正しい統治

である」（第1巻1章）。では「主権」とは何か？「主権とは国家の**絶対的で永続的な権力**である」（第8章）。「永続的」だというのは職務や期間の制約を受けないこと，「絶対的」だというのは臣民の同意なしに法を与え，他人の命令にいっさい服さないことを意味する。ローマ法によれば，「法律は主権者の命令である」とボダンは力説する。かくして，〈法〉（自然法や慣習法）によって規制された中世的秩序からの乖離が宣言されたのである。

　ボダンは主権者の数によって国家形態を王政，貴族政，民主政に分類しているが，神の代理人である主権者（国王）の統治＝命令権がまさに絶対的であることが重要であって，そのかぎりではどの政治体制も質的に変わりはない。ボダンの政治思想史への貢献は，法を制定する権限（主権）を，審議・執行する業務・機関（政府）から明確に区別したところにあるとされる（Tuck 2015：ch.1）。他方で，それが「正しい」統治であるかどうかは権力の行使の仕方によって決まるとボダンは言っている。この点で，ボダンの国家（主権）論には「中世的」側面が残存しているともいわれるのである。

　実際，ボダンの国家は伝統的な階層秩序を前提にしながら，「神と自然の法」によって一定の制約を受けると考えられる。それには約束の遵守などのほか，より具体的には王国基本法すなわち王位継承法や王領地に関する規定，臣民の財産の尊重義務すなわち諸身分の同意のない課税禁止の規定などの制限が含まれる（Franklin 2009：ch.5）。そこで，「近代的」に権力の正統性を論じるには，そのような神的な秩序から脱し，「個人」から秩序を新たに基礎づける必要があっただろう。この点でホッブズ以前に，自然法とともに秩序像の世俗化への途を開いたのは，グロティウスに代表される大陸ヨーロッパ自然法論者たちだった。

2 「秩序」イメージの転換

自然法の世俗化

ボダンは〈法〉の支配を変容させたとはいえ，その背景にある秩序観は中世＝封建制的であるとともに「宗教的」だった。これに対して，近代自然法論者と呼ばれる思想家たちは，中世キリスト教法思想を世俗化することを通じて新たな秩序像を提示しえた。その代表がオランダのグロティウス（Hugo Grotius, 1583–1645 年）である。ネーデルランド独立戦争やドイツ 30 年戦争，あるいは植民地獲得競争によって秩序が不安定化する 17 世紀ヨーロッパにあって，国際法を模索したことで知られる法学者である。彼の場合，キリスト教世界が分裂するなか，普遍的な法の原理を 1 つの宗教や神に求めることはできなかった。

グロティウスはライデン大学卒業後，16 歳で弁護士になると，オランダ独立に関与する一方，政教関係の紛争に巻き込まれ投獄されるが，脱獄してフランスに亡命，主著『戦争と平和の法』（1625 年）をルイ 13 世に献呈している。その序論の一節は有名である。

> さらに，人間には，一般的な原則に従って知りかつ行動する能力も内在していること，そして，この能力と一致するものは，……人間の本性に〔のみ〕合致するものだということも，同じように認められなければならない。……そして，このこと，すなわちわれわれがいま述べたことは，神は存在しないとか，神は人事を顧慮しないといった，最大の冒瀆を犯さずには認めることができないことをあえて容認したとしても，〔ある程度まで〕妥当するであろう（〔 〕内は 1631 年版で初めて付加された

第 I 部　内戦の時代（16・17 世紀）

　　語）。（グロティウス　2010：267-270）

　グロティウスは宗派対立を克服するため，あるいは道徳神学からの解放をめざして，自然法を神ではなく人間本性，すなわち彼の言う「社会的性向 appetitus societatis」から導出することで世俗化したといわれる。しかし，上記の引用文の直後で「……神自身に対して例外なく服従しなければならない」とも述べるように，彼の〈法〉も神を前提とすることで人間（社会）を外から規定する（＝他律的）規範でありえた。この点では，アクィナスが同じく重んじた信仰と理性のうち，後者をより重視したスペインの**サラマンカ学派**（後期スコラ学派）の二番煎じだとさえいわれることがある（三島1993：第 4 章 1 節）。

　これに対して，他律的な規範性をいっさい消去し，その意味で自然法を完全に世俗化させたのがホッブズである。それは彼の「幾何学的（数学的）方法」の導入によって可能になった。この場合，自然法は個人が計算能力によって導き出す命題となる。こうした（自然）法思想の転換の背景には，その時代の世界観の大きな転換があった。いわゆる 17 世紀ヨーロッパの「科学革命 Scientific Revolution」である。コペルニクス，ケプラー，ガリレイ，デカルト，ニュートンらによって自然観・世界観が大きく変革された（「世界像の数学化」＝力学的自然観の定着）。その近代（科学）的な認識を政治学に応用したのがホッブズだった。

『リヴァイアサン』　スペイン無敵艦隊の襲来の報とともに生まれたとされるホッブズ（Thomas Hobbes, 1588-1679 年）は後年，「私は恐怖と共に生まれた」と冗談まじりに語っている。実際，彼の生涯と思想は内戦に伴う「恐怖」と切り離しては考えられない。

66

大学卒業後ベーコンの秘書を短期間務めたあと、キャヴェンディッシュ卿の家庭教師として仕えた。物理学に関心を持ち、大陸旅行でユークリッド幾何学に接し、のちに『物体論』*De Corpore*（1655年）を刊行している。他方で、『法の原理』*The Elements of Law*（1640年）を執筆、近親者間で回覧し絶対王政の擁護者と目された。そ

ホッブズ

の後、イングランド内戦（1642-51年、別名：ピューリタン革命／3王国戦争）が勃発する直前にフランスに亡命（11年間滞仏）、デカルトらとの交流を深め、『市民論』*De Cive*（1642年）を刊行した。そして、同書の英語版を刊行した1651年、大著『リヴァイアサン』*Leviathan, or the Matter, Forme, and Power of a Common Wealth, Ecclesiasticall and Civil* を公刊したのである。

リヴァイアサンとは、旧約聖書（ヨブ記）に登場する海獣である。初版のアブラハム・ボッスによる口絵の印象は強烈だ。城壁で囲まれた都市の背後に浮かぶ巨人は右手に物理的権威を象徴する剣、左手に精神的権威を象徴する王笏を持ち、よく見るとその胴体は群集がひしめいてできている。これは「機械的」人間＝国家の誕生を視覚に強く訴える。同書の刊行で、伝統的かつ有機的国家を重視する王党派から裏切り者とみなされるのは避けられな

『リヴァイアサン』口絵

第Ⅰ部　内戦の時代（16・17世紀）

かった。同年冬，ホッブズは革命政府下の母国に逃げるように帰ったのだった。

ホッブズの人間論

『リヴァイアサン』は科学革命を踏まえて，近代国家の前提となる人間論，その認識の開陳から始まる。ホッブズはまず，人間は生まれながらに目的を持つ特別な存在ではなく，**自己保存**（self-preservation）を追求する「生物」であると定義する。この「生物」にとって，生命活動の維持に役立つ対象が「善」となり，善悪とは名目的（nominal）なもの，快不快の意味でしかなくなる。他方で，人間には動物と違い，因果を認識する能力があり，目の前にある欲望の対象だけでなく，将来の欲望（飢え）を充足させる手段を予見し行動することができる。それゆえ，生存競争は動物よりも激しくなる。これは〈万人の万人に対する闘争〉"war of all against all" に帰結すると，ホッブズが言ったのはあまりにも有名である。「そこでは人間の生活は孤独で貧しく，きたならしく，残忍で，しかも短い」（ホッブズ 2009：173）。

ここでは，生物とされた人間の「理性」の意味が転換していることに注意したい。それはもはや古代・中世的な世界の〈法〉を照らす能力ではなく，単純に（因果）計算能力としての推論（reasoning）を意味するようになったのである（同上：第5章）。その背景には，世界（秩序）観の転換，すなわち（まず世界全体がある）中世的秩序から（まず個人がある）近代的秩序への転換があった。この世界観を前提に，ホッブズは近代国家について論じてゆく。

3　自然権・自然法の転換

自　然　権

人間論から始まる『リヴァイアサン』は，歴史的所与を消去した「自然状態」を仮設

し，国家が必要になる理由を論じる。ホッブズによれば，人間は本来心身の諸能力がほぼ同等という意味で平等で，自由な存在である。その点で人は生来の権利を有する。「各人が自分自身の自然すなわち生命を維持するために，自分の力を自分が欲するように用いる」自由が自然権だとされる（同上：第14章）。それ以前に『法の原理』でも，自然に自分自身を保存することは「人間の権利（RIGHT）すなわち *jus*」と書いている（ホッブズ 2019：147）。ラテン語の jus という言葉に注意したい（→第2回）。ここで，古代ローマ以来の普遍的・客観的な〈法〉は個人的・主観的な権利へと自覚的に転換されたのである（ダントレーヴ 1952：88-90）。

　もっとも，この自由はホッブズにとって「無益な自由」だった（ホッブズ 2008：197）。それは人間同士の争いを激化させるものでしかないからだ。その激化の理由は，「自然状態においては，すべての人が自分自身の裁判官」であるからにほかならない（ホッブズ 2019：370）。言い換えれば，政治権力（共通の権力）の不在に闘争の原因があるという。

　　以上によって明らかなことは，自分たちすべてを畏怖させるような共通の権力がないあいだは，人間は戦争と呼ばれる状態，各人の各人に対する戦争状態にある。
　　共通の権力が存在しないところには法はなく，法が存在しないところには不正はない。（ホッブズ 2009：172, 174）

自 然 法　それでは，政治権力（国家）以前に〈法〉はまったく存在しないのだろうか。ホッブズの場合，マキアヴェリやモンテーニュとは違い自然法の存在を認めるが，ボダンのような「神と自然の法」ではない。それは理性に

よって示唆される自然状態の矛盾を解決する平和の諸条件を指し示し，有機的・宇宙的世界観に連係した理性によって与えられるような人間を拘束するものではなく，個人の権利（自然権）を実現するためのものである。

　具体的には，①平和への努力，②自然権の放棄，③信約の尊重などを内容とするが，それぞれ次のような留保が付けられている。平和実現の見込みがある場合，平和と自己保存のため他人もそうする場合，相互履行を保障する国家権力が設立されている場合……。繰り返せば，〈法〉は個人的・主観的な権利を実現する手段であって，無条件に人間を拘束するような目的では決してない。しかしそうだとすれば，この〈法〉は諸個人に自然権を放棄させ，「共通の権力」を設立，服従させるようなことができるだろうか。

　これに対して，現代の政治哲学者レオ・シュトラウスは，最後に人を契約に導くのは法ではなく「**死への恐怖**」という情念だと断じている（シュトラウス 1990：22）。この説には有力な批判もあるが，一定の説得力はある。ホッブズにおいて人間が国家を設立するのは理性ではなく，非合理的「衝動」だというわけだ。なるほど，死を避けるために共通の絶対的権力に従うことはある意味で「合理的」行動といえなくもないが，この場合，各人は恐怖のあまりどんな絶対権力とも契約する可能性があり（それが暴虐な権力者ではないという保証はない），その意味では「非合理的」情念といわざるをえない。

　プーフェンドルフ　　ところで，ヨーロッパ大陸自然法の大成者とされる 17 世紀ドイツの法学者プーフェンドルフ（Samuel von Pufendorf, 1632–94 年）は，グロティウスと共にホッブズから多大な影響を受けたことで知られる。しかし，『自然法と万民法』*De jure naturae et gentium*（1672 年）で人間は自己保存を強く欲求する存在とする一方，自然状態でも「相互に社会的生

活を送ることは可能である」と述べ (II–ii–5),「社交性 socialitas」の涵養を自然法の基本原則とするなど, プーフェンドルフはホッブズとは異なる社会契約説を唱えたことを確認しておこう。

ホッブズが統治契約を否定したのに対して, 結合契約と統治契約という二重の契約を想定するなど, むしろプーフェンドルフの理論は, のちに若者に

プーフェンドルフ

対して『自然法と万民法』を(自然法を学ぶために)薦めたロックの契約論との近さを感じさせる(藤原・佐藤 1978：93–95 も参照)。その意味で, 彼は 2 大社会契約論を架橋する人物であったといえるだろう。

他面,『自然法と万民法』の著者は, ホッブズが人間の価値は——モノの「価格」が買い手によって評価されるように——他人の評価によって決まるとしたのに対して, 人間はそれ自体として価値＝尊厳を有し, だからこそ他人も同様に尊重されなければならないと主張した(川出 2002 参照)。こうして, モノとは異なる人間の尊厳を指摘した点で, プーフェンドルフは思想史上の転換点にいる思想家ともいえる。ただ, それは自然法によって規定される価値であり, それが真に自律的な価値として提示されるのはカントにおいてということになるだろう。

第Ⅰ部　内戦の時代（16・17世紀）

4　近代国家の設立と「代表」の論理

「共通の権力」の創出　　封建的身分制下の共同体から解放された「個人」はなにゆえに「共通の権力」を作り，改めてそれに従おうとするのか。それは当然，──「恐怖」に導かれてかはともかく──自己保存という「共通の利害」からである。しかし，そこで問題になるのは，その権力を誰がいかなる資格で行使しうるのかということである。近代国家においては神ないし教会によって国王にその資格が授けられるはずはない。そこでホッブズは，政治思想史上初めて主権を〈代表する論理〉を導出することになったのである。

『リヴァイアサン』第16章には，「人格 person」という古来の概念が登場する。それはラテン語ペルソナに由来し，舞台俳優の外貌，仮面，「役割を担う者」を意味する。人格は英語では役者（アクター）を意味し，ある人（本人（オーサー））を演じる，すなわち本人に代わって行動する者のことを指す。このとき，一方は他方が自分たちと同じように行動すること，すなわち代表者であることを認めることになる（第17章）。ホッブズは，この〈代表の論理〉を諸個人（本人）と主権者（役者）の関係に適用する。つまり，伝統的共同体から解放された諸個人は第3者を「人格」と認めることで「共通の権力」，主権を彼に担わせるのである。

　　　ということは，自分たちすべての人格を担う一個人，あるいは
　　　合議体を任命し，この担い手が公共の平和と安全のために，何
　　　を行ない，〔他人に〕何を行なわせようとも，各人がその行為
　　　を自らのものとし，行為の本人は自分たち自身であることを，

72

各人が責任を持って認めることである。そして，自分たち個々の意志を彼の意志に従わせ，自分たちの数多くの判断を彼の一つの判断に委ねる。(ホッブズ 2009：237)

「人格を担う者」＝代表者が「主権者」と呼ばれ，それ以外はすべて「国民（臣民）」と呼ばれる。とはいえ，「地上の神」と呼ばれ海 獣 にも喩えられる強大な権力を担う主権者は，生身の個人に限定されない。たしかに，ホッブズはのちにイングランド内戦の経緯を描いた『ビヒモス』(1660年代後半に執筆，タイトルは旧約聖書上の陸獣に由来）では，議会主権を明確に否定する一方，君主の主権を契約とともに（600年以上続いた）「家系」によって正統化している（ホッブズ 2014：18, 248）(cf.『リヴァイアサン』第19章）。しかし，その場合も（ホッブズ自身が仮に世襲君主制を支持していたとしても），支配の正統性の根拠は「同意」であることに変わりなかった——国王はやはり「生身の人間としてではなく，**政治的人格**として命令するのだ」（同上：94）。そして『リヴァイアサン』では，個人であれ機関であれ，世襲（伝統）によらない主権の論理的可能性が提示されたことに独自な意味があった（「機関」としての国家ないしその代表については，第10・11回 で後述）。

代 表 ？ いったん人格化（権威化）されてしまえば，後者は前者に逆らえない非対称な関係に立ち，代表者はそのかぎりで自由に振る舞うことが可能になる。ここでは「純粋代表」が唱えられているように見える。だが，そもそも〈代表〉の成立は困難であると，代表研究の古典が指摘している。つまり，もともと演劇でも役者は本人を純粋に現前＝代表させることを——仮にそれができるとしても——目的とするわけではなく，そのかぎりでホッブズの代表論は論理的な問題点を有していると考

第Ⅰ部　内戦の時代（16・17世紀）

ケース②　小選挙区制は「国民代表」原理に違反しないか？

【選挙無効請求訴訟（百選Ⅱ・152）】

　小選挙区制は，国民意志と議会構成との近似を求める国民代表の原理（憲法43条）に違反するかが争われたケース（最高裁1999年11月10日大法廷判決）。

　最高裁は，小選挙区制は「特定の政党等にとってのみ有利な制度とはいえない」と判示した。同制度は死票が多いという指摘については，「死票はいかなる制度でも生ずる」のであって，「この点をもって憲法の要請に反するということはできない」としたのである。

　これに対して，小選挙区制は憲法の「国民代表」の原理に適合的ではないという見方もある。これは，第43条の「代表」は「社会学的代表という意味」を含むという解釈に基づいている（芦部憲法・318）。この場合，議員ないし代表機関は民意を政治的・理念的だけでなく社会的・事実的に反映している，またそうするべきだと考えられる。この**社会学的代表観**によれば，小選挙区制は多様な少数者の「民意」を適切に反映していない。

　他方で，小選挙区制はむしろ憲法の「国民代表」の原理に適合的だという見方もある。なぜなら，同制度は「有権者が議員の選挙を通じて内閣とその政策体系を選択しうる制度として」，国民の「民意」をよりよく反映させられると考えられるからだ（**国民内閣制**）。もっとも，それが二大政党制を生み，政権交代をしやすくするとは限らない点は，近年政治学でもしばしば指摘されている。価値観がますます多元化する社会の中で「代表」とは何かは二者択一の問題ではなく，それをいかに制度として具現させるかは政治（学）の永遠のテーマだろう。

えられる（ピトキン 2017：36）。

　とはいえ，ホッブズにおける代表について純粋かどうかを識別すること自体がおかしいのかもしれない。それよりも，主権者＝代表

者に絶対的権力を与えた最初の政治学者が同時に，瞬間的であれ，代表者と被代表者の一致を前提にしたという事実が重要ではないか。この事実が，主権者が自由に代表する絶対的権力の足枷にもなりうる。たしかにホッブズの場合，主権を否定した先に荒涼たる無秩序の世界が広がっていると想定されるため，代表者＝主権者に絶対的な権限が付与されることになる。ホッブズは言う。どんな政治体制にも欠陥や不都合はつきものだが，「一般に人間が受ける最悪な不都合も，内乱に伴う悲惨や恐るべき災害と比べれば大したものではない」（ホッブズ 2009：255）。「強奪や復讐」からなる無秩序に逆戻りしてもいいのか，とある種の恐怖をわれわれに突きつけているのである。

　しかし他方で，その主権は実際には，絶対的なものでは必ずしもない。もともと何が正しいかを決める絶対的権力が付与されるのは，「人民の福祉」という目的のためだった（『法の原理』第2部9章）。ここで「共通の権力」の設立目的は，諸個人の「利害」，究極的には自己保存だったことを思い出さなければならない。それゆえ，主権は絶対的権力だとはいえ，身に危険が及べば各人には自己防衛権がある。また兵役拒否権や黙秘権，あるいは囚人の逃亡なども許容されうる。要するに，「権利を放棄あるいは譲渡が行われる動機と目的は，わが身の安全を確保することにある」（ホッブズ 2009：182）。そのため，生命の危険が目前にあるにもかかかわらず国家に従うのは本末転倒ということになろう（憲法31条も参照）。

　また，ホッブズの構想した近代国家は「外面」の支配であって，価値判断は各人の「内面の法廷」に委ねられる。まず，ある種の政教分離を前提にして良心の自由が認められ，さらに学問・研究そして出版の自由が認められる。「第1に，いかなる人間の作った法も人間の良心を義務づけることを意図するものではなく，行為のみを

第 I 部　内戦の時代（16・17 世紀）

義務づけることを意図するものであるということである」（ホッブズ 2019：291）。ここには，「政治」の役割を限定したルネサンスの政治的人文主義の伝統を見いだすこともできよう。ともあれ，ホッブズの国家を絶対主義と呼んで，のちの全体主義国家と同一視することはできない。近代国家設立と〈代表の論理〉を析出した思想家は，最低限の諸個人の自由の保障を要求したのである。

　しかもホッブズは，『市民論』などの著作で，「市民各人の意志」が主権者の意志に含まれているとさえしばしば主張していることにも留意していい。彼にとって，「主権者は個人としてみなされた市民を代表する，その代理人である」と言われる理由である（Tuck 2015：105）。代表者は被代表者の意志を反映する「代理人」だという観念が近代国家論の底流にはあるのだ。

　ホッブズの死後，名誉革命を経て 2 大政党制が確立されるなか，「純粋代表」が主流となる一方（その趨勢に棹差すのはバークである→ 第10回 ），その機能不全が今日に至るまで問題になってきたことを考え合わせると，〈代表〉の論理を紡ぎ出した政治思想が代表しえない部分（＝「半代表」の側面）を内包していることはそれ自体，刮目に値するのではないか。

📖 読書案内

柴田寿子『スピノザの政治思想——デモクラシーのもうひとつの可能性』未來社，2000 年。

　　本講義ではスピノザの思想について扱うことはできないが，ホッブズらの社会契約論との比較など，複数の思想（家）との比較を通じてその魅力を教えてくれる研究書である。

長尾龍一『リヴァイアサン——近代国家の思想と歴史』講談社学術文庫，1994 年。

　　ホッブズ思想はもとより，彼としばしば比較されるシュミットの思

想など，近代国家の思想の要点を理解するのに最適な入門書である。

リチャード・タック『トマス・ホッブズ』田中浩・重森臣広訳，未來社，
　1995 年。
　　　現代ホッブズ研究を代表する著者による，邦語で読める最良のホッ
　　ブズ入門書である。

■ **引用・参照文献** ■

［第 1 次文献］

グロティウス 2010『戦争と平和の法』（渕倫彦「訳注：グローティウス『戦
　争と平和の法・三巻』(I) ──『献辞』および『序論・プロレゴーメ
　ナ』」『帝京法学』26(2)：181–346 所収）。

ホッブズ 2008『市民論』本田裕志訳，京都大学学術出版会。

ホッブズ 2009『リヴァイアサン〈I〉』永井道雄・上田邦義訳，中公クラ
　シックス。

ホッブズ 2014『ビヒモス』山田園子訳，岩波文庫。

ホッブズ 2019『法の原理』高野清弘訳，ちくま学芸文庫。

［第 2 次文献］

川出良枝 2002「精神の尊厳性──近代政治思想における自律的名誉観念の
　生成」『思想』934 号：4–26。

シュトラウス，レオ 1990『ホッブズの政治学』添谷育志・谷喬夫・飯島昇
　蔵訳，みすず書房。

ダントレーヴ，A. P. 1952『自然法』久保正幡訳，岩波現代叢書。

野田良之 1968「基本的人権の思想史的背景──とくに抵抗権理論をめぐっ
　て」東京大学社会科学研究所編『基本的人権 3 歴史 II』東京大学出版
　会：第 12 章。

ピトキン，ハンナ 2017『代表の概念』早川誠訳，名古屋大学出版会。

藤原保信・佐藤正志 1978『ホッブズ リヴァイアサン』有斐閣新書。

ブルンナー，オットー 2013『中世ヨーロッパ社会の内部構造』山本文彦訳，
　知泉書館。

第 I 部　内戦の時代（16・17 世紀）

三島淑臣　1993『法思想史〔新版〕』青林書院。

Franklin, Julian　2009 *Jean Bodin and the Rise of Absolutist Theory*, Cambridge University Press.（原著は 1973 年）

Tuck, Richard　2015 *The Sleeping Sovereign: The Invention of Modern Democracy*, Cambridge University Press.

第5回 基本的人権／議会

ジョン・ロックと近代立憲主義の成立

前文（第1段）……そもそも国政は，国民の厳粛な信託によるものであつて，その権威は国民に由来し，その権力は国民の代表者がこれを行使し，その福利は国民がこれを享受する。

【個人の尊重と幸福追求権】

第13条 すべて国民は，個人として尊重される。生命，自由及び幸福追求に対する国民の権利については，公共の福祉に反しない限り，立法その他の国政の上で，最大の尊重を必要とする。

【国会の地位と立法権】

第41条 国会は，国権の最高機関であつて，国の唯一の立法機関である。

● ● ●

憲法13条には，国民は「個人」として尊重されるとある。ここには，近代政治の核心となる基本的人権の要点が端的に示されている。では，人権を制約するものはいっさいないのか，という疑問が当然脳裏に浮かぶ。

そこで同条には，「生命，自由及び幸福追求に対する国民の権利」が最大に尊重されるのは「公共の福祉に反しない限り」ともある。人権は「公共の福祉」によって制約されるのである（第12条も参照）。では，「公共の福祉」とは何か？ それは，ここまでの政治思想史を踏まえて答えるならば，マキアヴェリの「政治」固有の論理，あるいは国家理性論から導出されるかもしれない。その場合，国

第 I 部　内戦の時代（16・17 世紀）

益／公益の名のもとに「個人」の権利は制約される，あるいはされるべきだということになろう。

　しかし，ここで想定される「公共の福祉」とはそのような意味だろうか？　別の政治思想史の系譜で考えるとすれば，ヒントになるのは，尊重されるべき権利が「生命，自由及び幸福追求」と第 13 条には書かれていることだろう。ここで参照されるべき思想家は，ジョン・ロックという 17 世紀イギリスの政治思想家である。ロックは『統治二論』*Two Treatises of Government* のなかで生命・自由・財産を「自然権」と規定し，これを保障するための近代国家像を構想したのである。同書によれば，その権利を制約するのは同じ権利である。

　このロックの思想は，アメリカ独立宣言（1776 年）の「生命，自由及び幸福の追求」へと継承され，日本国憲法 13 条の土台となったと考えられる。そして同条の通説によれば，「すべての個人に優先する『全体』の利益ないし価値というようなものは存しない」のであって，ある人の基本的人権を制約できるのは別の人のそれであり，その意味で「公共の福祉」とは「人間相互のあいだの矛盾・衝突を調整する原理としての実質的公平の原理」であると理解される（宮沢 1971：235）。それはロック以前の同概念の思想史，なにより戦前日本の「公益優先」の概念を意識したうえでの解釈でもあった（同上：233-234）。

　他方でロックは，個人の権利を保障するためには議会（国会）が「国権の最高機関」（第 41 条）でなければならないと説いた。では，立法の「最高権力」と個人の権利，ひいては「公共の福祉」とはどのような関係にあるのか。彼が置かれた国王と議会が激しく対立する時代情況について確認しながら，この問題について考えてみることにしよう。

第 5 回 基本的人権／議会

　なお,「公共の福祉」については，現代憲法学で通説とは異なる有意な解釈が提示されているが（長谷部 2006），本書が問題にするのはその原理であって，具体的に人権をいかに制約するのかというその適用の問題ではない（芦部 1994：198；曽我部 2013 参照）。本講義では，ロックの思想が政治思想史上で有する――アリストテレスからホッブズまでとは異質な――国家（政治権力）の目的としての「公共の福祉」論が開く画期的な地平に注目したい。

●●●

1　ジョン・ロックとその時代――議会主義の確立という課題

国王 vs. 議会　　1603 年，エリザベス 1 世崩御に伴い，スコットランドからやってきたジェームズ 6 世は，深い見識を備えていたとされる。だが，彼はローマ法の影響の強い同国の政治体制に親しみ，イギリスの伝統的な法体系（コモン・ロー）に精通していなかった。国王（イングランド王としてはジェームズ 1 世）は，すでに『自由な君主政の真の法』*The True Law of Free Monarchies*（1598 年）をみずから著し，**王権神授説**を唱えていた。そのため，イングランド王に迎えられたものの，しばしばイギリス議会と課税をめぐって対立することになる。しかも，コモン・ロー裁判所が裁判官は「国王の代理人」にすぎず，国王みずから裁可できると主張したところ，ジェームズ 1 世もそれに同調した。

　これに対して，コモン・ロー裁判所

裁判官クック（コーク）

第 I 部　内戦の時代（16・17 世紀）

の 1 つ，人民間訴訟裁判所の首席裁判官エドワード・クック（コー
ク）（Edward Coke, 1552–1634 年）は反対意見を述べ，裁判と裁判官の
権限を擁護した（「国王の禁止令条事件」1607 年）。いわく，「国王は
いかなる人の下にも立たないが，神と法の下にはある」（英米判例：
89）。これは 13 世紀の裁判官ヘンリー・ブラクトンの言葉とされる
が，**マグナ・カルタ**（大憲章。ジョン王が貴族たちに強制されて調印し
たとされる文章）以来の「伝統的」立憲主義を擁護したものとして
読むことができる。クックは『イギリス法提要』*Institutes of the
Laws of England*（1628–44 年）を執筆し，「イギリス人の自由」はコ
モン・ロー（中世以来英国の各民族に共通する判例・慣習法）によって
保障されると主張したのである。

　クックや議会と国王の対決から生まれた最大の成果は，3 つの柱
からなる**権利の請願**（Petition of Right, 1628 年）の起草である。それ
は，ジェームズのあとを継いだチャールズ 1 世が同じく王権神授説
を唱え，議会の同意なしに課税や不当な逮捕を断行したのに対して，
①議会制定法を伴わない課税の強制禁止，②不当な逮捕・監禁・死
刑の禁止，③国法による裁判の保障を要求したものである。これを
機に対立は激化，国王は処刑された。

| ロックの登場と
排斥法危機の時代 |

権利の請願起草の 4 年後に生まれたロック
（John Locke, 1632–1704 年）が研究を開始し
たのは，国王処刑後に現れた独裁者（護国
卿）の時代（1653–59 年）だが，彼の政治思想の形成において決定的
に重要だったのは国王排斥法事件だった。すなわち，その後の王政
復古で王位に就いたチャールズ 2 世によって政治が反動化するなか
で浮上した，王弟ヨーク公（のちのジェームズ 2 世，カトリックだっ
た）の王位継承権に関わる諸問題である。

　このとき，議会による王位継承権の剝奪を支持する側と反対する

82

第 5 回　基本的人権／議会

側で対立し，2 大政党となる**ホイッグ**と**トーリー**の原型が形成されることになる。後者の立場で執筆されたのがフィルマー（Robert Filmer, 1588–1653 年）の『父権論』*Patriarcha, or the Natural Power of Kings*（1680 年，死後出版）である。これに対して，内戦で議会軍の騎兵隊長として従軍した弁護士の父を持つロックにとって，議会派

ロック

を支持するのはある意味で当然だった。また，大学では哲学と医学を専攻した彼が私設秘書・侍医として仕え行動を共にするシャフツベリー伯爵はホイッグ指導者だった。1675 年に伯爵が大法官（Lord Chancellor）から失脚すると，ロックは同年フランス旅行に出かけ 79 年に帰国した。

この 1680 年前後からロックは，『統治二論』を執筆したとされる。名誉革命後に刊行された同書は，従来，革命を理論的に正当化するために書かれたと考えられてきたが，実際は排斥法危機の時代に執筆され，伯爵の立場を擁護するために書かれたというのが今では通説となっている。さらに，82 年に伯爵が反逆罪を問われて蘭国に亡命すると，翌年ロックも亡命した。

1688 年に**名誉革命**が勃発，ロックは帰国し，翌年には匿名で『統治二論』を刊行する。2 部構成のうち第 1 部は『父権論』を批判した部分で，政治思想史では第 2 部（『市民政府論』と呼ばれてきた箇所）のほうが注目されてきたが，同書がまずは『父権論』批判として書かれたこと自体に立憲主義の歴史上重要な意味があるという。その執筆意図＝「伝統」批判が『統治二論』をして近代的立憲主義の突破口を開きえたからだ（愛敬 2003：199）。そもそも 1630 年代

83

第 I 部　内戦の時代（16・17 世紀）

に執筆されたという『父権論』は，内戦下にクックのような伝統的立憲主義に対して，同じく伝統（自然でもあるとされる家父長制）に基づいて王権の正統性を擁護するために書かれた（王権神授説）。これに対してロックは，伝統（的共同体）を超えて，個人（の権利）から始め，その政治支配の正統性を明示的「同意」に求めたのである。

2　国家を作る理由

自然状態≠戦争状態　『市民政府論』の目的は「政治的統治の真の起源と範囲と目的」の提示である。つまり，上記の王権神授説とは違ったかたちで，権力の正統性の在り処を求め，社会そして国家を作る（ということに人々が同意する）理由を探求することだった。

そこでロックは，ホッブズ同様に，自然状態すなわち〈政治権力のない状態〉という理論上の想定から出発する。それは完全に自由な状態である。「人はもともと完全に自由な状態にあり，自然法の範囲内であれば，自分の行動を自分で決め，自分の財産や身体を思いのままに処することができる」（ロック 2011：第 2 章 15 節。以下の引用では，章と節あるいは節のみの番号を付す）。ここでロックにとって，自由はもはや「イギリス人の自由」ではない。それは少なくとも，イギリス人ないしその伝統によって正当化される必要がない権利として提示されたことに注意しよう。

またロックは，人間の生得観念（innate idea）を否定する。人が生まれたときは観念が発生する以前の白紙（タブラ・ラサ）の状態であり，観念はすべて経験に由来する。このいわゆる哲学史上でいう経験論は，『人間知性論』（1689 年）で展開されることになる。他方，ホッブズとの決定的な違いは，自然状態を戦争状態ではないと断言

84

した点に求められる。それは闘争が回避される平和的な共存状態だとされる。その議論の前提には生産労働の論理と豊富な資源がある。つまり，人間は労働を通じて富を増大させることが可能で，ホッブズが想定するような稀少な資源をめぐる激しい闘争は生じないというわけである。

**自然法と
不都合の理由**　ロックも，自然状態（国家が存在する以前の状態）に自然法が存在するというが，その内容はホッブズの場合とはまるで異なる。

人が理性を通じて理解する自然法の内容は大別すれば，① property の保持，および② reciprocity の承認ということになる。この〈プロパティ〉こそロック政治学でもっとも重要な概念で，「所有（権）」と訳されてきたが，それは**生命・自由・財産**を含意するもので，訳語にすると誤解を招きがちな概念である（7章87；新訳（ロック 2010）では，「固有権」という訳語が当てられている）。自然法では，他人の生命・自由・財産を侵害しないことが義務とされる。この自然権のうちで特徴的なのは〈財産への権利〉だろう。それは前述のように，人はみずからの労働によって財産（価値）を増減させることが可能であり，その財産は各自固有のものだという，いわば労働価値説によって正当化されるのである（5章27,31）。

　〈レシプロシティ〉はロックの言葉ではないが，これも訳しづらい概念で，思想史では互酬性や相互性と訳され，人が相互に認め合うことを意味する。『自然法論』（1664年）にも書かれているように，それは典型的には信義／約束の遵守を指し（Locke 1954：118），統治契約の土台になるはずのものである。ここには，人間はそれ自体として尊厳を有する存在としてお互いに尊重し合わなければならないという，プーフェンドルフの大陸自然法に見られた発想を再確認することができるだろう。

第Ⅰ部　内戦の時代（16・17世紀）

　それでは，人は平和な状態をなにゆえに脱する必要があるのか？
ロックはこう言う。「しかしその権利を思いどおりにできるかというと，はなはだ不確実であり，他の人々から権利を侵害される危険が絶えずつきまとっている」（9章123）。一定の秩序があり，各人に権利を認める〈法〉とそれを理解する程度の理性があるとはいえ，確実性がないのだ。具体的には，①人間の理性能力が不完全であり，②成文法，公平な裁判官と判決執行権がなく，③貧富の格差拡大によって権利の享受が不確実なため，不都合だと言うのである。

3　国家の作り方と抗い方

国家を作る目的と手順　　各人は国家を作るため，生まれながらにして持っている〈自身の裁量で他人を処罰する権力〉を放棄する。以下で確認するように，この放棄されるnatural power とは「自然権」とは区別される，「自然的な権力」（ロック 1980：7章87）である（以下，『市民政府論』の訳語に（ロック 1980）を用いる場合には，宮川訳と記す）。

　では，具体的にはその権力の委託，すなわち社会契約はどう結ばれるのか？『市民政府論』において，社会（協同体）と政治社会や統治機構などの用語は明確に分類されているわけではないが，契約は事実上2段階を踏んでいると考えられる（次頁の図参照）。すなわち，第1段階では，各人の自発的な**合意**（consent）によって社会（協同体）が作られる（8章95）。そして第2段階では**信託**（trust）して，自然法の解釈権・執行権が統治機構に委ねられる（11章136）。

　　本来そなわっているはずの自由を投げ出し，わが身を市民社会のきずなに結びつける方法は1つしかない。それは，他の人々

86

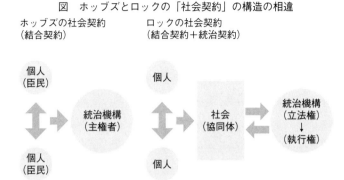

図　ホッブズとロックの「社会契約」の構造の相違

との合意にもとづいて協同体（community）を結成することによる。協同体を結成する目的は，自分のプロパティ（生命・自由・財産）をしっかりと享有し，外敵に襲われないよう安全性を高めるなど，お互いに快適で安全で平和な生活を営むことにある。(8章95)

そして，協同体は立法権力を，ふさわしいと思われる者の手にゆだねる。人々はその際，布告済みの法律によって支配されることを信託したかたちになる。(11章136)

そこで生まれる「最高権力」が〈信託された権力〉と呼ばれる立法権力である——ただし，それを解体・改造する「ある最高権力 a supreme power」(13章149) は人民に残ると書かれていることに注意（！）。執行権力は立法権力に従属するとされる（同152）。つまり，英国では伝統的に解散権を握る君主（執行府）も，立法府に対して優位するわけではないのだ。執行権力も「人民の安全」のために信託された権力としての責任を負うのである（同156）。

ロックにおいては，社会（協同体）の発足は立法部の設立を必然

第 I 部　内戦の時代（16・17 世紀）

的に伴うという意味で，両者は連続的に捉えられているが，このように信託するという行為を一応分けて考えることは可能であり（13 章 157），またこのように考えると，左の図のようにホッブズの「契約」との対比，その独自性がより明確になる。つまりホッブズの場合は 1 段階で，各人の結合契約と同時に統治権力（主権）が生まれるとされた。これに対して，ロックの「契約」は結合契約と統治契約に分けられる。そのため，統治機構が契約に違反した場合に，各人の結合契約を維持したまま，それに抵抗する権利が認められ，「天に訴える自由」と呼ばれる「究極的な決定権」（14 章 168）が人民に留保されるのである。

　ここで抵抗権論のポイントは 3 つある。①統治（機構）の解体であって社会（協同体）の解体ではないということである（13 章 149）。それゆえ，抵抗＝解体しても自然状態には戻らない（後者の解体は外敵による征服によってのみ生じるとされる）。②自然権に基づく契約違反の場合の抵抗は，モナルコマキ（→第 4 回）とは違って，宗教（信仰）とは独立した論理（＝プロパティの保障）で正当化されている。③超実定法的措置であるとされることから考えると，主体は個人であって議会ではない（愛敬 2003：98）。この点では『統治二論』を，議会主権を定式化した著作とすることには慎重でなければならず，そもそも「主権」という言葉を使っていないことを考え合わせると，人民主権を理論化したとすることにも留保が必要だろう。

> **「公共の福祉」**

もともと国家を作る目的は「自由とプロパティの保全」であって，それを侵害するようなことは契約違反に当たる。先ほど，放棄されるのは自然権ではないと述べたが，そうでなければ抵抗する「権利」が失われることになる（「天に訴える」ことはできるかもしれないが）。また，統治目的を論じた第 9 章で，「社会の権力，すなわち社会によって設立され

た立法部の権力が、共通の福祉（the common good）以上に拡大されるとは決して考えることができない」と述べていることに注意したい（9章131、宮川訳）。国家の設立目的と整合的に理解するとすれば、「共通の福祉」はプロパティの保全と矛盾することがあってはならないだろう。最高権力たる立法権も、その設立目的の制約を受けるのである。

別の章でも、「立法部の権力は、どんなに大きくても、社会の公共の福祉（the public good of the society）に限定される」とある（11章135、宮川訳）。そして、この少し後で次のようにいわれる。「こうして、自然法は万人にとって、すなわち一般人にとっても立法者にとっても、永遠の掟として有効性を保つ」（同上）。立法権を制約する「公共の福祉」とは自然法と同義ではないとしても、少なくともそれに適合するものでなければならないと解される。

この点で、執行権の制約の議論のほうはより明確である。そもそもロックにおいて初めて明確に執行権と立法権が分離される一方で（12章144）、これらから分離される「外交権」も事実上担う執行府に自由裁量の余地（大権と呼ばれる権力）が残され、その意味で強大な権力を握っている（13章）。しかし、その使途はやはり「社会の福祉」に限定されると考えられている（14章159、宮川訳）。この「公益」と訳されることもある the good of the society とは何か？続けて、『市民政府論』の著者は次のように書いている。

　　したがって法の執行者には、その手中に権力を握り、この権力を社会の福祉のために使用する権利を万人に共通の自然の法によって与えられているのである。（同上）

社会の「福祉」を「利益」と訳してよいかどうかという問題はお

第Ⅰ部　内戦の時代（16・17 世紀）

くとしても，その根拠は「自然法」，第一義的にはプロパティの保障である。よって「公共の福祉」の内容が何であれ，それを理由に個人の生命・自由・財産（基本的人権）を侵害してはならないと考えられる。そうだとすれば，時には法に背いてでも行使される「大権」の目的も「公共の福祉 the public good」にあるといわれる場合，そのおおもとに人権の保障があると考えなければならない（14 章 160）。

　繰り返せば，立法権や執行権は「公共の福祉」によって制約されるが，その根拠には自然法ないし基本的人権があることから，社会や公共の福祉（利益？）をもとに人権が侵害されてはならない。ここから基本的人権は何人によっても侵されてはならない根本的なものだということができ，人権以外の理由で人権は制約できないというロジックを導き出すことは可能である。ロックが自然法の内容としてプロパティと同時にレシプロシティ（相互性）を指摘していたことも念頭に置けば，そのような類推も誤りではないだろう。

　とはいえ，ロックにおいて「公共の福祉」によって制約されない諸個人のプロパティとは，人類普遍の人権（切り札？）のことであって，日本国憲法 12 条がいうような「この憲法が国民に保障する自由及び権利」がいっさい制約を受けないかどうかは別問題である（長谷部 2006 参照）。本書では憲法論議について立ち入らないが，少なくとも，ロック思想に由来する個人の権利の尊重（第 13 条）が，「公益」とも呼ばれる社会全体の利益によって安易に制限されてはならない種類のものであるということが確認されるべきである。

4 近代国家の「リベラル」化と近代人の不安

ロック思想の2つの意義

政治思想史におけるロック思想の意義は，ホッブズが提示した近代国家の論理を「リベラル」化したことにある。具体的には，①自然法と呼ばれる高次の法によって個人の権利を基礎づけたこと，すなわち，それを国家に先立つ不可譲の権利として定式化したことである。諸権利は国家によって創造されるものではなく，よりよく保障されるべきものなのだ。これは，個人（当時は臣民）の権利が「法律ノ範囲内」で保障されるとした大日本帝国憲法 29 条の発想とは異なる（→コラム②）。しかも，ロックは国家に先立つ個人と同時に「社会（協同体）」の存在を指摘することで，市民社会論の礎を築いた。もっとも，自律的な領域としての「市民社会」が定式化されるには，人間の分業と交換からなる領域が実態として出現する次世紀（18 世紀）を待たねばならないだろう（→第 8 回）。

次に，②立法権力すなわち議会を最高権力として位置づけ，民主主義の要としての議会制を擁護したことである。それは，前述のような課税における議会の同意の必要といった，イギリス議会史の経験を理論化した側面がある。加えて，すでに指摘したように，政治思想史上きわめて重要な著作である『寛容についての書簡』（1689年）（→第 3 回）では，信教の自由や思想・良心の自由が定式化されたことも忘れてはならない。

最終的に，高次の規範としての法の支配と人権による権力の制約，および国民の同意にその正統性を持つ権力の構成を提示することで，ロックは権力分立も先駆的に論じたことと合わせて，近代の立憲主義思想が合流する結節点にいる思想家だと評価することができる。

第 I 部　内戦の時代（16・17 世紀）

＝＝＝＝ コラム② ● 個人は国家より先に存在するのか？ ＝＝＝＝

　個人が先か国家が先か，などと問うことはそれ自体意味がなく滑稽
にさえ見える。しかし，政治思想の歴史を踏まえると，単なる机上の
問題と切り捨てるわけにもゆかない。

　明治憲法でも，権利や自由は保障されていた。しかし，それは
「法律ノ範囲内」（第 22 条，29 条）において保障されたにすぎない。
つまり，それは国家（天皇）が与えたものであって，それ以前に人間
（個人）が持っている権利（自然権）ではないため，法律による制限
あるいは否定さえ可能だったのだ。これを「外見的立憲主義」という
（高橋憲法：第 1 章）。

　これに対して，たしかに既存の国家（ホッブズの言う共通の権力）
のなかに生まれ存在しているわれわれにとって，国家以前に個人がい
るという想定は現実には考えにくい。しかし，フィクションとしてで
あれ，そういった想定をすることにはかぎりなく大きな意味がある。
西洋近代の政治思想史の伝統が教えているのは，そのことである。社
会契約説が示したように，個人が国家以前に存在し，むしろ個人の権
利を保障するために国家を設立すると仮定することで初めて，個人が
国家のために存在するどころか，その逆で，個人の権利を保障するた
めに国家権力を構成し，制限することもできるという理論的前提が成
り立つのである。

　他方で，20 世紀後半の「個人主義」の隆盛によって，共同体の価
値や伝統が蔑ろにされているという声が大きくなり，自由主義の見
直しが迫られた。1970，80 年代アメリカ合衆国を中心に白熱した
「リベラル・コミュニタリアン論争」も，そうした趨勢の一環として
理解することができる。一方にはノージックやロールズ，他方にはサ
ンデルやマッキンタイアらがいた。その論争が政治思想史の伝統のな
かでどのような役割を果たしたのかについてはなお検討の余地がある
が，それが上述のような仮定の意義を減じることだけはないだろう。

　もっとも，理論上重要だと言うことは難しくないとしても，現実に
個人の権利を国家（共同体）に先立つものとして保障してゆくとなる

第 5 回　基本的人権／議会

と簡単ではない。日本でも，明治憲法の制定会議において自然法思想にも類似した議論を展開した森有礼と，伊藤博文との思想的相違にまで遡る，複雑な問題を含んでいる。森にも欠けていたと考えられるのは，権力の権利侵害から個人をいかに防衛するか，その正当性を判定する根拠を国民自身がみずからの手に確保しなければならないという発想だった（参考，丸山眞男『日本の思想』岩波新書，1961 年）。これは本書「はじめに」でも触れたことと関連するが，そうした意識は今日でも希薄なのではないだろうか。

| 理性の不安：
| 知性の限界と
| 自由主義の課題

さて，ロックの政治思想はなにより「個人」から出発していることに特徴があり，近代的立憲主義の真髄もそこにあると考えられるが，はたしてその個人は「合理的」だろうか。最後にこう問うことは，本講義の主題とも無縁ではない。というのも，ロックの視座は人間の〈非合理なもの〉にも及んでおり，その「近代」の二重性に注意しなければ，近代以降の政治思想史の問題圏の深さを十分に理解することはできないからだ。

ロックは正式な著作に先立つ初期の著述（1659 年の書簡）で，「理性をはっきりと情念の奴隷とみなしている」（ダン 1987：103）。理性は人間の欲求を統制するのではなく，その「根拠を見いだすための道具」として役立つにすぎない。だからこそ，彼を含む個人がかえって自然法ないし神の意志を信頼したいという欲求が生まれるというわけである。ここで確認すべきことは，人間（たとえば無心論者）が本当にそのように自然法や神を信頼するかどうかではなく，その立論の背後には，封建的身分制から解放された「近代人」の不安があるということである。その不安を背景にして，人間をギリギリのところで合理性の域内に繋ぎ止めようと試みたのが，ロックに

93

第 I 部　内戦の時代（16・17世紀）

ウォーリン（写真：The New York Times/Redux/アフロ）

代表される近代の政治思想家たちだったのではないか。

『人間知性論』でも人間存在の不安，「落ち着きのなさ」について指摘されている。なぜなら，人間の行動の決定的要因は人間の不安，すなわち**満たされない欲望**にあるからだ（同書第2巻）。今日，ロックのような「リベラルな理論家たち」は資本主義の理想を忠実に再現していると考えられ，「素朴で自信たっぷりであった」かのように考えられがちである。だが，彼らも不安に苛まれていたことを想起させてくれるのは，現代アメリカを代表する政治思想家のシェルドン・ウォーリンである。「精神分析は，リベラルのエトスが当然に必要とした学問である」と吐露したウォーリン（1994：367）とともに，われわれはロック思想の背後にある理性の不安にも着目すべきだろう。そうすることで，「近代」立憲主義思想と自由主義理論が想定する人間の両義性とともに，その課題をも再発見することができるのではないか。

📖読書案内

齊藤愛『異質性社会における「個人の尊重」——デュルケーム社会学を手がかりにして（憲法研究叢書）』弘文堂，2015年。
　　「個人」の尊重が正当化される根拠は何か。憲法学者がそれを「道徳」とまで言いうる論拠をデュケームの社会思想を援用して提示した意欲作である。

松下圭一『ロック「市民政府論」を読む』岩波現代文庫，2014年。（原

著は 1987 年)

　　研究史的にはすでに古い部分があるとはいえ，戦後日本の「市民社
　会」理論をロック思想に仮託した著者の熱意とその先駆性は今でも参
　考に値する。『統治二論』新訳の「固有権」という訳語の着想も同書に
　あるという（ロック 2010：94，前篇第 4 章訳者註（3））。なお，邦語
　で読めるロック思想の入門書としては『ジョン・ロック――信仰・哲
　学・政治』（ダン 1987）がまずは読まれるべきだろう。

森政稔「自由主義と自己のディレンマ」『自由な社会の条件（ライブラリ相
　関社会科学〈3〉）』鬼塚雄丞・丸山真人・森政稔編，新世社，1996
　年：413-446 頁。

　　本講義最後に指摘した近代人の不安と自由主義論の抱える隘路につ
　いて，「自己のディレンマ」という観点から描き出した秀逸な論攷。同
　書所収の他の論攷と合わせて読まれたい。

■引用・参照文献

［第 1 次文献］

ロック 1980「統治論」ロック＝ヒューム『世界の名著（32）』宮川透訳，中
　公バックス，所収。

ロック，ジョン 2010『完訳 統治二論』加藤節訳，岩波文庫。

ロック 2011『市民政府論』角田安正訳，光文社古典新訳文庫。

Locke, John 1954 *Essays on the Law of Nature*, Clarendon Press.

［第 2 次文献］

愛敬浩二 2003『近代立憲主義思想の原像――ジョン・ロック政治思想と現
　代憲法学』法律文化社。

芦部信喜 1994『憲法学 II――人権総論』有斐閣。

ウォーリン，シェルドン・S. 1994『西欧政治思想史』尾形典男ほか訳，福
　村出版。

曽我部真裕 2013「人権の制約・限界――『公共の福祉』を中心に」南野森
　編『憲法学の世界』日本評論社：第 11 章。

第 I 部　内戦の時代（16・17 世紀）

ダン，ジョン　1987『ジョン・ロック——信仰・哲学・政治』加藤節訳，岩
　　波書店。
長谷部恭男　2006「国家権力の限界と人権」『憲法の理性』東京大学出版
　　会：第 5 章。
藤倉皓一郎ほか編　1996『英米判例百選〔第 3 版〕〈別冊ジュリスト 139〉』
　　有斐閣。（「英米判例」と略記する）
宮沢俊義　1971『憲法 II——基本的人権〔法律学全集 4〕新版』有斐閣。

第Ⅱ部
イングランドの世紀（18世紀）

第6回 権力分立

政治体制論の伝統とモンテスキュー

【司法権と裁判官の独立】

第76条　すべて司法権は，最高裁判所及び法律の定めるところにより設置する下級裁判所に属する。

2　特別裁判所は，これを設置することができない。行政機関は，終審として裁判を行ふことができない。

3　すべて裁判官は，その良心に従ひ独立してその職権を行ひ，この憲法及び法律にのみ拘束される。

【弾劾裁判所】

第64条　国会は，罷免の訴追を受けた裁判官を裁判するため，両議院の議員で組織する弾劾裁判所を設ける。

2　弾劾に関する事項は，法律でこれを定める。

【内閣の組織，国家に対する連帯責任】

第66条　内閣は，法律の定めるところにより，その首長たる内閣総理大臣及びその他の国務大臣でこれを組織する。

2　内閣総理大臣その他の国務大臣は，文民でなければならない。

3　内閣は，行政権の行使について，国会に対し連帯して責任を負ふ。

● ● ● ●

　日本国憲法には，権力分立を保障するための条文が複数存在するが，そもそも権力分立とは何か。そう言われると，普通は三権分立，すなわち行政権（執行権）・立法権・司法権の分離・独立を考えるのではないだろうか。しかし，現代フランスの政治哲学者ルイ・アルチュセールは，こうした「純粋な三権分立」という考え方をモンテ

スキューの理論が後世に生み出した神話だと断じている（アルチュセール：1974）。

なるほど，高校などでもう少し勉強すると，三権は単に分離しているだけではなくチェック＆バランス（抑制と均衡）の関係にあると習うかもしれない。憲法でも司法権や裁判官の独立を明記する一方で（第76条），立法権（国会）には裁判官を弾劾する権利が記されている（第64条）。また，行政権（内閣）は国会に対して連帯責任を負うことになっている（第66条）。しかし，この権力の抑制・均衡とは何を意味するのか。実際，現代日本政治の諸機関を見ていると，お互いに抑制し合っているようには必ずしも見えない。

そこで本講義では，権力分立ないし権力均衡の由来を政治思想史上に辿ることで，その意味を深く理解してみたい。その結果，明らかになると思われるのは，単なるチェック（抑制）という次元を超えた含意，いわば相互の緊張関係である。と同時に，権力分立とはもともと「三権」に限定されないということである。たとえば，周知のように立法権を二院に分割することもまた「権力分立」なのだ。それは古代ギリシア・ローマ以来の政治体制論ないし混合政体論の伝統と，それを再解釈したモンテスキューの政治理論に注目することで立体的に浮かびあがってくるはずの事柄である。

● ● ●

1 混合政体論の誕生

**古代ギリシアと
政治体制論**

プラトンは『ポリテイア（国家）』のなかで，最善の政治体制を描いた。彼によれば，ポリスの正しい構造と魂の正しい構造は類比関係にあり，それぞれ統治者，補助者（戦士），生産者という3

第II部　イングランドの世紀（18世紀）

つの階級と，理知的部分，気概的部分，欲望的部分という魂の3層構造とが対をなす（第2巻後半～4巻）。プラトンの理想は，理知的部分（哲学者）の支配する体制である。それが1人であれば王政，複数であれば貴族政となる。あとは，政治体制の類型論というよりはポリスと魂のあり方の変遷過程として描かれる。気概的部分が勝ると名誉支配政，欲望的部分が支配すると寡頭政，民主政，最後は僭主政というかたちで堕落が進むことになる。

　プラトンの政治体制論の背景には，よく知られた「イデア」，自然＝本質的な秩序がある。イデアとは事物の本質を指し，現象として目で見えるものではなく，理知的探求によって知りうる事物の真の姿（実在）だと考えられる。また，さまざまなイデアを統括する最大最高のイデアとして「善のイデア」があるとされる。これに対して，プラトンに師事したアリストテレスは，物事の本質を現実から超越したものとせず，むしろそれは現実のなかに存在し変化しながら具現化されてゆくと考えた。こうしたイデア論批判は，個々のモノ[ヒューレー]のなかに目的をなす形相[エイドス]が内在しているという独自の目的論へと展開された。そこで，善の多元性が認められる一方，実践的な学問である政治学は〈真理であるようなもの〉にかかわり，蓋然的な認識で満足せざるをえないとされた（『ニコマコス倫理学』第1巻）。これは経験を重視し，それを比較検討しながら真理に接近してゆくというアプローチを生み出すことになった。

　アリストテレスは，マケドニア国境（スタゲイロス）出身で，万学の祖と呼ばれるほどその研究は多方面に及ぶ。紀元前343年にはリュケイオンという学校を設立し，アレクサンドロス大王の家庭教師だったこともよく知られている。現象界を超えたイデアの世界の探求を唱えた師のプラトンに対して，アリストテレスは理念的（先見的）ではなく経験的に政治体制を比較した。『政治学』（ポリティ

表　アリストテレスの政治体制の6分類（『政治学』第3巻7章）

誰を利するか？ ＼ 誰が支配するか？	1人	少数者	多数者
支配者	僭主政	寡頭政	民主政
全員	王政	貴族政	国政（共和政）

カ）では，それが上の表のように6つの類型に分類されている。

　横軸が支配者の数（1人・少数・多数），縦軸は支配の質（利するのが支配者か全員か）を表し，支配者を利する上段が堕落した政治体制とみなされる。堕落した順は，僭主政，寡頭政，民主政であり，民主政とは貧しく愚かな多数者がみずからを利する政体ではあるが，「悪さ（加減）」では最小だとされる（第4巻2章）。なお，最悪な政治体制としての僭主政（暴政）の目標は，①被支配者がちっぽけなことしか考えられないようにすること，②彼らを相互不信に陥らせ，③行動を起こせないようにすることにあると論じられている。

　　　　「混合」の発想　　アリストテレスによれば，王政・貴族政は実現が困難であるため，実現可能な政治体制のなかで最善のものを問題にするべきである。それは「寡頭政と民主政との混合形態」であり，本来「国政（共和政）」と呼ばれるべきものだという（『政治学』第4巻8章）。

　寡頭政の欠点は財産による制限があることであり，民主政の欠点は能力の差を無視した平等化にある。これに対して，一方で貧富による差別をせず，貧しくても教育が受けられるようにし，他方で重要な公職は（くじ引きではなく）選挙によって選抜すること，こうして「両者が適切に混合されていること」によって欠陥は相互に補完される。

　このような「混合」の発想の背景には，最善で幸福な生は「中間」にこそあるというアリストテレス自身のある種の信念があった。

彼によれば，徳（アレテー）は「一種の中間性」なのである（アリストテレス 2015：132）。両極端を排した中間がいいのだ（！）という発想は，生まれや富でも「中間層」の人間が多数を占める体制がもっとも良く安定して治められるという見解に繋がっている（『政治学』第4巻 11-12章）。他方で，アリストテレスには統治権を3要素（審議的・行政的・司法的）に「分離」するという発想もあったが（第4巻 14-16章），この議論は国政の構成要素の機能的分類で，「権力分立」の発想とは異なるものだった。

　政治体制を考えるうえで「混合」の意義を説いたアリストテレスが，多数者による支配の利点を指摘していることも今日的には重要かもしれない。いわく，「なぜなら，たしかに多数者は，その1人1人はすぐれた人間ではないとはいえ，彼らが集まって一緒になるときには，個々人としてではなく全体として見るかぎり，少数の最善なる人々よりもすぐれていることがありうるのだから」（アリストテレス 2018：158-159）。この指摘が正しいかはともかく，アリストテレスがプラトンと違って，民主政や多数者による支配をある面で擁護しえたことは事実である。その背景として，彼がアテナイの民主政の再生期を生きたことがある。民主政が廃止されるのはちょうど彼が亡くなったとされる紀元前322年である。これに対して，プラトンは初期に，民主政崩壊後の寡頭政（30人支配）を経験するとともに，その崩壊後（民主政再生）まもなくして師のソクラテスが不当な裁判によって処刑されるのを目の当たりにした。これが彼の思想形成の原点であったことは，民主政評価に決定的な影響を与えただろう。

　次世代への影響の点では，アリストテレスによる古代ギリシアの民主政の評価よりも，彼の「混合」の発想のほうが大きかったかもしれない。それをローマに持ち込んだのは，ギリシア生まれのポ

第6回　権力分立

リュビオス（Polybius, 前200-前118年）である。大著『歴史』（全40巻）のなかでポリュビオスは，政治体制を君主政・貴族政・民主政の3つに区分したうえで，これらが堕落と衰退（僭主政・寡頭政・衆愚政）を永遠に繰り返すという政体循環論を唱え，この法則から脱する人間の営為として**混合政体論**を主張した。つまり，古代ローマは君主政的要素である執政官と貴族政的要素である元老院と民主政的要素である民会から構成される混合政体であったために，安定と均衡を達成したと評価されるのである。ポリュビオスに学んで混合政体を最善の政体と論じたのはキケロだった。

2　キケロと共和主義の展開

ローマ共和政最後の政治家

共和政末期ローマの政治家キケロ（Marcus Tullius Cicero, 前106-前43年）は，ギリシアへ旅行し哲学を修養することで，その政治学を古代ローマ世界の「実用主義」に接ぎ木し「共和主義」と呼ばれる思想に成長させた哲学者・政治家である。

　地方の郷士階級の出身で，古くからの貴族階級とは区別される「新人（ホモ・ノウス）」と呼ばれながらも，キケロは紀元前63年（43歳）に政務官職の最高位「執政官（コンスル）」にまで登り詰めた。共和政転覆を図った「カティリーナの陰謀」の弾劾演説は有名だが，前58年には政敵によってローマから追放された（同年に凱旋）。第1回三頭政治に反対し，晩年は執筆活動に専念するなか，カエサル失脚後に後継を狙ったアントニウスの刺客に暗殺された。代表的な著作に『弁論家』*De oratore*（前55年）や『国家論』*De republica*（前51年），『法律論』*De legibus*（前51年？）や『義務論』*De officiis*（前44年）があるが，どれも対話形式で書かれており，

103

キケロ

その点でプラトンの影響を指摘することができる。

とはいえ、思想の継承ではアリストテレスからのほうが注目される。それを共和主義という思想に彫琢し、後世に伝えたのである。それは便宜的に、**徳論**と**制度（機構）論**に分けられる。まず前者については、「公共の事柄」の安寧と福利を実現することが人間の徳であるとされる（『弁論家』第2巻9章、第3巻34章）。「じつに、国家を導く徳よりも優れたものは何がありうるか」（キケロー 1999：45）と問うたのである。

キケロによれば、人間は言論を用いて共同体の一員となることで、「人間的で（humanus）文化的な（civilis）」存在になるという。しかし、そのために備えるべきとされる「ある種の学問の体系性と**人間的教養**〔フーマニタース〕にふさわしい学識」とは、特定の国家に限定されない、それを超えた普遍的な知識を含意することにも注意する必要がある（キケロー 2005：上27、下169）。ここにはたしかに、コスモポリタニズムに繋がるような発想がある。

そもそもキケロが、正義や法は自然に由来するという考えを初めて政治思想史上に持ち込んだことはすでに紹介した（→**第2回**）。彼によれば、正義／権利は国家の利益などではなく自然に由来するものなのだ。「もし正義が自然によるものではなく、有用性に基づくものがその有用性によって打ち倒されるとすれば、正義というものはまったく存在しないことになる」（キケロー 1999：208）。そして『国家論』でも、「真の法律とは正しい理性であり、自然と一致し、

すべての人にあまねく及び，永久不変である」と述べている（同上：123-124）。

とはいえ，国家が「安寧のための最強最善の絆」であり，それは「正義なくしてはけっして存在しえない」と言われるとき（同上：106），国家と世界との距離はそれ自体重要ではなかっただろう。キケロ思想（共和主義）では，最終的に国家（特定の共同体）の正義・徳が優位するのである。

「混合」の発想の継承

次に，共和主義の制度論について。『国家論』の主人公スキピオは言う。「それら〔政治体制〕1つ1つよりもすべてから結合されたものをより優れているとみなすのである」（同上：46）。「……均等に混ぜ合わされたものは，王政そのものにまさるだろう」（同上：60）。ここにはアリストテレスに由来する「混合」の発想がたしかにある。

ただし，キケロの場合は単なる類型論ではなく，その発想は古代ローマにおける諸階級間の対立と協調の経験に根ざしていた。ローマ史研究者のJ・ブライケンは次のように述べている。「貴族と民会はそれぞれ，社会関係の相手方についてパートナーとしての役割を否認しようなどとは思わなかったのである」（ブライケン 1984：112）。対立する貴族と平民，元老院と民会を併存させるという意味で混合した政治体制が，特定の身分や利害の暴走・腐敗を防止したのである。以後，共和政ローマはこの点で政治学の模範となる。

共和主義の再興

『君主論』の著者も，ローマ史論『ディスコルシ』を著したことはすでに指摘した。国家の安定と発展には「公共の事柄」への献身が欠かせない。しかし，マキアヴェリの考える公共活動を尊重する市民の《徳》とは，アリストテレス以来政治思想史で高唱されてきた徳とは明らかに異なるものだった。すなわち，『ディスコルシ』によれば，古代ロー

マで共和国を発展させた徳とは〈力〉にほかならない（第2巻2章）。すなわち，名誉をめぐる権力闘争であり，貴族（元老院）と市民（民会）の不和と緊張だった（第1巻4章）。

　ここで評価されているのは，権力の抗争，緊張関係とそれが生み出す「力（＝エネルギー）」それ自体であって，その抑制ではない。このとき，「混合」の発想は相互補完による〈調和〉から相互緊張による〈競争〉へとその力点を移行させたといえる。この権力間の競争的・闘争的な関係がマキアヴェリを介して権力分立の思想史に潜在することになる。

　他方で，17世紀イングランドで「共和主義」を復権させたのは，ハリントン（James Harrington, 1611–77年）である。王政が崩壊しクロムウェルが護国卿に就任するなか，ハリントンは『オシアナ共和国』 *The Commonwealth of Oceana*（1656年）を著し，党派対立に対する処方箋として共和国のヴィジョンを提示した。そこで彼も，古代ローマの共和政を模範としながら，王政・貴族政・民主政の要素を合成した「混合政体」を主張した。

　ハリントンに独自なのは，イングランドにおける王権を基調にした混合君主論から脱皮し，「混合」の新たな制度設計を試みたことにある。古代ローマの元老院と民会の役割を，審議する機関と議決する機関として定式化したうえで，一方は共通の利益を考案する〈知性〉を，他方はそれを選択する〈全体の利益〉を代表すると論じた。加えて，元老院の権力を制限し，行政官の輪番制を採用するとともに，土地所有（の不均等）を制限するために均分相続法の制定を主張した。彼の共和国論の基礎をなすのは，均等な土地所有と多数の土地所有者が担う軍事力だった。

　こうして共和主義思想はハリントンによって17世紀イングランドに持ち込まれ発展を遂げるが，混合政体論は内戦下では公共の秩

第 6 回 権力分立

序を脅かすとして批判された。ホッブズは『ビヒモス』において,内戦下で国王派さえもとらわれていた「混合統治(ミックスアーキー)」(混合君主政)を王の敗北原因とみなし,厳しく非難している。ここで確認したいのは,「それは実のところ,純然たる無政府以外の何物でもなかった」と言われるほどに(ホッブズ 2014：194),混合政体論は諸要素の緊張を生じさせた／させうるとみなされていたことである。この緊張関係が秩序を脅かすことのないようにいかに理論化・制度化するか,それが次の政治思想史上の課題となる。この課題に答えたのは,イングランド国制を観察したモンテスキューだった。

3 モンテスキューと古代ローマ

『法の精神』と政治体制論

モンテスキュー (Charles-Louis de Montesquieu, 1689-1755 年) は,ボルドー近郊ラ・ブレードで貴族の家に生まれた。ボルドー高等法院の裁判官となるが,学問芸術そして政治に関心を持ち,1721 年に書簡体小説『ペルシア人の手紙』を匿名で刊行した。それは時の国王ルイ 14 世の「専制」を風刺した著作で,大きな評判を得た。その後,ヨーロッパ各地を旅行し,特にイギリスには 29-30 年に滞在,それらの経験を踏まえて書きあげられたのが大著『法の精神』*De l'esprit des lois*(1748 年)である。地元ラ・ブレードの城で 39 年頃から着手されたというから,執筆はほぼ 10 年に及んだことになる。

考察対象はあらゆる民族の慣習や法

モンテスキュー

第Ⅱ部　イングランドの世紀（18世紀）

表　3つの政治体制の分類（『法の精神』第1部3篇1章）

	共和政体		君主政体	専制政体
	民主政	貴族政		
本性	人民全体	諸家族	君主（制定された法律に従って最高権力を行使）	1人の意志と気紛れ
原理	徳	節度	名誉	恐怖

律に及び，そこから〈本来的な諸存在相互の関係〉としての「法」
を析出する（『法の精神』第1部1篇1章）。そこにはアリストテレス
以来の「経験的」思想の系譜が見いだせるが，政治（法）を道徳・
宗教の次元からは区別しようとした（19篇11章）。他方で，政治
（国家）を社会契約（という理念）に基づいて理論的に構成すること
を峻拒し（「ところが人間は生まれつき，みんな互いに結びついている」
（モンテスキュー 2020：323）），各国の既存の政治文化を観察しながら
政治体制を上の表のように3つに分類した（『法の精神』第1部3篇1
章）。共和政（民主政と貴族政に分けられる），君主政，専制政である。
　モンテスキューは本性（nature）と原理（principe）を基準に政治
体制を分類する。本性とは誰が支配するかを，原理とは体制を動か
す情念を指し，共和政の場合は原理は徳ないし節度，君主政の場合
は名誉，専制政の場合は恐怖である。ただ，彼の時代には小規模な
国家に適した共和政ではなく君主政を前提に，いかに専制政に陥ら
ないか，多様性をいかに維持するかに議論の主眼が置かれた。その
かぎりで，それ自体悪しきものとされる人間の情念も結果的に良い
「効果」があれば評価された。否定されるべきは，極端であって野
心それ自体ではない（スタロバンスキー 1993）。それは彼が古代ロー
マ史から得た教訓でもあった。

権力均衡　　モンテスキューは『法の精神』以前に
『ローマ人盛衰原因論』（1734年）という著

108

第 6 回　権 力 分 立

ケース③　「三権分立」は三権の不介入を意味するのか？

【苫米地事件（百選Ⅱ・190）】

　憲法 7 条にのみ基づく衆議院の解散は違憲ではないか，解散は内閣の権限なのかが争われたケース（最高裁 1960 年 6 月 8 日大法廷判決）。

　第 7 条には，解散は天皇が「内閣の助言と承認により」行うと書かれているが，内閣ましてや首相の権限とは明記されていない。これに対して最高裁は，「直接国家統治の基本に関する高度に政治性のある国家行為のごときは……裁判所の審査権の外にあり，その判断は主権者たる国民に対して政治的責任を負うところの政府，国会等の政治部門の判断に委され」ると判示した。「高度に政治性のある国家行為」は司法権の対象外とするという「**統治行為論**」を示したといえる。

　「この司法権に対する制約は，結局，三権分立の原理に由来」するとされ，ここだけを見ると，「三権分立」は三権の相互の「不介入」とみなされていると理解できる。しかし，「三権分立」とは「不介入」を必ずしも意味しないことは，モンテスキューへと至る権力均衡の政治思想史に着目することで明らかになるはずだろう。

　他方で，そもそも裁判所が「政治性」から免れうるのかも問われてよい。「政治性」と呼ばれるものは自明ではなく，それは歴史的文脈において変わりうることにも注意が必要である。実際，同判決が出された 1960 年頃，「最高裁が政治過程に見た『政治性』は，社会の集団が党派的に組織されて，国家の根本的な方針をめぐって衝突し合う，その結果として問題の決着がつく」といった性格を指した。それは多党が拮抗する状態を前提にしていたのである。これに対して，今日のように「小選挙区制の効能で巨大な与党が生じた」文脈では「政治性」は別の意味を帯びることになり，その場合は権力分立の観点から司法はより積極的な影響を及ぼすべきだという解釈もありうる。

　このことは，現代日本の政治的な言論空間では「解散権の制約が慣行として定着しがたい」事情（文脈）とも合わせて考慮されるべきだろう（参照，小島慎司「苫米地事件」『論究ジュリスト（特集：憲法のあの瞬間）』17 号，2016 年，34-40 頁）。

第Ⅱ部　イングランドの世紀（18世紀）

作を書いている。古代ローマで繁栄した共和政がなぜ帝政へ移行し
衰亡したのか，同書はその原因を探った成果だが，彼もまた古代
ローマを模範に政治体制を構想した思想家だった。その発展の原因
として特筆されるのが，身分間の抗争や権力闘争である。そこで注
目されているのは，マキアヴェリ同様，権力の単なる抑止ではなく
緊張ないし抗争である。

　　数々の書物には，ローマを滅ぼした分裂についてしか語られて
　　いない。だが，それらの分裂が必然的であったこと，それらが
　　つねに存在したし，またつねに存在すべきものであったことは，
　　明らかにされていない。害悪をもたらし，民衆の騒動を内乱に
　　変えたのは，もっぱら共和国の偉大さそれ自体であった。（モ
　　ンテスキュー　1989a：102）

　驚くべきことに，ここでは政治体制の崩壊の原因にもなりうる分
裂あるいは分裂を生じさせる闘争それ自体が古代ローマ共和政の
「偉大さ」と結びつけられている。そして，これが彼の有名な〈**不
協和音の調和**〉という表現で説明されることになる。「真の結合は
調和に基づくものであって，あらゆる部分が，われわれにはどのよ
うに対立して見えようとも，社会の全体的福祉のために協力してい
る。それはちょうど，音楽において不協和音が全体の調和に加わっ
ているようなものである」（同上：102-103）。

　党派間の対立は危険だが必要だという認識こそ，モンテスキュー
が『ディスコルシ』の著者にもっとも多くを負う論点である
（Carrese 2006）。なるほど後半だけを読むと「調和」に力点が置か
れ，マキアヴェリの注目した闘争的側面が緩和されているように見
えるが，ここではやはり戦場で発揮されるような「勇敢さや大胆

さ」によって生じる「不協和」が自由の保障に不可欠だと指摘されているという事実が見逃せない。もっとも，それは結果的に調和を織りなす必要があり，マキアヴェリと違って，国外への「拡張的」側面は批判された。

4 『法の精神』における「権力分立」の意味

イギリス国制と権力分立

モンテスキューは『法の精神』で，政治的自由をその唯一の目的とするとされるイギリスの国制をモデルに，〈不協和音〉の制度化を試みている（第2部11篇6章）。彼によれば，〈立法権〉，「万民法に属する事項の執行権」＝〈執行権〉，「公民法に属する事項の執行権」＝〈裁判権〉という3つの権力があり，それらがそれぞれ分離・独立すべきであるとされるが，それはロックの権力分立論とは以下の3点で異なる。

①立法権を（万民法に関わる）執行権（行政権）と優劣をつけずに分離している。いわく「同一の人間あるいは同一の役職者団体において立法権と執行権とが結合されるとき，自由は全く存在しない」。②この執行権を外交権に限定し，制限している。③（公民法に関わる）執行権，すなわち裁判権（司法権）を他の二権と分離し，その独立の意義を強調している。いわく，「裁判権が立法権や執行権と分離されていなければ，自由はやはり存在しない」。

分立？見落とされる論点

他面，モンテスキューの「三権」分離と呼ばれる権力分立論にはしばしば見落とされる論点がある。①三権ともに「同一の人間」「同一の団体」によって独占されることを禁止する。たとえば，裁判権は独立の機関を置かず，裁判役は無作為抽選で選ばれるのが

望ましいとされる。「それ〔裁判権〕は，必要とされる期間だけ存続する裁判所を構成するために，人民の団体から，1年のある時期に，法律に規定された仕方で選び出された人々によって行使されるべきである」。ただ，モンテスキューがフランスの高等法院を念頭に，「法の保管庫」（第1部2篇4章）として王権を制肘する積極的役割を常設の司法機関に期待していた面があることにも注意が必要だろう（上村 2021：第1部1章）。

②立法府を2つの権力に分割する必要がある。そのために，両院の構成要素は「貴族の団体」と「人民」をそれぞれ代表する団体に分けられるべきである。ここでは，「代表」の意義が示されるとともに，身分とそれに伴う多様な利害や情念の均衡と抑止が想定されていると考えられる。

③行政権には立法権を「阻止する権能」，すなわち拒否権が与えられる。いわく「相互的な阻止権能によって一方が他方を抑制することになるであろう。……協力して先に進まざるをえない」。他面，立法権が執行権を阻止することは無益だとしても「審査する権能」は持つべきだとされる。

こうして，3つの権力は単に分離されるのではなく，権力間だけでなく権力内での権力均衡，緊張関係が維持されなければならない。この構図の原像となっているのは，あの古代ローマの身分間の対立，その闘争的側面であるに違いない。アルチュセールはこれを「**熱狂の対立**」とさえ表現している。

> この相対立する行き過ぎそのものからだれも知らないうちに均衡がもたらされるのである。君主政の理性とはさまざまな熱狂の対立であると言えよう。……人間の背後に働き，人間をもてあそぶ理性である。（アルチュセール 1974：89）

第 6 回　権力分立

意義と課題

『法の精神』の著者は，集権化するルイ14 世治下フランスにあって，『ローマ人盛衰原因論』のときのようには身分や党派の対立に期待することはできなかったかもしれない。そこで，情念をマイルドにする商業の精神に注目したり，裁判権力の独立した配置やその行使を重視したりしたとされる（定森 2021：87）。それでも，モンテスキューの思想を踏まえて権力分立を理解するとき，この対立・分裂の含意が想起されなければならない。

なるほど，その思想はフランス人権宣言（1789 年）第 16 条に結実したともいわれる。「権利の保障が確保されず，権力の分立が確定されていないすべての社会は，憲法を持たない」。しかし，モンテスキューは三権の単なる「分立」を主張したのではなかったのである。そのような権力間の緊張関係を重視する視座は，現代政治における諸機関のいわば予定調和的な関係性の見直しを促すだろう。もっとも，彼の権力分立論では国王，貴族，平民という「身分」集団からなる「三権」が厳然と想定されていたのであって，権力分立論が身分制度への依拠を克服するには，アメリカ独立革命とその制度化を待たねばならない（→第 7 回）。

他方で，その制度化の礎石を築いた功績は計り知れないモンテスキュー思想の意義は，制度論に限定されるものではない。たしかに，君主政では伝統的（同質的）な徳（質素・倹約＆愛国心）は期待できず，彼は徳論を展開しないが，一方でその体制の原理を名誉とするとき，古代ゲルマン民族が育んだ政治文化，専制を防ぐ「自由の精神」の必要が強く意識されていた（川出 1996：第 2 部 3 章）。それは一部の社会的エリートの自尊感情に期待したものだったとはいえ，権力均衡，その緊張関係を政治のうちに生み出す 1 つの試みでもあったといえる。それは，世界が専制化（＝権力集中）する現代に

113

こそ，光沢を放つもう1つの視座ではないか。

📖 読書案内

鹿子生浩輝『征服と自由——マキャヴェッリの政治思想とルネサンス・フィレンツェ』風行社，2013年。

　　本講義では，マキアヴェリによるモンテスキューの自由観への影響を強調したが，たしかに彼は本書第2回で指摘したようなstato（支配権力）の優位だけを説いた思想家ではない。この点で，フィレンツェ共和国の「自由を追求した理論家」としてのマキアヴェリ像を提示する最近の研究書をあわせて参照されたい。

清宮四郎『権力分立制の研究』有斐閣，1950年。

　　「権力分立」に関する憲法学における古典的研究。ロック・モンテスキューの権力分立思想と，米仏におけるその制度化を系統的に理解するために今なお役立つ。

クェンティン・スキナー『自由主義に先立つ自由』梅津順一訳，聖学院大学出版会，2001年。

　　消極的・積極的，2つの「自由」概念では汲み尽くせない同概念の意義を，古代ローマの思想のうちに見いだそうとする。「共和主義」思想の入門書としても読める。

引用・参照文献

［第1次文献］

アリストテレス 2015『ニコマコス倫理学〈上〉』渡辺邦夫・立花幸司訳，光文社古典新訳文庫。

アリストテレス 2018『政治学 家政論（新版 アリストテレス全集 第17巻）』神崎繁・相澤康隆・瀬口昌久訳，岩波書店。

キケロー 2005『弁論家について〈上・下〉』大西英文訳，岩波文庫。

モンテスキュー 1989a『法の精神〈上・中・下〉』野田良之ほか訳，岩波文庫。

モンテスキュー 1989b『ローマ人盛衰原因論』田中治男・栗田伸子訳，岩

波文庫。

モンテスキュー，シャルル=ルイ・ド 2020『ペルシア人の手紙』田口卓臣訳，講談社学術文庫。

［第 2 次文献］

アルチュセール，ルイ 1974『政治と歴史——モンテスキュー・ヘーゲルとマルクス』西川長夫・阪上孝訳，紀伊國屋書店。（原著は 1959 年）

上村剛 2021『権力分立論の誕生——ブリテン帝国の『法の精神』受容』岩波書店。

川出良枝 1996『貴族の徳，商業の精神——モンテスキューと専制批判の系譜』東京大学出版会。

定森亮 2021『共和主義者モンテスキュー——古代ローマをめぐるマキァヴェッリとの交錯』慶應義塾大学出版会。

スタロバンスキー，ジャン 1993『モンテスキュー——その生涯と思想』古賀英三郎・高橋誠訳，法政大学出版局。

ブライケン，J. 1984『ローマの共和政』村上淳一・石井紫郎訳，山川出版社。

Carrese, Paul 2006 "The Machiavellian Spirit of Montesquieu's Liberal Republic," in *Machiavelli's Liberal Republican Legacy*, ed. by Paul A. Rahe, Cambridge University Press：121-142.

第7回 結社／二院制

アメリカ独立革命とフェデラリスト

【集会・結社・表現の自由と通信の秘密】

第21条　集会，結社及び言論，出版その他一切の表現の自由は，これを保障する。

2　検閲は，これをしてはならない。通信の秘密は，これを侵してはならない。

【二院制】

第42条　国会は，衆議院及び参議院の両議院でこれを構成する。

* * *

「結社」の自由というと，いかにも戦前の響きがして，公権力から抑圧を受けた対象というイメージが強いのではないか。また「集会」の自由といえば，ただ街頭に集まって政府を非難する自由とみなされがちである。日本国憲法21条1項でも，それは表現の自由とセットで規定されている。もちろん，政府と社会の二項対立の図式のもと，公権力に対抗する手段としての結社の自由は重要である。しかし，それは1つの側面であって，新大陸に輸入された政治思想ではそれとは異なる自由な結社活動の意義に注意が向けられ，結社の自由が異なる理由で正当化されてきた。

独立革命後，新しい共和国の建設をめざしたアメリカでは，これから樹立される連邦政府に対してよりも，社会のなかでいかに抑圧が生じないようにするかにまずは焦点が当てられた。そのため，「フェデラリスト（連邦主義者）」と称するアメリカ合衆国の建国父

第7回　結社／二院制

祖たちは，社会における権力均衡を説き，その手段として結社の自由を論じたのである。そこには，1780〜90年代のアメリカでもっとも引用された著者として知られるモンテスキューの権力分立論，並びにマキアヴェリの党派観の影響を認めることができる。

　日本国憲法では第42条に明記されている二院制についても，フェデラリストたちは権力均衡の観点から重視した。その点でも，彼らはモンテスキューから多くを学んだ。しかし，両者の最大の相違は，フェデラリストたちが「民主化」を時代の趨勢とみなし，それを前提に権力分立の制度をデザインしたことにある。たとえば，この時代には国民によって直接選ばれる立法権が拡大するのは必然で，これを牽制するために二院制，あるいは司法権の違憲立法審査制度が必要だと考えられた。他方，この時代には社会のなかで多数者が（人民全体の声を表象しているかのように）絶対化される危険も生まれた。これに対してこそ結社の自由が不可欠だ，というのがフェデラリスト（なかでもマディソン）の信条だった。

　本講義では，アメリカ独立革命を舞台に共和国建設の理論化を試みたフェデラリストたちの足跡を追ってみたい。彼らが連邦制を擁護した論文集『ザ・フェデラリスト』が提示した二院制の存在理由とともに社会における結社の自由の意義に着目すれば，それらがあまり重視されてこなかったか忘れられているように見える現代政治（学）の問題点も浮かびあがるはずである。

● ● ● ●

1　アメリカ建国と2つの思想潮流

権利宣言と自由主義　　「すべての人は平等に造られ，造物主によって，一定の奪いがたい天賦の権利を付

117

第Ⅱ部　イングランドの世紀（18世紀）

与され，そのなかに生命，自由および幸福の追求の含まれることを
信ずる。また，これらの権利を確保するために人類の間に政府が組
織されたこと，そしてその正当な権力は被治者の同意に由来するも
のであることを信ずる」（高木八尺訳）。これは**独立宣言**（1776 年）の
一節である。読者はこれを見て，すぐに気がつくはずである。ここ
でロック『統治二論』の議論の影響は明白で，直接的である。彼が
自然権と呼んだ〈プロパティ〉は生命・自由・幸福の追求と表現さ
れる一方，この権利の保障のために設立される国家（政府）は人民
（被治者）の同意によってのみ正統化されることが示されている。

　逆に，前者がその同意（契約）に反する場合，後者はそれを打
倒・解体し，改造する権限を持つと宣言される。これは個人，その
結合体としての市民社会が先にあって，その上に国家（政府）があ
るという自由主義思想を端的に表明したものといえる。

　もっとも，この種の権利宣言の先駆としては，「ヴァジニア権利
章典」（1776 年）がある。主としてジョージ・メーソンが起草した
同宣言第 1 条には，次のように書かれている。「すべての人は生来
ひとしく自由かつ独立しており，一定の生来の権利を有するもので
ある。……かかる権利とは，すなわち財産を取得所有し，幸福と安
寧とを追求獲得する手段を伴って，生命と自由とを享受する権利で
ある」（斎藤眞訳）。また第 3 条には，抵抗権についても記載されて
おり，独立宣言との類似が指摘できる。その権利の行使が「公共の
福祉（public weal）にもっともよく貢献しうると判断されるもので
なければならない」と付け加えられていることにも注意したい。こ
れは，続いて採択された統治機構の部分と合わせて，「ヴァジニア
憲法」と呼ばれ，「世界ではじめて作られた成文憲法」の 1 つに数
えられている（宮沢 1971：8）。

第7回　結社／二院制

| 合衆国憲法と
共和主義 |

　これに対して，合衆国憲法（1788年6月発効）に主に体現されているのは，共和主義思想である。たとえば，下院は各州の人口に比例して議員定数が決定される一方，上院は各州が平等な代表権を有するという「federal（州中心的）」な原理が合衆国憲法では採用されている（田中 1968：114）。その背景には，連邦以前に州，さらにはタウンシップがあるという，ピルグリム・ファーザーズ以来の自治の伝統があった。他方で，君主政・貴族政・民主政，それぞれの要素を組み合わせたヨーロッパの混合政体論の伝統に基づき，さまざまな仕方で権力均衡が制度化されている。それはやはり「三権」の分離・独立にとどまらない。両院制とともに，結社の自由はこの観点から擁護されるのである。

　ところで，合衆国憲法は公布後3年で，10の修正条項が追加された。これは権利の章典（Bill of Rights）と呼ばれ，人権保障を規定したものである。よって，この第1〜10の修正条項においては，合衆国憲法は自由主義の系譜にあるといえる。その策定を中心的に担ったマディソンは早くからその規定の必要性を認識していたが，彼を含むフェデラリストたちがまず取り組んだのは，権力均衡を制度化した統治機構としての連邦制度の擁護だった。それは，封建的身分制を持たないアメリカの伝統に基づき，「民主化（平等化）」を時代の趨勢と認めながら，特定の身分集団やその徳に依存せずに権力を均衡させる制度を設計する試みだった。

2　『ザ・フェデラリスト』──共和主義を近代化する実験

| 論争の背景 |

　1787年9月，フィラデルフィアで合衆国憲法草案が署名された際，それは同時に3

119

第 II 部　イングランドの世紀（18 世紀）

分の 2（13 中 9）以上の州で批准されて初めて発効されると定められた。しかし，ニューヨーク州知事が反対を表明するなど，草案が承認されるかはきわめて不透明だった。そこで，独立戦争ではワシントンの補佐官を務めた当時 32 歳のハミルトン（Alexander Hamilton, 1755–1804 年）を中心に，マディソン（James Madison, 1751–1836 年）を加えて，憲法草案を擁護する論陣が張られた。「パブリウス」という偽名で同年 10 月から翌年 5 月までの間，すなわち半年ほどの間に 80 あまりの論説をニューヨークの新聞に投稿したのである。それに 8 篇を加えた計 85 篇を集成したのが，『ザ・フェデラリスト』*The Federalist Papers*（1788 年）と呼ばれる著作である。

　『ザ・フェデラリスト』は憲法案擁護論を立案・企画したハミルトンが主導的な役割を担い，それにマディソンが協力して完成された。ハミルトンが 51 篇，マディソンが 29 篇を執筆し，初代最高裁長官を務めたジェイ（John Jay, 1745–1829 年）が 5 篇のみ寄稿した。したがって，即席で作られたことに加え，同書は政治思想史のいわゆる古典としては異色の性格を持つ。まず共同作品であること，次に執筆者が現実政治の経験者であること，最後に著者間の見解が一致していないことが挙げられる。たとえば，集権論者のハミルトンに比べれば，マディソンは分権論者だった。

　当時，連邦憲法草案を擁護することはいかに困難だったか。独立戦争を終え，アメリカが自然と 1 つの「国家」になったわけではない。イギリスから独立した 13 の邦（states）が存在する一方，それらを束ねる「中央政府」は存在しなかったのである。そこでまず

ハミルトン

は連邦政府の存在を各邦に認めさせる必要があったが，まだ植民地統治の記憶が新しく，強力な「中央政府」の樹立は人民の自由の簒奪(さんだつ)を連想させてしまうものだった。これに対して，『ザ・フェデラリスト』，特にマディソン執筆の評論では連邦政府の必要性を示しながらも，その管轄権を限定する配慮が払われ（第14篇），同憲法への批准が統一国家（ナショナル＝集権制）

マディソン

的ではなく連邦制（フェデラル＝分権制）的な行為であることが強調された（第39篇）。

　それでも，その権限を各邦にしか及ぼしえない連合規約（Articles of Confederation；独立宣言の翌年の1777年11月に大陸会議で採択されたきわめて緩やかな連邦の規約）の欠陥を指摘しながら，ハミルトンは立法の権限が各（邦というよりも）個人に及ぶべきだと主張した（第15, 23篇）。司法の権限が注目されたのも，個々の市民に及ぶ「中央政府」の権限（主権的権限），すなわち「邦政府に対抗し得る手段」としてだった（石川 2019：106-107）。

「デモクラシーの過剰」

『ザ・フェデラリスト』は，革命終了後に急に降って湧いた連邦制度を樹立するという課題に取り組んだだけではない。建国以前から存在する政治的課題についても深く論じた。なかでも，各邦で問題になっていた人民権力の過剰，典型的には立法部への権力集中という「民主的」問題に対処する必要性を鮮やかに示している。これは同書のいわば裏テーマをなし，この知見が後世の政治学に多大な影響を及ぼした。

第 II 部　イングランドの世紀（18 世紀）

　独立宣言の署名者の 1 人で，のちに副大統領（マディソン政権下）に就任するエルブリッジ・ゲリー（Elbridge Gerry, 1744–1814 年）が，憲法会議の場で，「われわれの経験する害悪はデモクラシーの過剰（the excess of democracy）から生じる」と述べたのは象徴的である（1787 年 5 月 31 日）。なかでも『ザ・フェデラリスト』がもっとも警戒したのは，**立法部**による**専制**だった。それ以前に，ジェファソン（Thomas Jefferson, 1743–1826 年）が『ヴァージニア覚書』*Notes on the States of Virginia*（1781 年）のなかで，民主主義のもとでは「すべての権力が結局は立法部に帰属することになる」と述べ，それを「人民によって選ばれた専制政治（elective despotism）」と表現していたのである。フェデラリストたちはこれに言及しながら，その危険を次のように強調した。

　　　この立法部による権力簒奪は，いっさいの権力をその掌中に収めることによって，結果的には行政部による権力簒奪によって起こるのとまったく同じ圧制をもたらすものなのである。（第48 篇。以下，（ハミルトンほか 1998）から引用し，篇数のみ記す。）

　つまり，民主主義のもとでは人民が絶対的な権力を握り，彼らに選ばれた，より身近な存在である議員の構成する立法部が，他の機関に優位するようになる（これに対して建国以前は公選の執行権者は存在しなかった）。そもそも〈人民への訴え〉という民主主義原理は，封建制のない文脈では諸権力や利害間に不均衡をもたらす。たとえば，立法部の優位によってそれに反対する立場にある者が抑圧されるおそれがあり，また政府への不信を助長しかねない。さらに，人民とその声に従順な立法部は公衆間の理性ではなく，その時々の情念に基づいて判断しがちであると考えられた。

122

第7回　結社／二院制

このような「デモクラシーの過剰」がもたらす問題に対処すること，それでもデモクラシーを肯定しながら，その過剰による害悪を阻止ないし抑制すること，これらが近代最初の共和国を設計した父祖たちにとって裏の，といってもその実主要なテーマとなった。

3　新しい権力均衡論と二院制

人間の認識の不確かさ

フェデラリストたちの採用する共和政においては，政治（権力）の源泉が人民にあることは否定しえない所与となる（第 37, 39篇）。そこには，世界は今〈民主化する時代〉にあるという認識があったが，彼らの人民への態度はいかにも複雑だった。

そもそも人民の認識は不確かで，偏見が強いことを直視すべきだといわれる。それは一般民衆にかぎられず，いくら高い能力があろうと，いくら良い意図があろうと，人々の判断はしばしば「誤った偏向」に基づいてなされる（第 1 篇）。そして，「人民の友といった仮面」を被った人間の裏には危険な野心が潜み，誤った判断をすることも珍しくない。『ザ・フェデラリスト』の著者たちにとっては，人間の認識の不確かさを正してゆくことではなく（それをなくすことはできない！），それを所与としたうえでその弊害を抑えることが目標となった。そのため，人間の偏った認識ないし利害関心を，その一部が突出しないように均衡させる必要があると指摘される。次の文章はよく知られている。

野心には，野心をもって対抗しなければならない。……万が一，人間が天使ででもあるというならば，政府などもとより必要としないであろう。（第 51 篇）

123

こう記したマディソンは，自由には権力間の均衡が必要だと主張している。しかも各部署間だけでなく，部署内の権力の「緊張関係の網」が自由の存続には不可欠だと主張した。「それはニュートンの機械技術のように，緊張関係の平衡を保つシステムなのだ」（ベイリン 2010：135）。後述するように，この論理は統治機構のみならず社会内の団体間にも適用されることになるだろう。

アメリカ型権力分立　ここでモンテスキューの影響は明らかだが，フェデラリストたちも三権の分離ではなく「混合」を主張した。「イギリス国制を一瞥しただけでも，立法・行政・司法の各部門が，決して完全に明確に，分離されているのではないことを認めざるをえない」（第47篇）。しかし，モンテスキューによるイギリス国制論との最大の違いは，やはり〈民主化する時代〉という認識である。身分集団に依拠せず，また立法部が優位しそのかぎりで各統治機関は同等ではないことを前提に，権力均衡の制度化を考案せざるをえなかったのだ。

　そのため，一方でモンテスキューのように司法権の独立を主張すると同時に，立法権を抑制する違憲審査制度をハミルトンは提案する（第78篇）。つまり，憲法に照らして違憲と判断される立法を阻止する権限を裁判所に付与するのである。ここでは立法部と，その背後にある「社会の多数の声」への抑止が意識されている。加えて，判事の終身制は必須であり，立法部に対する判事の独立が必要だと特筆される。いわく，「この判事の独立性は，人間の激情から，憲法と個人の権利とを守るにはやはり欠くことができないものなのである」（同上）。

　他方で，ハミルトンが特に擁護したのは，強力な執行部の設置である。執行権力には「強力さと迅速さ」が必要だと主張された（第

70篇)。そのため，それが1人格（大統領）によって担われる必要が
あり，そのほうが世論による抑止も効きやすく濫用される可能性が
低いという。そして，執行府にも立法権を抑止する権限として拒否
権を与えるべきであるとした。たしかに，強力な執行権力はかつて
の宗主国の支配者（君主）を想起させるもので，警戒する人々が当
時は多くいたが，それに対して連邦にとって強力な執行権がいかに
必要か，それは人民とその多数派を代表する立法部に比べたらいか
に脆弱かをハミルトンは力説した。

　立法に対する拒否権は大統領にあまりに大きな権限を与えること
にならないか，堕落した人間が就任したらどうするのか，といった
批判に対してハミルトンは，そもそも大統領になる／なれるような
人間についてそのような想定は誤りだと断じたが（第76篇），どう
だろうか。

立法権の分割　　次に，本講義の主題の二院制についてであ
る。「三権」の分離ではなく，立法権自体
を分割するフェデラリストの発想はモンテスキューに由来するが，
前回の講義で見たように，それ以前に二院制を理論化したのはハリ
ントンだった。彼が少女によるケーキの配分を例に，審議と議決の
権限を両院で分担するべきだと主張したことは有名である。ケーキ
を公平に配分するにはどうすればいいか。それはケーキを切る人
（審議する人）と取る人（議決する人）を分ければよい，と。

　フェデラリストの本旨を理解するという点では，以前から語られ
てきた歴史の挿話のほうが役立つかもしれない。ある日の晩餐会で，
ジェファソンが上院を設けた理由をワシントンに尋ねたエピソード
である。初代大統領はこう反問したという。「『じゃあ君はなぜコオ
ヒイを飲むときにもまずそれを受け皿の中へ入れるんだね』（その
頃はそうする習慣であった）。ジェファソンは答えた。『もちろん冷や

125

第Ⅱ部　イングランドの世紀（18世紀）

すためです』。そこでワシントンがまた言った。『さよう。上院を置
くのもまったくそのためさ』」（宮沢 1946：26）。

このように，第一院（下院）が軽率な行動に走るのを牽制するた
めに，第二院（上院）が必要なのである。『ザ・フェデラリスト』
にはこう書かれている。「上院の必要性は，多人数からなる一院制
の議会ではすべて，衝動的で過激な情念の刺激に屈しやすく，党派
指導者により度を越した有害な決議に引き込まれやすい傾向がある
ことからも，少なからず示されている」（第62篇）。ただ，議会が2
つあれば，そのような効果がおのずと得られるわけではなく，両院
が「異なった選挙方法や，異なった運営原理をもって」構成されな
ければならないという。もちろん，身分制に依存せずに差別化する
必要があり，たとえば上院は下院に比べて被選挙権年齢が上，任期
が上，構成員数は下で，また同院議員は州の立法部が任命，半数改
選，平等な代表（各州2名選出）にすることで，上院は下院に比べ
て深慮と経験を備えた人物が選ばれやすく，また安定するといった
効用が得られるはずだと主張された。

**新しい共和政と
代表制の課題**

二院制の効用を強調するフェデラリストた
ちには，人民とそれに近い下院が専制に陥
らないかという「デモクラシーの過剰」へ
の警戒があった。自分たちのめざすのは共和政であって民主政では
ないというとき，その意味するところは代表制の採用と直接民主政（ピュア・デモクラシー）
の否定だった。マディソンによれば，代表制は圧政の陰謀，徒党の
暴走を阻止する制度であり，代表のほうが人民自身よりも「公共の
善」を理解している。

このような制度の下では，人民の代表によって表明された公衆
の声のほうが，民意表明を目的として集合した人民自身によっ

て表明される場合よりも，よりいっそう公共の善に合致することが期待されるのである。（第10篇）

　モンテスキューも『法の精神』のなかで，「人民は自分自身でなしえないことをすべてその代表者を通じて行わねばならない」と，「代表」の意義を指摘していたが，新しい共和国ではその代表が身分で決まるわけではない。ただ，アメリカ合衆国のような**広大な共和国**では，選挙区が拡大することでより多くの人間から選抜することが可能で，人口比的にも代表者数がより少なくなるため，代表者の裁量が増し，代表の質は向上すると主張された。

　このように『ザ・フェデラリスト』では，人民から選抜される「代表」の資質に期待している部分が大きいが，しかし同書の劈頭篇で示されたように，人間の認識は不確かで偏見が強いとすれば，指導者の「徳」にどこまで期待できるのかという問題は残る。すでに指摘したように，ハミルトンは拒否権を濫用するような堕落した人間が大統領になると想定するのは誤りだと断言した。「〔代表に〕権限を委託する制度というものは，信頼の合理的根拠である徳義とか名誉というものを，人間はある程度備えていることを内包しているのであって，もっとも腐敗した政府の腐敗が極に達した時点においても，このことが存在していることは発見されているのである」（第76篇）。マディソンも次のように述べた。「人間というものは，ある程度用心してかかったり疑ってみることも必要な邪悪さを，いくらか持っているものであるが，またそれと同じく，人間の本性のなかには，ある程度の尊敬と信頼に値する別の資質もある。共和政は，他のどの政治形態よりもいっそう高度に，この人間性の存在を前提としているのである」（第55篇）。では，ある程度の徳性はどうしたら担保できるのかという難題を，「エスタブリッシュメント

第Ⅱ部　イングランドの世紀（18世紀）

（既得権益層）」は半世紀後に突きつけられるだろう。

　付言すれば，代表ないし政治における距離という問題も今日まで
残された課題である。代表制の利点は誰もが認めるだろうが，人々
はどこまでの範囲であれば〈代表されている〉と実感できるのか。
アメリカはヨーロッパに比べても，政治の中心からの距離はあまり
に大きすぎないだろうか（第14篇参照）。もともと，独立革命が
〈代表なくして課税なし〉というスローガンから始まったことを考
慮すれば，この問題は重い。しかも今日，これはアメリカだけの問
題ではない。

4　結社の自由とその意義

　　結社の自由の理由　　最後に，結社の自由についてである。なる
　　　　　　　　　　　　ほど，結社の自由は「コモン・ロー上の権
利として承認されていたといわれる」（高橋憲法：265）が，フェデ
ラリストたちがそれを憲法上の自由として論じたかどうかは定かで
はない。しかし，マディソンが展開した派閥（均衡）論は，結社の
自由の理由を明かすものと理解することが可能である（古典憲法：
249–250）。

　人間には各自の利害関心や偏見がある以上，社会のなかにさまざ
まな派閥や団体が生まれるのは避けられない。そこで『ザ・フェデ
ラリスト』では派閥を禁止するのではなく（それは近代社会ではでき
ない！），その弊害をいかに匡正するかが重要だと指摘される。で
は，派閥の弊害とは何か。それは社会のなかで同一の集団が多数派
になることだ。そこで，派閥そして結社の自由を認めるべき理由と
は，まさに「**派閥の専制**」を阻止するためである（比較的同質性の高
い社会では，社会全体や空気が「派閥」をなしうる）。それには連邦制を

第 7 回　結社／二院制

採用し領域を拡大することが最適だとマディソンは断じた。

　　しかし，もし領域を拡大するならば，党派や利益群をいっそう
　　多様化し，全体中の多数者が，他の市民たちの権利を侵害しよ
　　うとする共通の動機をもつなどということは，おそらく，ます
　　ますすくなくなるであろう。（第10篇）

この派閥均衡論は，野心と野心の相互抑制の視点を統治機関や個人
だけでなく，社会内の集団間にも適用したものと理解することがで
きる（第15篇）。
　もう1つ，結社の自由を認めるべき，より積極的な理由がある。
すなわち，社会のなかの特定の信念や利益を追求する集団の多様性
を認めることで，多様な能力と自由が保障されるというものである。
「そして，こうした人間の多様な才能を保護することこそ，なによ
りも政府の目的なのである」（第10篇）。これに対して，賢明な為政
者がいれば，対立する集団間の利害を調整してくれるはずだなどと
考えてはいけない，彼らが「つねに指導者の立場にあるとは限らな
い」（同上）のだから。これも見落としてはならない指摘だろう。

意義と課題

このように第二院の必要と同様に結社の自
由が論じられるとき，その背景にはやはり
〈民主化する時代〉という認識があり，身分集団に依存することな
く自由ないし多様性をいかに維持するかが検討されている。近年，
憲法解釈の最終的な権威は人民にあるという「人民立憲主義論
popular constitutionalism」が提唱されているが，それがフェデラリ
スト思想の理解にも応用されるほど（Kramer 2004），彼らも人民の
主権を前提にしながら，第二院や結社によってその権力を均衡させ
る近代政治像を提示したと考えられている。それは，現代日本の政

129

ダール

治(学)でも再検討されなければならない課題だろう。

他面,すでに指摘したように,彼らは民主的制度のもとで肥大化しうる立法部の権力とともに,それを支える民衆自体をつねに警戒し,行き過ぎた民主化をいかに阻止するかに注力した。その結果,半世紀後のジャクソニアン・デモクラシーという「民主革命」を予期せず,それによって生じうる問題を隠してしまった側面がある(Wood 1991)。アメリカ合衆国はもとより,世界中の民主主義諸国が今その問題によって岐路に立たされていることを考えると,彼らの思想の限界のなかに諸々の課題を見いだしてゆく作業も不可欠だろう。

政治学では,戦後アメリカを代表する政治学者ロバート・ダール(Robert Dahl, 1915-2014 年)によってマディソンの権力均衡論に基づいた利益多元型民主主義が定式化された(**マディソン主義**)。各集団が自己の利害に基づいて行動し政治家はそれらを議会で代弁するというのは政治の腐敗したイメージとして今日でも喧伝されるが,実はそれによって多様な意見が保障される,すなわち「民主的」なのだとダールは喝破した(→**コラム③**)。しかし,民主主義はそうした特殊利益を表出し,それらをいかに代表するかという計算だけで成り立つわけではない。民衆の多くはそれでは代表されていないと感じ,あるいはそもそも代表されるだけでは不満で,自分たち自身の手で,あるいは自分たちが一体化できる 1 人のリーダーによって政治を動かし社会を変えたいという欲求を持つ。ダールにおいてもそ

第7回　結社／二院制

の後に議論の修正や発展があったにせよ，そうした欲求あるいは欲求不満は過小評価されてきた。それをどう理解し制度化するのかということが，フェデラリスト以来取り残された課題であるに違いない。

その点で，フェデラリストの影響を受けながらも，「デモクラシーの過剰」という課題に真正面から取り組むことになるのはトクヴィルである。実は結社の自由についても，憲法学における「トクヴィル＝アメリカ型国家像」に象徴されるように，フェデラリスト以上にトクヴィルのほうが有名である（→第12回）。ただ，公権力に対抗する「中間集団」の必要を指摘したトクヴィルの結社論も，現代社会にそのまま適用するには限界がある。特に日本社会の文脈では，イエのような「社会的権力＝中間集団」が逆に個人の自由や多様性にとって障害になりうるという指摘は，重要な論点だろう（樋口 1994：68-69）。

コラム③ ● 本当に多数者が支配しているのか？

多様な集団が存在することで，ある一部の集団の利益や意見だけが優先されるような事態は避けられる——。このような理論はマディソン型民主主義と呼ばれ，20世紀アメリカではロバート・ダールによって継承，発展されてきた。それによれば，多様な利益集団が競合することで，多様な利害や意見が議会に反映され，政治は「民主的」になるという。

しかし，そうした考え方には近年実証的なレベルでも多くの異論が提出されている。たとえば，プリンストン大学のマーティン・ギレンズ教授らは，「誰が統治しているのか（Who Governs?）」という問いを再提出し（ダールは同名の著書を1961年に刊行している），実際には一部の経済エリートが政策決定に大きな影響力を及ぼしていると主張する。と同時に——エリートの過度な影響力についてなら

第Ⅱ部　イングランドの世紀（18世紀）

C・W・ミルズの古典『パワー・エリート』（1956年）がすでに主張していた——，一部の利益集団の利害ないし意見が反映されやすいこと，またそれが国民の多数の意見をほとんど考慮していないことを実証的に明らかにしたのである（Gilens, M. and B. I. Page, "Testing Theories of American Politics: Elites, Interest Groups, and Average Citizens," *Perspectives on Politics* 12(3) : 564-581, 2014）。

　古来，民主政治の統治形態は一般に多数決型支配と考えられ，その「多数者の支配」が少数者の意見や価値観を抑圧することが問題にされてきた。しかし，それが実はある業界の人間集団の支配を生んでいる，すなわち「少数者の支配」に結実している（！）。そのことはこれまでも指摘されてきたが，今ではより実証的な研究が進んでいるのである。そうだとすれば，民主主義とその問題をどう考えればよいか。これは寡頭政としてのエスタブリッシュメント支配を批判するポピュリズムが隆盛する今日，政治学にとっても大きな課題であるに違いない。

📖読書案内

遠藤泰生編『近代アメリカの公共圏と市民——デモクラシーの政治文化史』東京大学出版会，2017年。

　　アメリカ合衆国建国の多岐にわたる論点，たとえば宗教や奴隷制，ジェンダーについて幅広く理解することに役立つ論文集である。

斎藤眞『アメリカ革命史研究——自由と統合』東京大学出版会，1992年。

　　ピルグリムズ神話にいわれるように，アメリカへの最初の移住者は聖徒（分離派ピューリタン）ばかりではなかったという事実の考証から始まり，アメリカ独立革命がいかに多様な民族や価値観を統合する一大プロジェクトだったかをダイナミックに描き出す名著である。

斎藤眞『アメリカとは何か』平凡社ライブラリー，1995年。

　　戦後日本のアメリカ研究の第一人者による入門書。明晰な文章でア

メリカの共和国の問題を深く描き出す。特に本講義で指摘した，政治と距離の問題について参照されたい。

引用・参照文献

［第1次文献］

ジェファソン　1972『ヴァジニア覚え書』中屋健一訳，岩波文庫。

ハミルトン，アレグザンダ゠ジェイ，ジョン゠マディソン，ジェイムズ　1998『ザ・フェデラリスト』斎藤眞・武則忠見訳，福村出版。

［第2次文献］

石川敬史　2019「アメリカ革命期における主権の不可視性」『年報政治学』2019-I号：96-116頁。

田中英夫　1968『アメリカ法の歴史〈上〉』東京大学出版会。

樋口陽一　1994『近代国民国家の憲法構造』東京大学出版会。

ベイリン，バーナード　2010『世界を新たに　フランクリンとジェファソン――アメリカ建国者の才覚と曖昧さ』大西直樹・大野ロベルト訳，彩流社。（原著は2003年）

宮沢俊義　1946『アメリカの憲法（國民大學文庫8)』，政治教育協会。

Kramer, Larry D.　2004　*Popular Constitutionalism and Judicial Review*, Oxford University Press.

Wood, Gordon S.　1991　*The Radicalism of the American Revolution*, Knopf.

第8回 経済的自由／財産権

スコットランド啓蒙思想とスミス

【居住・移転・職業選択，外国移住及び国籍離脱の自由】

第22条 何人も，公共の福祉に反しない限り，居住，移転及び職業選択の自由を有する。

2 何人も，外国に移住し，又は国籍を離脱する自由を侵されない。

【財産権】

第29条 財産権は，これを侵してはならない。

2 財産権の内容は，公共の福祉に適合するやうに，法律でこれを定める。

3 私有財産は，正当な補償の下に，これを公共のために用ひることができる。

● ● ● ●

経済活動の自由はなぜ認められるのか，〈私〉の財産権はなぜ保障されるのか。今時，このように問う人はいないだろう。しかし，それが認められず保障されなかった時代のほうが長い。逆に言うと，それに反対する論理を紡ぎ出す作業はそれ自体が一大思想をなす。

従来，経済活動の自由は公共の利益を脅かすと考えられてきたのである。それゆえ，それは公共の利益に反しないばかりか，それを増進するのだと論証される必要があった。それが主に実践されたのは，経済活動が進んだイングランドによる併合を強要された18世紀スコットランドにおいてだった。その代表がヒュームやアダム・スミスで，彼らは《富》の追求（商業活動の自由）が《徳》（公共の利

益）の増大につながると論じたのである。この論理は，憲法22条で営業の自由を含む職業選択の自由が保障されることの根拠をなしている。

　他方，スコットランド啓蒙思想では，経済活動をただ自由にすれば《徳》が増すと考えられたわけではない。たしかに，経済活動は規制しないほうが公共の利益に適うとスミスは考えた。これは現代日本の最高裁で，社会の秩序や安全を理由に経済活動を規制する際はより「厳格な合理性の基準」が用いられるべきだと解釈されることに対応するだろう（1975年の最高裁大法廷判決・薬事法事件）。しかし，スミスが「フェア・プレーの精神」などと呼ぶ独占の禁止や適正な報酬の議論は，逆にそれを規制したほうが公共の利益を増すという根拠を導き出す。今日では，独占禁止法に見られる国家による規制がこの例に該当しうる（樋口憲法：249-251）。

　この点では，憲法29条の財産権の保障も無制約ではなく，「公共の福祉」への適合が定められている（個別の権利条項で「公共の福祉」による制約を明示しているのは，憲法22条1項と29条2項のみである）。第29条は1項で〈私〉の財産とその制度の保障を規定しているが，2項ではその両方の制約を認めている（芦部憲法：255-256）。これには，財産権を個人の自然権とするロックの思想と，それは公共の制度に従うことで初めて保全される権利だとするヒュームの思想が対応していると考えられる（長谷部憲法：246-250）。そこで本講義では，ロックとヒュームの思想を対比することで，財産権保障の背後にある思想を明確にしたい。もっとも，日本国憲法（その起草者）への直接的な影響の点では，「財産権は義務を伴う」としたワイマール憲法（第153条3項）が挙げられる（古典憲法：276-281）。

　以下で紹介するのは，ロックに代表される市場を軸とする自由主義に対して，共同体（コミュニティ）を軸とする共和主義と呼ばれ

第Ⅱ部　イングランドの世紀（18世紀）

る政治思想の復権であり（→第6回），経済的自由と公共の利益を両立させようとする試みである。では，経済的自由が制約を受けないことがむしろ自然となった市場主義の時代に，日本国憲法には後者の思想も反響していると考えられることの意義はどこにあるのかを検討してみよう。

● ● ● ●

1　もう1つの思想の復権——市場（自由主義）vs. 共同体（共和主義）

「権利」の思想史

これまでの近代政治思想史で主流をなしてきたのは，ジョン・ロックを源流とする自由主義の思想である。それは国家に先立つ個人の権利とともに，国家への抵抗の拠点として「市民社会」の正当性を擁護する思想だった。そして，個人や社会への国家の介入が小さければそれだけ自由が保障されるという考え方を生んだ（それはのちに古典的自由主義（クラシカル）と呼ばれる）。その後，18世紀に入ると，実際に市民社会は国家から自立し，市民が自由に経済活動をする市場社会（商業社会）として発展してゆく。

新たに中産階級が勃興し，人間生活は商工業が中心になる。第1回の講義で紹介したクルーソーはこの歴史的文脈で生まれた。しかし，そのことは人々から「公共の事柄」への関心を失わせ，政治は一部の特権階級に進んで委ねられることにもなった。

《徳》の思想史

このとき，衰退する《コミュニティ》を復権する思想がイギリス，なかでもスコットランドで展開された。奢侈をめぐる〈富 vs. 徳〉論争の勃発をきっかけにして，善い政治には市民の《徳》が必要だという共和主義が再燃したのである。それは，人間は本来共通善の追求と配分に主体

的に参加するべきだというアリストテレスの所説に由来し、マキア
ヴェリ、ハリントンを経由して 17 世紀イングランドに流入した
（ポーコック 2008）。

　ハリントンの共和主義、その制度論についてはすでに見たが（→
第6回）、彼は同時に『オシアナ共和国』で《徳》についても論じ
ていた。党派的利益に惑わされずに公共善をめざすのが市民の徳で
あるとされ、公教育制度を充実させることで本来人間が有するとさ
れる〈公共善を志向する〉選択能力を涵養するように主張したので
ある。他方で、民衆の指導者（ジェントリ）が必要であると説く。
その 2 つの条件は、①一定の土地所有によって教養と閑暇を有した
人々、②実際の政治活動で「比較考量に基づく提案」の能力に優れ
ていると認められた人々であるという。もっとも、同書では機構論
に重点があり、後世への影響でも制度設計の面で多くの着想を与え
た（竹澤 2006 参照）。

　共和主義思想研究を牽引してきたジョン・ポーコックは、主流の
思想史の裏で隠されてきたこの思想史のことを、「権利」に対して
「徳」を重視する思想史として位置づけている（ポーコック 1993）。
しかし、それは古代ローマ以来の徳論の復権だとしても、18 世紀
の商業社会の発展を踏まえた議論として展開されてゆく。すなわち、
商業ないし経済の自由を「公共の利益」の観点から積極的に肯定し
うる根拠が探求されたのである。その代表的な思想家が、スコット
ランドのヒュームとアダム・スミスだった。

第Ⅱ部　イングランドの世紀（18世紀）

2　スコットランド啓蒙思想の誕生——富と徳の対立

奢侈論争と「経済的自由」の理由

18世紀のイギリスではコート（中央）派とカントリ（地方）派，すなわち商業社会擁護派と共和派（「ネオ・ハリントニアン」）が奢侈を争点に激しく対立した。その直接のきっかけとなったのは，1707年の合邦問題である。それはある面でイングランドの「商業社会」がスコットランドの「共同体」を吸収することを意味し，大きな反発を生んだ。そして，経済発展か伝統的な制度・習俗の維持か，豊かだが堕落した国民か貧しいが有徳な国民か，といった問いが提起されたのである。それは共同体とその徳（農業や戦闘で養われると考えられた徳性）の消失への最後の抵抗の様相を呈した。

口火を切ったのは，オランダ生まれでイギリスに移住して精神科医を務めていたマンデヴィル（Bernard de Mandeville, 1670–1733年）である。その著書『蜂の寓話』*The Fables of the Bees: or, Private Vices, Public Benefits*（1714年）において，道徳的な堕落を生むと当時言われた奢侈は経済的に豊かで洗練された社会を生んでいると論じ，富と徳は両立しないと主張したうえで，**徳なき富**を肯定したのである（森村 1993：184–190）。まさに副題の示す通り「私悪すなわち公益」，つまり個人の私的欲望の充足が結果的に公共の利益を向上させると主張したのだ。

『蜂の寓話』初版の表紙

第 8 回　経済的自由／財産権

　マンデヴィルにとって，商業の自由を認める理由は，それが①技術を進歩させ，②雇用を創出することにある。そもそも現在の必需品も過去には奢侈品だったのだ。実際，本書の読者にとって，携帯（スマホ）が奢侈（贅沢品）だった時代はもはや想像もつかないのではないだろうか。また，質素は小国の美徳にすぎず，貧困の結果だとこの精神科医は断じる。さらに，商業の自由と経済成長は，度を超えない快楽の享受によって人間の健康を増進させ，精神衛生上も利点があるとし，逆に——従来は徳があると考えられた——軍人などになることは奴隷のように働く貧者に任せればいいのだと言って切り捨てた。

　ヒュームと
　商業の《徳》

このように幕開けした議論を精緻化しながら商業を擁護したのが，スコットランド・エディンバラ出身の哲学者デーヴィッド・ヒューム（David Hume, 1711–76 年）である。端的に言えば，ヒュームは富と徳の対立を否定し，そのうえで**徳ある富**を主張した（森村 1993：196–202）。『政治論集』*Political Discourses*（1752 年初版）所収の論説「商業について」のなかでヒュームは，商業の自由を認める理由として農業と商業の相互依存の関係を指摘している。農業の生産性の向上は余剰労働力を生み，彼らを奢侈産業に従事させることになるが，奢侈品は人々に享楽を与えると同時に，その消費欲求が農業の発展にも資するというわけである。節制を奨励して個人の享楽を犠牲にした古代の軍事国家ではなく，これこそが「事物のもっとも自然なコース」なのである。

ヒューム

第II部　イングランドの世紀（18世紀）

　では，商業の自由に《徳》があるとはどういうことか？　ヒュームは論説「技芸における洗練について」（「奢侈について」を改題）で，それは次の2つの点で「公共の利益」を実現するために《徳》があると述べる。①商業の自由は人間の精神・文化・学芸を向上させる。いわく，「これらの洗練された技芸が進歩すればするほど，人々はますます社交的になる。……彼らは都市に集まり，知識を得てそれを交換したり，自分たちの機知や教養を，また会話や暮らしや衣服や家具の好みを，見せびらかしたりするのを好む」。

　　　しかし，産業活動と知識と人間性は私生活にだけ有益なのではない。なぜなら，それらは公共にも有益な影響を及ぼし，個人を幸福にして繁栄させると同様に，政府も偉大にして栄えさせるからである。生活上の装飾と快楽に役立つすべての財貨の増加と消費は社会にとって有益である。（ヒューム 2011：223-224）

　②商業の自由は人間の交流＝《社交》を促進するとともに，マナー（習俗）をマイルドなものにする。「したがって人びとは，知識と学芸から受ける改善のほかに，たがいに会話し，快楽と愉楽に寄与するという習慣そのものから人間性の高まりを感じないではいられないに違いない」（同上）。こうした「奢侈の時代」に特有な「産業活動と知識と人間性（*industry, knowledge, and humanity*）」の結合は，公私にわたって人間の幸福を増進させると考えられた。

　なお，モンテスキューは『法の精神』で商業が「人間性」を向上させ社会を平和に向かわせるとする一方，それは人間の徳をも取引対象にしてしまうと指摘していた（第4部20編2章）。

140

第 8 回　経済的自由／財産権

3　ロックとの対決——市場原理と財産権をめぐって

市場社会の原動力　　今日から見て，実際に商業の自由が「公共の利益」を増進させるかどうかは「公共」の定義（共同体? 国民国家?）にも関わるだろうが，ヒュームがそうした議論とともに市場原理に基づく社会の発展を肯定したのはたしかである。

　それ以前にロックが貨幣を市場経済の原動力とみなしたが，それは人為的欲求を開発するとともに，富の不平等を拡大させ道徳的腐敗をもたらすと批判した。これに対してヒュームは，貨幣（経済）に先立つ「生活様式」の洗練と消費欲求の刺激に着目しながら，それこそが市場経済と同時に道徳の洗練・向上の原動力であるとして肯定した（坂本 2011：217）。ヒュームは論説「貨幣について」で次のように述べている。「しかし，人びとがこうしたすべての享楽に洗練を加え始め，必ずしも故郷で生活せず，近隣で生産できる物に満足しなくなった後には，あらゆる種類の交換と商業が生じ，より多くの貨幣がその交換に入り込んでくる」（ヒューム 2011：236）。消費欲求が貨幣の先にあるのであって，その逆ではない。

　こうして，ヒュームは市場（貨幣）経済の原動力を真に発見することで，市場とその独自な法則に着目する近代経済学の誕生を告げたといえよう。しかし，政治思想史の観点から見ると，彼がその問題点を見据えて「公共の利益」を擁護した側面のほうが注目される。

財産権と「公共の利益」　　財産権に関しても，2人のイギリス啓蒙思想の巨匠の見解は異なる。本書ですでに確認したように，ロックにとって個人の財産権は自然権としてのプロパティの1つであり，まずもって個人に固

141

第Ⅱ部　イングランドの世紀（18世紀）

ケース④　経済的自由は「公共の福祉」によって規制されるか？

【薬局開設規制訴訟（百選Ⅰ・92）】

　薬局間の適度な距離（100m）を保つことを目的に，新規開設を規制した改正薬事法は違憲であるかが争われたケース（最高裁 1975 年 4 月 30 日大法廷判決）。

　憲法は，「職業選択の自由を基本的人権のひとつとして保障」しており，第 22 条 1 項は「職業活動の自由の保障も含む」としながらも，職業は「その性質上，社会的相互関連性が大きいものであるから」規制の要請が（精神的自由に比べて）より強いと判示した。とはいえ，「社会政策ないしは経済政策上の積極的な目的のための措置」ではなく「消極的，警察的措置」の場合，つまりは社会秩序の維持を目的にした規制にはより慎重であるべきだとされ，本件の場合，薬事法の規制目的を後者に限定することで，同法を違憲と判決したのである（なお，本件の「営業の自由」とは異なる「職業の自由」という定式をめぐる解釈の可能性について「百選」の解説〔199-200 頁〕を参照されたい）（cf. 最高裁 1955 年 1 月 26 日大法廷・公衆浴場距離制限事件判決）。

　ここには，経済活動への公権力の不介入が個人の自由を保障するものであるというだけでなく，むしろ「公共の利益」にも資するという，スミスに帰結する啓蒙思想が反映されていると見ることもできるかもしれない。他方で，社会政策（福祉）の面から経済的自由の規制をより積極的に認めることは，この種の思想に反するだろうか。いや，かつて経済的自由を肯定した思想はそれを「公共の利益」の観点から規制する可能性も開いた思想だった。スコットランド啓蒙思想に着目することで明らかになるのは，「公共の福祉」と経済的自由のバランスを維持することの困難とその重要性である。

有のものとして保障されるべき権利である。これに対して，ヒュームによれば，最初に保障されるべきは社会の財産制度（ルール）であって，それによって初めて個人の財産権は保障されるのだという

第8回　経済的自由／財産権

（『人間本性論』第3篇2部2節）。そして，制度はそれぞれの社会で歴史的に形作られてきたものであって，それ次第で財産権の保障も制約を受けることになる。前述のように，この財産権をめぐる2つの思想はちょうど，日本国憲法29条1項と2項の考え方に対応しているといわれる（長谷部憲法：247-250参照）。

　今日，リバタリアニズム（自由至上主義）の始祖にも祭りあげられるロックに対して，ヒュームは富（分配）の不平等の行き過ぎの問題点を的確に指摘している。「市民の間の分配の不釣り合いがあまりにも大きすぎることは，常に国家を弱めるものである。できることなら各人は，すべての生活必需品と多くの生活便益品を十分に持つことによって，自分の労働の果実を享受すべきである」（ヒューム 2011：217）。それは国力を増大させるだけではない。少数の富者の幸福を減らすよりも多数の貧者の幸福を増大させ，富の分散が国民の税負担感も軽減する。なにより，「富が少数者の手中にあるところでは，彼らはすべての権力を享有するに違いなく……すべての産業活動を阻害するであろう」（同上：218）。

　経済的自由を肯定したヒュームが個人の財産権を否定しているわけではもちろんなく，その点でロックと妥協不可能な主張をしていると見る必要はない。しかし，その問題点を指摘し，それが「公共のために」なるかを考察したヒュームの議論は《徳》の思想史上，独自な意義を有する。

4　スミスによる〈富 vs. 徳〉の止揚——「経済的自由」と《公共の利益》

富の再定義と「経済的自由」の肯定

〈富 vs. 徳〉論争に1つの結論を出したのは，スコットランド出身の道徳哲学者，アダム・スミス（Adam Smith, 1723-90年）で

ある。スミスはその対立を止揚し、いわば高次の接合を成し遂げるとともに、主著『国富論』(1776年) の刊行 (第4巻タイトルは "Systems of Political Economy") によって、ヒュームが告知した近代経　済　学(ポリティカル・エコノミー)をより明確に一個の知＝学問として提示したといえる。

まず、『国富論』の著者はその「序文および本書の構想」のなかで「富」を再定義している。すなわち、富とは国民が消費する「必需品 (necessaries) と便宜品 (conveniences)」であるという。それは従来主流であった重商主義や重農主義における定義を批判したものだった。つまり、国の富は他国との貿易の差額や貴金属の多寡でも、農業生産量でもなく、消費財の量によって測られるのである。そして、その量は労働生産力によって決まるという。

次にスミスは、生産力を増大させるのは**分業**だと評価する一方で、その分業を発展させるのは人間の**利己心**だと明言する。次の文章は、同書中もっとも有名な一節だろう。「われわれが食事を期待するのは、肉屋や酒屋やパン屋の慈悲心からではなく、彼ら自身の利害関心からである。われわれが呼びかけるのは、彼らの人類愛に対してではなく、自愛心に対してであり、われわれが彼らに語るのは、われわれ自身の必要についてではなく、彼らの利益についてである」(スミス 2000-1 (1)：39)。ポイントとなるのは、各人のこうした私益の追求が (公共) 社会の「富」、豊かさの増大につながるという事実である。これをスミスが神の「見えざる手」と表現したことはあまりにも有名である。

スミス

第8回　経済的自由／財産権

たしかに彼は，一般に公共の利益を推進しようと意図してもいないし，どれほど推進しているかを知っているわけでもない。……彼はただ彼自身の儲けだけを意図しているのである。そして彼はこの場合にも，ほかの多くの場合と同様に，見えざる手に導かれて，彼の意図のなかにまったくなかった目的を推進するようになるのである（スミス 2000–1 (2)：303）。

　私益の追求は意図せずに「公共の利益」に適い，逆に政府が不当に介入することでこの自然（＝公正）なメカニズムが損なわれうるとスミスは考えた。つまり，経済的自由は最大限認められるべきであるし，それが結果的に「公共の利益」に適うというのである。

<u>「経済的自由」の影</u>　経済的自由を肯定するスミスの思想は，いわゆる夜警国家観として知られるが，彼がその負の側面について論じなかったわけではない。たしかに商業の自由は「諸個人間と同様に諸国民間の，団結と友情の紐帯」を生むため，国際規模でも公共の利益に適うと指摘される。しかし，それは「貿易の嫉妬」（国家間同士の憎悪）を生じさせると指摘した『国富論』の著者は，植民地主義について懸念していた（ホント 2009）。

　また，スミスは商業化が安定秩序（絶対王政）の確立を促すとする一方，行政権の自由裁量の増大は専制化につながりうると指摘し，司法権の独立の意義を強調していたことは見逃せない（『国富論』第5編1章）。スミスいわく，「司法権が行政権と結びついているときには，裁判がしばしば俗にいう政治の犠牲になることは，ほとんど避けられない」（スミス 2000–1 (3)：394）。そもそも立法者の役割を強調するスミスは市場原理主義の立場にはなく，〈神の見えざる手〉とともに夜警国家観が流布することで彼の政治思想は誤解された面があるのは否めない（ウィンチ 1989）。

145

第Ⅱ部　イングランドの世紀（18世紀）

| 「経済的自由」と 公正 |

むしろ，スミスはつねに経済的自由の過剰，ある種の逸脱に敏感だった。経済学者である以前に道徳哲学者（moral philosopher）と呼ばれた所以である。

　共和主義思想の系譜に属するスミスは，「経済的自由」をいわば公正なものにする《徳》を擁護した。この点で，近年再評価されているのは，彼のもう1つの主著『道徳感情論』（1759年）である。同書でスミスは，「利己心」とは異なる人間の能力や視点に着目している。1つは「共感 sympathy」という，他人の境遇に関心を抱く情動的な能力である。スミスは次のように説明する。

　　人間がどんなに利己的なものと想定されうるにしても，明らかに彼の本性のなかには，いくつかの原理があって，それらは，彼に他の人びとの運不運に関心をもたせ，彼らの幸福を，それを見るという快楽の他にはなにも，彼らはそれからひきださないのに，彼にとって必要なものとするのである。この種類に属するのは，哀れみまたは同情であってそれはわれわれが他の人びとの悲惨を見たり，たいへんいきいきと心にえがかせられたりするときに，それにたいして感じる情動である。（スミス 2003〈上〉: 23）

　哀れみや同情と同種類と言われるため誤解されがちな，スミスの「共感」概念を理解するには2つのポイントがある。①利己心の存在（人間の主な行動原理が利己心であること）を否定しない。むしろ，共感はそれと両立する《徳》（公共の利益）につながると考えられた。②あくまで自己にとどまる「想像力」の作用である。それゆえ，いわゆる感情移入＝無私や忘我の境地とは異なると考えられることに

146

注意したい。たとえば，貧者に対して一時的に一体化して単に感傷的になるのではなく，あくまで他人の情念というよりも境遇に関心を抱き，その感情や行動が適切かを判断する情動的な能力である（同上：第1部1-2編；堂目 2008：27-32）。

　言い換えれば，利己心（経済的利益）の追求を是認する一方で，その関心が自己に閉じ籠らないようにする能力とも考えられる。いわば，テレビで他国の飢餓や戦禍の報道を見て同じ人間としていっとき涙するよりも，違う立場にありながら自分（たち）の問題として想像し判断する能力だと理解できるのではないか。

　もう1つは，「公平な観察者」という視点である。スミスによれば，人は他人の承認・尊敬を求める存在である。なるほど，他人の承認・尊敬を求める欲求はそれ自体利己的であるとはいえ，人はその欲求を充足させるために第三者的に判断する観察者の視点を作る必要に迫られる。それは，各人が共感（他者への関心）を繰り返すことで内面に形成されてゆくものであるという。そして，この「公平な観察者」の視点が，①正義と慈恵（justice and beneficence）からなる一般的なルール（general rules）の形成を促し，②そのルールを顧慮しなければならないと思わせる義務の感覚（sense of duty）を醸成する（『道徳感情論』第3部）。また，その視点の形成の直接的な結果として，市場における「フェア・プレーの精神」，具体的には独占の禁止や適正な報酬の必要性などが生まれるのである（同上：第2部2編；堂目 2008：55-65, 99-101）。

　このようにスミスは経済的自由を認めながらも，それがいかに「公共の利益」に適うかを問い続けた道徳哲学者であり，その点では最後のモラル・エコノミストだったかもしれない。そして本書の関心からいえば，必ずしも合理的ではない人間の情念に着目し，独自な仕方で人間同士がお互いに尊重し合う相互性の位相を浮かびあ

がらせた点が重要である。

　その後の歴史は，経済的自由の肯定のみがクローズアップされ，それを正当化した思想家たちは同時に，経済活動がいかに公共／コミュニティの利益に合致しうるかを懸命に問うてきたことが見落とされてきたのではないか。これに対して，ヒュームやスミスらによって築かれたスコットランド啓蒙思想の遺産が間接的であれ日本国憲法に継承され，その底流をなしていると考えることの意義を今改めて問い直してもいいのではないか。それは，同憲法を個人の権利だけでなく「公共の利益」を顧慮したテクストとして読み直す可能性である。

📖読書案内

イシュトファン・ホント著／マイケル・イグナティエフ編著『富と徳──スコットランド啓蒙における経済学の形成』水田洋・杉山忠平監訳，未來社，1990年。

　　「ケンブリッジ学派」と呼ばれる人々を中心とした豪華な執筆陣が，スコットランド啓蒙思想を縦横無尽に語り尽くした量質ともに重厚な論文集である。初学者にはやや高度な内容を含むが，広い意味で思想史の魅力を玩味するのに適した一冊といえる。

ニコラス・フィリップソン『アダム・スミスとその時代』永井大輔訳，白水社，2014年。

　　日本語で読めるスミスの伝記は少なくないが，彼の思想はそれを生んだスコットランドとその時代を念頭に置かなければ理解できない。その点からすると，まずはその時代の「思想の伝記」をなしている同書は必読といえる。

山崎正一・串田孫一『悪魔と裏切者──ルソーとヒューム』ちくま学芸文庫，2014年。

　　二大「思想の衝突」の記録である。ルソーとヒュームのケンカは思想史上の「伝統（伝説？）」の1つだが，それは「近代」思想の二面性

を照射するものでもある。

■引用・参照文献

［第1次文献］

スミス，アダム 2000-1『国富論〈1-4〉』水田洋監訳，岩波文庫。

スミス，アダム 2003『道徳感情論〈上・下〉』水田洋訳，岩波文庫。

ヒューム 2011『道徳・政治・文学論集［完訳版］』田中敏弘訳，名古屋大学出版会。

マンデヴィル，バーナード 1985『蜂の寓話——私悪すなわち公益』泉谷治訳，法政大学出版局。

［第2次文献］

ウィンチ，D. 1989『アダム・スミスの政治学——歴史方法論的改訂の試み』永井義雄・近藤加代子訳，ミネルヴァ書房。

坂本達哉 2011『ヒューム 希望の懐疑主義——ある社会科学の誕生』慶応義塾大学出版会。

竹澤祐丈 2006「『平等なコモンウェルス』としてのオシアナ共和国」田中秀夫・山脇直司編『共和主義の思想空間——シヴィック・ヒューマニズムの可能性』名古屋大学出版会。

堂目卓生 2008『アダム・スミス——「道徳感情論」と「国富論」の世界』中公新書。

ポーコック，J.G.A. 1993『徳・商業・歴史』田中秀夫訳，みすず書房：第2章。

ポーコック，J.G.A. 2008『マキァヴェリアン・モーメント——フィレンツェの政治思想と大西洋圏の共和主義の伝統』田中秀夫・奥田敬・森岡邦泰訳，名古屋大学出版会。

ホント，イシュトファン 2009『貿易の嫉妬——国際競争と国民国家の歴史的展望』田中秀夫監訳，昭和堂。

森村敏己 1993『名誉と快楽——エルヴェシウスの功利主義』法政大学出版局。

第III部
フランス革命の時代（18世紀）

第9回 生存権／憲法改正

ジャン゠ジャック・ルソーと人民主権

【生存権，国の社会的使命】

第25条　すべて国民は，健康で文化的な最低限度の生活を営む権利を有する。

2　国は，すべての生活部面について，社会福祉，社会保障及び公衆衛生の向上及び増進に努めなければならない。

【憲法改正の手続，その公布】

第96条　この憲法の改正は，各議院の総議員の3分の2以上の賛成で，国会が，これを発議し，国民に提案してその承認を経なければならない。この承認には，特別の国民投票又は国会の定める選挙の際行はれる投票において，その過半数の賛成を必要とする。

2　憲法改正について前項の承認を経たときは，天皇は，国民の名で，この憲法と一体を成すものとして，直ちにこれを公布する。

● ● ●

　日本国憲法25条の生存権は，ワイマール憲法に由来する社会権であると，学校（高校？）で教わるだろう。しかし，生存権とは何だろうか？　ワイマール憲法151条1項には，次のように書かれている。「経済生活の秩序は，すべての者に人間たるに値する生活を保障する目的をもつ正義の原則に適合しなければならない」（山田晟訳）。つまり生存権とは，「人間たるに値する生活」が国家によって保障される権利のことをいうらしい。

　それが権利として獲得された意義は，〈人間の尊厳ある生活〉に関して国家の積極的な関与・配慮を保障した点にある。戦後日本で

その解釈の基礎を作ったとされる民法学者の我妻栄は，「生存権的基本権」を提唱し，それを「自由権的基本権」と対置させたほどだ（古典憲法：293-294）。

　生存権が生まれた歴史的背景には，19世紀後半の欧米で資本主義が目覚ましい発展を遂げる一方で，新たな階級の分化と貧困を引き起こしたことにある。それが多くの労働者の「人間にふさわしい生存」を脅かし，ついには奪ったと切実な問題として主張された。しかし，それはいかなる意味で一個の「権利」なのか。さらに社会福祉（極端な貧富の格差の是正）がなぜ正当化されるのか——。

　ちょうどドーバー海峡の向こうで経済的自由が肯定された時代，資本主義の発展を待たずしてその負の側面を文明化の帰結として訴えた庶民がいた。ジャン゠ジャック・ルソーである。彼は「人間にふさわしい」生活をすることがなぜ「権利」なのかを根本的に問い直した思想家といえる。しかし，ルソーは人間の不平等の起源を問い，平等を人間に自然な権利として論じただけではない。その平等を基調とした社会も構想したのだ。

　彼の著書『社会契約論』で構想されたのは，すべての人が同じように政治に参加し，その究極的な判断を最終的に決定する権限を人民が有する政治・社会である。「人民主権」と呼ばれるその思想の影響も日本国憲法に見いだせるが，それがなにより反映されているのは第96条の憲法改正権や前文第1段の憲法制定権限においてである。本講義では，ルソー思想に照らして考えることで，「人間にふさわしい生存」の保障は人民主権あるいは政治参加とセットで考えなければならないと言える理由が理解されるだろう。

　加えて，ルソーは人間あるいは市民にふさわしい教育のあり方を問うた思想家としても知られる。憲法26条【教育を受ける権利と教育を受けさせる義務】とも関連して，この点にも最後に触れるこ

第III部　フランス革命の時代（18世紀）

とにしたい。それは教育を担うのは誰かという問題とも関わるだろう（教育権の帰属をめぐっては，その生存権的側面とともに1976年の最高裁大法廷判決・旭川学テ事件を参照）。

* * *

1 「徳の憤慨」

庶民の子　ルソー（Jean-Jacques Rousseau, 1712-78年）は，時計職人の息子としてジュネーヴに生まれた。これは同じく貴族に属さない他の啓蒙思想家たちと比べても低い身分に属し（時計職人自体は中流に区分される），そのことが彼の思想の原点にある。しかも，産後数日で母親が亡くなったことは，別の意味でルソー思想を決定づけた。彼が10歳のときに父親がケンカ騒ぎを起こして告訴を受けたため，ルソーは母方の叔父のもとに預けられ寄宿学校に入れられた。しかし，そこでの過酷な境涯を抜け出し，16歳でヨーロッパを放浪する旅に出ると，ルソーは職を転々としながらさまざまな経験をした。

転機となったのは，37歳になったルソーがある懸賞論文（課題は「学問と芸術の復興は習俗の純化に寄与したか」）の広告を目にしたことである。このとき，後述するような霊感を受けたとのちに語っている。そして書かれた論文が入選し，彼のデビュー作『学問芸術論』（1750年）として刊行された。続いて，同じくディジョン・アカデミー

ルソー

154

の懸賞論文（課題は「人間の間の不平等の起源は何か。それは自然法によって是認されるか否か」）に応募したのが『人間不平等起源論』（1755年）であり，それは落選したが——過激と受け取られたその内容からすれば当然ではあった——，論壇に大きな衝撃を与えたのである。

デビューから12年後に書かれた『社会契約論』（1762年）は政治学史上最大の古典の1つである一方，同年に刊行された『エミール』は教育論の古典として今なお影響力を失っていない。他にもルソーの著作のジャンルは多岐に及ぶが，彼は現実から離れて理想論をただ説いた思想家ではないことは，実際に依頼されて国制を提言した『コルシカ国制案』（1764–65年執筆）や『ポーランド統治論』（1770–71年執筆）からも十分に窺い知ることができる。

ルソーの根本思想は，『学問芸術論』を執筆する直前にヴァンセンヌの森で体験したとされる霊感と閃きにある。その閃きとは，書簡によれば次のようなものであった。「人間は本来善良であるが，ただ社会制度によってのみ邪悪になる」（1762年1月12日付マルゼルブ宛書簡）。つまり，従来の社会契約は不平等を追認するものでしかなく，新たに平等に根ざした社会（契約）が必要だというのである。

ところで，この一文の前で社会のあらゆる矛盾や悪弊が告発され，人間の善性はその後で言及されている。つまり，「憤慨の念に駆られた抗議」が先にあって，それを正当化するために人間の「善良」さが出てきているのだ。このことは，ルソー思想を読み解くうえで案外に重要である。というのも，ルソーは「告発者の顔をして見せた」のであって，対照的なモチーフによって告発の効果を高めたと考えられるからだ（スタロバンスキー 2019：5-7）。そうだとすれば，およそルソーを人間の善良さやその自然を信じるナイーヴな思想家

第 III 部　フランス革命の時代（18 世紀）

とする見方は反省を強いられる。むしろ，教育的あるいは戦略的でさえある効果を狙った思想家として注意深く理解されなければならないだろう。

2　不平等が拡大する論理——人間の自然（権利）とその破壊

不平等の約束と
「幸福」の権利

「人間は一般に認められているように，本来お互いに平等である」。『人間不平等起源論』序文の言葉である。この理念のもと，本論ではまず 2 種類の不平等が区別されるべきだと指摘される。それは「最初からあったものと人為によるもの」，「自然的または肉体的不平等」と「道徳的または政治的不平等」である。ルソーによれば，後者は「一種の約束」に依拠し，「他の人よりも豊かだとか，尊敬されているとか，権力を持っているとか，さらには人々を自分に従わせるというような**特権**から成り立っている」（ルソー 1974：31-32）。この**約束**（契約）こそが，人間間の人為的（＝不自然）な不平等の始まりである。

　そもそも，社会成立以前の人間の唯一の関心は「自己の充足〔＝福祉〕と保存」で，彼らは「簡素で一様で孤独な生活様式」のもとに暮らしていた（同上：42）。それはホッブズの言うような自己保存ではなく，単なる生存を超えた生活への関心を意味する。しかも彼らは自然に「**憐れみの情**」という徳を有すると想定される。すなわち，「われわれが苦しむ人たちを見て，反省しないでもその救助に向かうのは憐みのためである」（同上：69）。これに対してホッブズは，人間本来のあり方とその権利について二重に曲解している。すなわち，一方で人間の本来知らない悪徳を想定し，他方で人間は本来同胞の苦しみには無関心だとしたのだ。

156

こうして『不平等論』の著者によれば，人間は本来平等で，生存（自己保存）とともに簡素であれ一定の充足（福祉）が得られた生活をしていたのである。人間がこの「幸福」な生活を手放す経緯が続けて説明されるが，ここで注意したいのは，その幸福な生が人間の
権利として析出されているということは，それより頻出する（それが失われた）「不幸」から逆照射されることで明らかにされてゆく。

ところで，「幸福」はルソーの政治思想のキー概念の１つである。のちにサン゠ジュストが語るように，それは当時のヨーロッパではまだ新しい言葉だったことも合わせて記憶されていい。ルソーは彼の著作に誘惑された膨大な読者からの手紙への返事で，頻繁に「幸福という語」を繰り返したことも念頭に置いておこう（スタロバンスキー 2019：22）。

| 不幸の源泉 |

人間本来の生活を破壊するのは，彼らを自然本性から離脱させる動物とは異なる能力が人間にはあるためである。それは，自由な行動原理とともに「**自己完成していく能力**」である。「この特有な，しかもほとんど無制限の能力が，人間のあらゆる不幸の源泉である」。それは他人との区別，具体的には①動物に対する優越，②家族の成立と男女の区別，③嫉妬と公の尊敬という順で優劣の関係を生じさせるのである。

そして，「これは私のものだ！」という叫び声とともに，不幸への決定的な一歩が踏み出された。ルソーは言う。「１人の人間が他の人間の助けを必要とし，たった１人のために２人分のたくわえを持つのは有効だと気がつくやいなや，平等は消え去り，私有が入り込み，労働が必要となった」（ルソー 1974：91）。さらに，冶金（工業）と農業の大きな革命によって生産余剰と格差が拡大していった。しかし拡大したのは不平等だけではない。

「人々はそれを所有しても幸福でないのに，それを失えば不幸

第Ⅲ部　フランス革命の時代（18世紀）

だったのである」（同上：87）。より多くの所有を求めた生活で失われたのは、人間の簡素でも幸せな生活だった。そこで幸福になりえなくなったのは、ルソーによれば人がみずからの充足に飽き足らず、他者の評価を得るために外見に支配される、要するに見栄を張るためだ。この他者の評価という新しいニーズを満たすために、人は周囲の意向に従属し、結果として他人を欺く悪徳も増大するという。「むさぼるような野心、また真の欲求というよりはむしろ他人の上に立ちたいために、それぞれの財産を増やそうという熱意は、すべての人間にお互い同士危害を加え合うという悪い傾向を与え、ひそかな嫉妬心を与えるが……これらすべての悪は私有の最初の効果であり、生まれたばかりの不平等と離すことのできぬ結果なのである」（同上：97）。

　こうして、社会人は《比較》という病に苛まれることになる。ルソーはこれを「存在と外観の分離」と表現した。「社会人はつねに自分の外にあり、他の人々の意見のなかでしか生きることができない。そして彼は自分自身の存在の感情を、いわば他人の判断のみから引き出しているのである」（同上：125）。この観点からすると、スコットランド啓蒙の経済的自由も批判の対象に十分になりうる。「奢侈は自分自身の安楽と他人からの尊敬とを熱望する人々にあっては予防できないものであるが、それは社会がすでに始めた悪をやがて完成する」（同上：147［ルソーによる註］）。

　ここで注意したいのは、ルソーが「不幸」になったという場合、それは物質的貧困と同じではなく、またそれゆえに、貧困層だけが不幸といっているわけではないということである。つまり、「不幸」は富裕者を含めた社会の成員全体に及んでいる。

第9回　生存権／憲法改正

**社会的不平等と
従属状態**

こうして，本来の人間にふさわしい簡素（素朴）で一様な（等しい）生活が失われてゆくと，「孤独」が奪われてゆく。つまり，一握りの富裕者と大多数の貧困者がいる社会では，その社会の不平等が政治の不平等に移行し，少数の有力者に大多数の民衆が従属することになった。この**従属状態**とは，特定の誰かが誰かを支配下に置く状態を指し，そのとき各人の「孤独」は失われる。この文脈では孤独よりも独立といったほうが正確だろう。逆にいえば，誰かに依存しないことは人間に自然な権利で，それこそ自然な（＝人間にふさわしい）ものとして保障されるべきなのだ。

　なぜ少数者による支配が成立するかといえば，彼らが多数の民衆の安楽・安全を保障することを約束し政府を設置するからである。ただ，この約束は一部の富裕者の策略とは決めつけられないことには留意していい。民衆の側も，自己の充足（安楽）を求める生活に慣れるあまり，損得勘定で支配服従関係に慣れてしまっていないか，そうルソーは問いかけている。

　不平等の最後の到達点はみな従属状態にあるという点で平等，というのはなんとも皮肉な結末である。それは人間本来の生存，その自然な権利を脅かすような平等である。仮にそれが単なる生存を意味するなら，不平等と専制のもとに暮らしていても満たされるのではないか。人間本来のある種の生存を「権利として」考えるうえで，単なる生存とそうでない生存という区別が重要であることを初めて示しえたのがルソーだった。

**フランス革命と
ルソー**

次節で指摘するように，ルソーはこの従属状態を打破する社会を構想し，この面でフランス革命に影響を与えたことに注目が集まるが，それとは別に，人間の本来あるべき生活（生存権）の発想

第Ⅲ部　フランス革命の時代（18世紀）

ロベスピエール

においてもその源泉となった。それを〈生存権の優位という思想〉として政治史上初めて主張したのは，ルソーを尊敬してやまなかったロベスピエール（Maximilien de Robespierre, 1758–94年）であるといったら意外に思われるかもしれない（遅塚 1986：222–223 参照）。

ロベスピエールは1792年12月2日の演説で，次のように述べた。「社会の第1の目的は何か。それは，人間の時効にかかわることのない諸権利を維持することである。その諸権利のうちで第1位にあるものは何か。**生存する権利**（droit d'exister）である」（同上）。革命期にはロベスピエール以外の多くの論者によっても「生存権的な権利」が主張されるなか，彼の議論は比較的抽象度が高かったとはいえ，生存の「権利」を定式化した点で突出していたと考えられる（cf. 波多野 2016）。

彼らの議論は翌年に制定された1793年憲法（人権宣言）に反映されることになった。第1条で「社会の目的は共同の幸福である」と宣言したあと，第21条にはこう書かれた。「公的扶助は，神聖な義務である。社会は，不幸な市民に対して労働を確保することにより，または労働しえない者に生活手段を保障することにより，その生存について責務をおう」（辻村 1989：408）。「これが，人権宣言に社会権が顔を出した最初の例である」と考えられる（宮沢 1971：29）。

この権利は社会の一部（貧困者）だけではなく，社会全員のものである。簡素で「幸福」な生活こそ，人間のあるべき生活（生存）のかたちであって，それを文明社会では全員が喪失しているという点では皆が貧しい，不幸だということができる。その意味で，ル

第9回　生存権／憲法改正

ソーの思想をもとにこの権利を考えることの意義は，一部の人間だけの問題としてではなく，社会全体の生活を見直す視座として同権利を見なければならないということを含意しよう。その点で――おそらくロベスピエールは見誤ったか重視しなかったのだろうが――，ルソーの考える〈人間にふさわしい生存〉の最重要な条件の1つが，孤独＝独立であったことの意味が問い直される必要があるだろう。生活手段を確保するとしても，それが社会や他者に従属するようなもの，その意向に束縛されるようなものであってはならないのである。

　ルソーは，モンテーニュと同じような言葉で，他人や世間の評判を糾弾した（スタロバンスキー　1993：19）。そして，それから独立した人間とその内面（良心）それ自体のうちに価値（＝人間の尊厳）を見いだしたのである。と同時に――『エセー』の著者とは違って――ルソーは，特定の誰かに支配されない（＝自己支配）としての自由，古代ローマに遡る自由を重視し，それを保障する権力の構成を論じることになる。この二重の意味でルソーの影響を受けたカントが，人間の尊厳をめぐる一個の哲学を完成させるだろう。

■■ コラム④ ● 死刑はなぜ認められないのか？

　2023年の統計によれば，すべての犯罪に対して死刑を廃止している国は世界中に112カ国ある（アムネスティ・インターナショナルHPより）。EUは死刑廃止をその加盟条件に掲げており，OECD（経済協力開発機構）加盟国のうち死刑制度を存置しているのはアメリカ合衆国と日本，韓国だけである（韓国では1997年を最後に死刑執行はされていない）。

　死刑廃止はグローバルな潮流ともよくいわれるが，人類史からみれば生命を絶つ刑罰である死刑の歴史のほうが長い。死刑と一口にいっても，斬首・絞首・火刑・銃殺などさまざまで，たとえばフラン

スでは 18 世紀後半まで公開身体刑は当然の如く行われ，死刑では絞首刑のほか，車裂きの刑が一般的だった。この流れを大きく変えたのは，フランス革命である。ロベスピエールも，革命以前から弁護士として死刑廃止を主張し続けていた。

　政治思想史上では，1760 年代以後から啓蒙思想家などによって拷問の廃止とともに刑罰の緩和が主張されるようになる。その発火点となったのは，イタリアの貴族チェーザレ・ベッカリーア（1738-94 年）が 1764 年に著した『犯罪と刑罰』（小谷眞男訳，増補新装版，東京大学出版会，2024 年）である。同書でベッカリーアは死刑に反対し，以後，このテーマに関して多くの改革家に甚大な影響を及ぼした。主には〈同じ人間である〉という人道的な観点から拷問や残酷刑が問題視され，その観点から死刑廃止が主張されたのである。その背景には，ルソーが発見した「共感（憐れみ）」の浸透もあったと考えられる（参考，リン・ハント『人権を創造する』松浦義弘訳，岩波書店，2011 年）。小説家の作品でいえば，ヴィクトル・ユゴーの死刑廃止論，『死刑囚最後の日』（1829 年）が有名だろう。

　そうした人道的な観点，あるいは人権という考え方には，ヨーロッパ史の軌跡とともに宗教（キリスト教）の影が見え隠れする。他面，ベッカリーアは別の観点からも死刑を拒絶した。それはいわば法・権利上の観点で，社会契約とそれによって保障される自然権の観点から死刑は認めるべきではないと訴えた。残虐な刑罰は「正義および社会契約そのものの性質」に反する。そして，社会契約によって「犠牲として差し出された一人一人の自由のなかのごくごく一部に，すべての財産のなかで最大のもの，つまり生命までもが含まれているなどということが，いったいどうしてありえようか」と呼びかけたのである（『犯罪と刑罰』：17, 90）。

　加えて，実際に裁く側の立場や実際の制度の観点から考えてみたとき，〈殺人に対しては刑死を〉ということの是非に関する純粋に哲学的な問いだけでは収まり切らない論点がある。それは誤判という論点で，裁くのが人間である以上，あるいは事件を捜査するのが人間の組

織である以上，絶対に正しいということはありえない。事実，死刑確定後に再審・無罪となる事件（冤罪事件）があとを絶たない。このことだけでも，死刑の執行にはきわめて慎重でなければならない理由となる（この点は裁判官を務めた法学者による議論，団藤重光『死刑廃止論〔第6版〕』有斐閣，2000年を参照されたい）。

　日本国内では，「死刑もやむを得ない」と容認する割合は8割を超え，逆に「廃止すべきだ」と考える人は1割を満たないという世論調査もある（内閣府が5年に1度実施している世論調査の結果（2019年）に基づく）。存置派はむしろ増えているのだ。それには，日本固有の歴史的ないし文化的な理由もあろうが，死刑がなぜ認められるべきかは，政治思想史を背景に持つ法・権利上の観点からも検討し直す必要があるのではないか。

　死刑制度の是非について考える素材は種々あるが，映画などを参考に考えてみるのもよいかもしれない。一例として，ノン・フィクションを映画化した「デッドマン・ウォーキング」（1995年製作）を挙げておく（ちなみに，筆者が同作の存在を初めて知ったのは，川岸令和早稲田大学助教授（当時）の憲法学の講義においてだった）。

3　社会契約と憲法制定権力

もう1つの国民主権と真の社会契約

生存権を含む人権の社会的保障は，人民の主権行使によって実現される（辻村 1989：223）。たとえば，1793年憲法（人権宣言）には次のようにも書かれてある。「社会的保障は，各人に諸権利の享受と行使を保障するための万人の行為のなかにある。それは国民主権に基礎をおく」（第23条）。

　ところで，同25条では「主権は人民に存する」と書かれている

第Ⅲ部　フランス革命の時代（18世紀）

のに対して，23条では「国民主権」という言葉が使われているが，これは人民主権とは異なるのだろうか？ 否，憲法学の通説では国民主権には2つの要素があると考えられる。「1つは，国の政治のあり方を最終的に決定する権力を国民自身が行使するという権力的契機であり，他の1つは，国家の権力行使を正当づける究極的な権威は国民に存するという正当性の契機である」（芦部憲法：41）。この「権力的契機」にあたるのが前記の「国民主権」であり，それは『社会契約論』の人民主権に由来する考え方である。同書でルソーは，人民が「国の政治のあり方を最終的に決定する権力」を持つ真の社会契約に基づく政治を構想したのである。もっとも，革命期のフランスでは両契機が今日通説のいうように折衷されることなく，後述するような2つの主権論として厳しく拮抗した。

　それでは，真の社会契約とは何か。それは自由かつ平等なままで結ばれる契約を指し，それには条件と方法（条項）がある。契約の条件は，①自己保存を妨げる障害が除去されること（安全），②自由を妨げられないかぎり協力すること，である。

　　　各構成員の身体と財産とを，共同の力のすべてを挙げて防衛し保護する結社形態を発見すること。そして，この結社形態は，それを通して各人がすべての人と結びつきながら，しかも自分自身にしか服従せず，以前と同じように自由なままでいられる形態であること。（ルソー 2010：27）

　契約の方法（条項）は，「自分の持つすべての権利とともに自分を共同体全体に完全に譲渡」することだとされる。こうすることで，**誰にも従属しない政治**が実現されるという。その意味で，同書はルソーの『人間不平等起源論』への理論的回答をなすといえる。

164

第9回　生存権／憲法改正

　厳密にいえば，以前と同じように自由のままではない。なにより
自然的自由は放棄されなければならないのだから。その代わりに，
社会的自由と所有権を獲得することになる。この結社行為によって
「1つの精神的で集合的な団体」が生まれるのだ。ルソーはこれを
「共同の自我」と表現している。ここでは，一種の等価交換が成立
しているといえる。その結果として生まれるのは，ある面で自己と
他者が一体化した〈全体〉である。

　ルソーによれば，この法理論で作用する感情の動きを「実存的」
な場であますことなく表すのは「祭り」であるという。その「公開
の悦楽の陶酔においては，各人は演技者であると同時に観客であり，
契約を結んだ市民の自由の条件が容易に認められる。すなわち，市
民は『主権者の構成員』であると同時に『国家の構成員』であり，
したがって法を要求するものであると同時に法に服従するものでも
ある」（スタロバンスキー　1973：155）。「共同の自我」の本質は，「祭
り」に見られる「集団的な自我の高揚」として現れるのだ。

<u>一般意志と人民集会</u>　こうして成立した社会状態＝国家はどのよ
　　　　　　　　　　　うに統治されるのか。言い換えれば，人民
主権による政治とはどうすれば可能か。

　まず，あらゆる権力を行使することができるというのが主権の原
意であるとされる。そのため，人民主権の政治はあらゆる政治権力
が（人民の）「一般意志」に基づいてのみ行使されるとき可能になる。
また，一般「意志」の行使である主権は誰かに譲り渡すことも分割
することもできないとされる。

　では，「一般意志」とは何か？　要点は3つある。第1に，それは
「公共の利益」だけを考慮した意志である。ここでルソーは，それ
が全体意志とは異なることに読者の注意を促す。後者は単なる個別
意志の総和であって，「公共の利益」を顧慮したものではないから

165

だ。

　第2に，そのような意志がいかに表明されるのかが問題となる。ルソーによれば，一般意志が表明される条件は，「各市民が自分だけに従って意見を述べること」だという。各人が今たまたま置かれた状況下の特殊な意志や利益（＝偏見）にとらわれずに純粋に自分の意志だけに従えば，一般意志が表明されるというのである。これは現実可能性はともかく，理解不可能な論理ではない。たとえば，法律に書かれる規則を守るべき主体（名宛人）である〈各市民＝各人〉というとき，通常誰もが自分の利害関心（幸福）について考えながら，同時に他人（公共）のことも考えていることになるという。逆に，現実には，人は自分の置かれた立場——貧富や人種等で異なる利害関心——で物事を考えがちなため，自分と他人の利害関心がしばしばずれることになると考えられる。

　一般意志は，自己と他者が一体化した〈全体〉の存在を確認し維持するために表明されなければならないという。これは，個別利益を否定する「全体主義的」発想だとしばしば批判されてきた。たしかにルソーは，個別意志や個別結社がその一致を妨げる否定的な点について言及している。とはいえ，それは一般の問題に対してであって，個別の問題に対しては私的な意志や利益が存在することを認めている。問題は，一般意志はその本質と対象において「一般的でなければならない」ということに尽きる（ルソー 2010：50）。

　最後，第3に，いったん一般意志が表明されてしまえば，後はそれに従えば人民主権の政治が成立するというわけではない。**定期的な人民集会**が開催されなければならないのである。ただ，ここで誤解してはならないのは，いつも集会を開いてすべてを決めるわけではない。別に通常政治（業務）を行う執行機関が必要であり，政府を設置することをルソーは認めている。ただ，それを主権者と混同

第9回 生存権／憲法改正

してはならないということを強調する。「政府は不当にも主権者と混同されているが、実はその代行機関にすぎない」(同上：88)、「政府が強力であればあるほど、主権者もいっそう頻繁に自己の意志を表示しなければならない」(同上：138–139)。

シィエス

憲法制定権力とシィエス

肝心な点は、最終決定をする権限を持つのが人民＝国民で、それを実行できる機会がつねに存在していなければならないということである。これが、人民主権あるいは「権力的契機」としての国民主権の意義である。フランス革命以降、この思想を結晶させたものが、**憲法制定（改正）権力**と呼ばれた。革命直前、これを解説した冊子『第三身分とは何か』(1789年)を発表したのは、南仏の平民の子として生まれたシィエス (Emmanuel-Joseph Sieyès, 1748–1836年) である。社会的上昇をめざして聖職者そして州議員となった彼が、次のように指摘したことはよく知られている。

> われわれに憲法が欠けているとすれば、それを作らなければならないが、その権利を有するのは国民のみである。……憲法のいずれの部分も憲法により設けられた権力の作ったものではなく、憲法制定権力 (pouvoir constituant) が作ったものなのである。委任を受けた、いかなる種類の権力もその委任の条件を変更することはできない。（シィエス 2011：99, 106)

第 III 部　フランス革命の時代（18 世紀）

　逆に,「国民は憲法に拘束されえない」のであって, 憲法が縛る
のは国民の権限ではなく「憲法により設けられた権力」であるとい
うわけである（同上：106, 108）。

　憲法制定権力は, 国政に関する最終決定をする権限を国民＝人民
が有することを含意する。その意味で, 人民は通常選挙に行くだけ
では（少なくともそれだけをしていては）主権者であるとはいいえな
いとルソーは考えた。この点で, 自由のモデルと考えられたイギリ
ス議会政治を彼が揶揄したのは有名である。「人民の代議士は, 人
民の代表者ではないし, 代表者たりえない。彼らは, 人民の代理人
であるにすぎない。……イギリス人民は, 自分たちは自由だと思っ
ているが, それは大間違いである」（ルソー 2010：144）。

　ルソーがめざしたのは, 各人が誰か（この場合は政治家）に従属し
た状態から脱した政治であり, そのための手段であり目的なのが人
民主権, そして憲法制定権力だった。ルソー思想に照らせば, 人間
に自然な生活の権利（生存権）と政治の根本的なあり方はセットで
考えられなければならない理由がここにある。

4　ルソーの思想史上の影響と解釈

　　　「プープル主権」　　最後に, 毀誉褒貶半ばするルソーという人
　　　　　　　　　　　　物について, その後の絶大な思想的影響を,
特に人民主権論や教育論をめぐって少し確認しておこう。

　ルソーの人民主権論は, 憲法学ではいわゆる「**プープル主権**」と
して解釈されてきた。それに対して, フランス革命期のシィエスと
彼を中心に起草された 1791 年憲法の考え方は「**ナシオン主権**」を
典型的に示すものと理解される。というのも, シィエスは革命が起
こると, 人権宣言草案（1789 年）のなかで公的組織への貢献の有無

に基づいて「受動的市民」と「能動的市民」を区別する一方，一般意志の表明としての法律は「代表者の共同体」によって作られなければならないと論じたからだ（浦田 1987：181）。その見解によれば，「国政のあり方を決定する権力（主権）は，集合体としての国民（nation）に帰属する」と考え，国民を「一種の法人」とみなすが，その場合，彼ら自身が意思決定をするのは不可能なため，代わって意思決定をなす機関としての「代表」が必要だと考えられるのである（長谷部憲法：325–328）。

　これに対して，プープル主権の場合は人民が国政のあり方を決定する権力（主権）を実質的に有することが強調され，国民が直接意思決定をなす契機を確保する必要性が主張される。この考え方は究極的な決定権が人民にあることを示す憲法改正だけでなく，日常的に議員を有権者の意志に拘束する「命令委任」的側面の強い条文にも反映されていると考えられる（→第4回）。これは政治思想史上では，ラディカル・デモクラシーの系譜（代議制の欠陥を指摘し市民の直接参加に基づく民主主義の深化を主張する現代政治理論の一変種）をなすことになる。もっとも，現実に意志決定するには「代表＝機関」が必要なため，そのかぎりで両種の主権の区別は困難であるとも指摘される（長谷部 2013）。

シュミットとロールズ

人民主権と憲法制定権力については，ルソーに即して考える場合でも，政治思想史家によって解釈は異なる。一方で，それはいかなる手続きにも拘束されない権力だと考えられる。その典型が，カール・シュミットの理解である。彼の解釈によれば，憲法制定権力とは，「自己の政治的特性を意識し政治的実存への意志を有する政治的な行動能力ある統一体」としての国民の命令，すなわち意志であり，その意味で討議のような政治過程にも服する必要はいっさ

第Ⅲ部　フランス革命の時代（18世紀）

いない（シュミット 2018：第8章）。これは人民が単一で不可分の決定をなす権限を持つという人民主権の考え方からすれば，自然な解釈のようにも見える。

これに対して，現代政治理論を代表するロールズのルソー講義（ロールズ 2020：385-499）は，それとは異なる「熟議」と関連させた解釈を提示している。つまり，人民の権限が行使される基準となる「一般意志」は，各人が自らの偏見にとらわれずに討議することで表明されるものであって，各人がそれぞれの立場で意見を絶対的（＝自己完結）的に表明すればおのずと現れるというわけではないと考えられる。

なお，ルソーの人民主権は絶対主義や全体主義と同一視されがちだが，彼が権力分立の必要も論じていたことを見落としてはならない。『社会契約論』には「真の民主政」はありえないと書かれているが，そこには，立法権と執行権の一致する政治体制はありえないという含意があった。さらに，国家を樹立するには立法者という「類まれな存在」が不可欠だとされ（第2編7章），これについてはルソーの社会契約論の謎ないし欠陥といった解釈も有力だが，これもある意味では権力集中を警戒する思想として解釈可能である。

公教育とコンドルセ

最後に，ルソーの考える市民はいかに作られるか，その教育論についても一言触れておきたい。ルソーは『社会契約論』と並ぶ著名な教育書『エミール』を書いている。小説様式で書かれた同書は，家庭教師が田舎で子どもを教育するという内容で，そこでは文明社会（外見の支配）の悪徳から免れ，人間の自然な感覚に基づく教育が論じられているが，そこでめざされる有徳な市民を作る人間教育は，公教育ではなく私教育だった。

これに対して，憲法25条の生存権の文化的側面とも解される

「教育を受ける権利」（第26条1項）が歴史的に保障されるには，教育が公共的な（＝社会が保障すべき）ものになる必要があった。それを最初に論じたとされる思想家はコンドルセ侯爵（Marquis de Condorcet, 1743-94年）である。その議論は歴史的に，教育は子どもの権利であると同時に子どもを親（保護者による強制労働等）から解放するための義務であるという意味合いを持つことになる（同条2項参照）。この点でルソーの教育論は，今から見て問題があるとはいえ，逆に《公》教育の問題を浮かびあがらせる面があるのもたしかだろう。

◻読書案内

作田啓一『ルソー　市民と個人』白水Uブックス，2010年。
　　　ルソーはいわゆる政治思想の分野にとどまらない「人間革命」を唱えたといわれる思想家である。その意義について確認するために，今なお最初に読まれるべき現代の古典である。

永見文雄・三浦信孝・川出良枝編『ルソーと近代──ルソーの回帰・ルソーへの回帰』風行社，2014年。
　　　ルソー生誕300周年を記念した国際シンポジウムの成果である。ルソーに関する幅広い論点が見つかるはず。

永見瑞木「コンドルセにおける公教育の構想──科学と権力の関係をめぐって」『國家學會雑誌』120（1・2），2007年：121-186。
　　　本講義の最後に触れた公教育は政治思想ではいまだ発展途上のテーマである。まずはコンドルセを中心としたフランス革命期の公教育を展開する良論を手にとってみよう。

◼引用・参照文献

［第1次文献］

シィエス　2011『第三身分とは何か』稲本洋之助・伊藤洋一・川出良枝・松本英実訳，岩波文庫。

第 III 部　フランス革命の時代（18世紀）

ルソー　1974『人間不平等起源論』小林善彦訳，中公文庫。

ルソー，ジャン゠ジャック　2010『社会契約論』作田啓一訳，白水 U ブックス。

［第 2 次文献］

浦田一郎　1987『シエースの憲法思想』勁草書房。

シュミット，カール　2018『憲法論〔新装版〕』阿部照哉・村上義弘訳，みすず書房。

ジラール，ルネ　1971『欲望の現象学——ロマンティークの虚像とロマネスクの真実』古田幸男訳，法政大学出版局。

スタロバンスキー，ジャン　1973『ルソー　透明と障害』山路昭訳，みすず書房。

スタロバンスキー，ジャン　1993『モンテーニュは動く』早水洋太郎訳，みすず書房。

スタロバンスキー，ジャン　2019『告発と誘惑——ジャン゠ジャック・ルソー論』浜名優美・井上櫻子訳，法政大学出版局。

遅塚忠躬　1986『ロベスピエールとドリヴィエ——フランス革命の世界史的位置』東京大学出版会。

辻村みよ子　1989『フランス革命の憲法原理——近代憲法とジャコバン主義』日本評論社。

長谷部恭男　2013「世代間の均衡と全国民の代表」奥平康弘・樋口陽一編『危機の憲法学』弘文堂：第 7 章。

波多野敏　2016『生存権の困難——フランス革命における近代国家の形成と公的な扶助』勁草書房。

宮沢俊義　1971『憲法 II——基本的人権〔法律学全集 4〕新版』有斐閣。

ロールズ　2020『政治哲学史講義〈I〉』齋藤純一ほか訳，岩波現代文庫。

第10回 政党／代議制

エドマンド・バークとフランス革命

【集会・結社・表現の自由と通信の秘密】

第21条　集会，結社及び言論，出版その他一切の表現の自由は，これを保障する。

2　検閲は，これをしてはならない。通信の秘密は，これを侵してはならない。

【両議院の組織と国民代表】

第43条　両議院は，全国民を代表する選挙された議員でこれを組織する。

2　両議院の議員の定数は，法律でこれを定める。

● ● ●

「彼としては，ロベスピエールと同じように，公安に関係のない犯罪であるかぎりは，どんな犯罪に対しても，死刑を廃止することに喜んで同意したであろう。しかし国民の主権に対して犯された犯罪を死刑でもって罰しないとすれば，それは国家を裏切ることであろうと思っていた」（フランス 1977：123）。

アナトール・フランスの『神々は渇く』（1912年）の一節である。フランス革命期の恐怖政治（la Terreur）では国民主権の名の下に処刑が頻発，その凄惨な歴史を活写している。ハンナ・アーレントによれば，テロ（暴力行為）はナチスの全体主義の主要な構成要素の1つだったが，その淵源は大革命期の恐怖政治にある。それはルソーの政治思想の帰結だとしばしばいわれる。『社会契約論』で描

かれた人民主権はそれとは異質なものだとしても，恐怖政治は彼の思想のある面を具現しているのはたしかだろう。事実，恐怖政治を一時期先導したロベスピエールはルソーの弟子を自認していた（同書が革命以前にどれほど読まれていたかについては今なお論争があるが）。

これに対して，フランス革命とその国民主権の考え方を激しく論難した人物がドーバー海峡の彼方に現れた。保守思想の祖と呼ばれるエドマンド・バークである。またイギリスでは，フランス革命を逆に擁護し，バークと論戦を行った思想家も現れた。それ以前からアメリカ合衆国で人気を博していた，トマス・ペインである。

民衆の直接的な政治参加を重視したペインに対して，バークは代議制の意義を明らかにした。逆にいえば，直接的な民主政の問題点を指摘したのである。と同時に，バークの政治理論の思想史上の意義は，近代における政党のあり方を定義するとともに，その意味を明らかにした点にもある。日本国憲法には「政党」の記載はないが，最高裁は政党を「国民の政治意思を形成する最も有力な媒体」と述べている（1970年の最高裁大法廷判決・八幡製鉄政治献金事件）。

そこで，第21条1項の「結社」が「私的」なそれだけではなく「公的」なそれ（＝政党）も指すと考えられる（林 2013）。どちらかといえば，国家に対する政治的自由の担い手という意味合いがある前者を論じたのがフェデラリストだとすれば（→第7回），国家の統治メカニズムの実質的な構想要素をなす後者の結社（政党）を論じたのがバークだったといえる。

それでは，政党の役割とは何か，なぜ必要なのか。本講義では，バークの思想を手がかりにこれについてまずは考える。続いて，代議制がなぜ必要なのかについて，彼のフランス革命批判を中心にペインの革命論と対比させつつ考えてみよう。それは，バークの〈保守〉の論理を明らかにすることでもある。そこには単なる伝統の墨

守を超えた定理があり，それに注目することは，国制＝憲法そのものの意義やその改正の限界を問い直すことにもなるだろう。

1 バークの政党論と代議制

人と思想　バーク (Edmund Burke, 1729–97 年) はアイルランド・ダブリン生まれの政治家である。1750 年にロンドンに出て法律を学び始めるが，すぐに断念して執筆業に専念，『自然社会の擁護』(1756 年) と『崇高と美の観念の起源に関する哲学的考察』(1757 年) を出版し，高い評価を受けた。そして政治家秘書を務めたのち，1765 年に庶民院議員に選出される。議会ではホイッグ（のちの自由党）に属し，アメリカ植民地の主張を擁護したことで知られる。それが当時「リベラル」な政治家とみなされた要因の1つであるが，フランス革命が勃発すると，革命とこれを擁護したリチャード・プライスら急進派を糾弾したことで，後世には〈保守〉思想の祖とみなされることになる。

フランス革命の抽象的普遍主義を批判する一方，古来の国制の保守を主張した『フランス革命の省察』*Reflections on the Revolution in France*（1790 年）がバークの代表作だが，彼にとっての〈保守〉の意味はのちに登場する「保守主義」とずれがある点には注意しなければならない（→ コラム⑤）。その 20 年前にバークが著した『現代の不満の原因を論ず』*Thoughes on the*

バーク

第 III 部　フランス革命の時代（18 世紀）

Cause of the Present Discontents（1770 年）は，ジョージ 3 世の専制政治を批判したもので，今日でいえば紛れもなく「自由主義」的な主張を含む。また，同書は専制批判を通じて近代政治の政党の原則を定式化した点で政治学の古典とみなされている。

コラム⑤　保守は「右」といえるのか？

　政治（学）に関心を多少とも持つようになると，あの人は「右」だ，あのグループは「左」だといった表現がメディアで使われていることに気づき始めるのではないか。では，そもそもこの「右」や「左」とは何に由来するのだろうか？

　よく知られているように，政治における右・左の区別はフランス革命期の憲法制定議会（1789 年）の座席位置に由来する。すなわち，国王が人民の代表者の決定に対して拒否権を有するべきか，また二院制（要するに貴族院）が採用されるべきかどうかをめぐって，賛成する国王派が右側に，反対する共和派が左側に陣取ったのである。そこで，王政＝現行体制の維持を主張する点で，「右」は保守というイメージが持たれるようになったのは自然だっただろう。

　今日も「右」は保守であると一般に考えられ，それに対して「左」はリベラルであると暗に考えられる。しかし，右・左の区別と保守・リベラルの区別はつねに重なるわけではない。むしろ，当初はズレていた（！）。たとえば，フランス革命から四半世紀後の復古王政期に初めて「保守主義」が思想として登場するが，その代表的な論客の 1 人と目されたシャトーブリアン（François-René de Chateaubriand, 1768–1848 年）は王政や伝統的な価値を擁護する一方で，革命の理念を漸進的に受け容れながら王権を掣肘し個人の自由を保障することを擁護したのである（参考，高山裕二「保守・リベラル」野口雅弘・山本圭・高山裕二編『よくわかる政治思想』ミネルヴァ書房，2021 年，所収）。つまり，〈保守〉は少なくともリベラルではないという意味で「右」であるわけでは必ずしもなかった。

第 10 回　政党／代議制

　これに対して，20 世紀後半の保革イデオロギーの対立が，社会的
秩序の維持を求める「右」は保守で，社会的平等を求める「左」はリ
ベラルだという前提を生むようになった。さらに，冷戦体制が崩壊し
「革新」がなかば死語になると「左」がますますリベラルを名乗るよ
うになることで，右・左＝保守・リベラルという等式が定着したよう
に見える。しかし，このような等式は〈保守〉という思想が近代西洋
で持っていた豊穣なニュアンスを失わせてしまうおそれがある。それ
は本来，リベラルの価値（当初は社会的平等よりも個人の自由や多様
性といった価値）にも開かれた立場，態度を含意したはずなのに。

『現代の不満』と
政党論

名誉革命後，ホイッグの支配のもとで立憲
君主政を確立したイギリスにあって，ハ
ノーヴァー朝第 3 代国王となったジョージ
3 世の治世は 1760 年から 1820 年までと，それまでのイギリス国王
のなかで最長に及んだ。しかも同王朝で初めてとなるイギリス生ま
れの国王は親政を決意，議会に干渉することも厭わなかった。政治
腐敗も蔓延るその治世を「専制政治」と批判したのがホイッグの政
治家バークである。彼は王政を前提にしながら，その専制化（権力
の暴走）をいかに阻止するかを原点とした思想家だった。そこで
バークは，モンテスキューに学んだ同時代のフェデラリストのよう
に，二院制に専制化の阻止を期待しない。むしろ，政党がその役割
を担うべきだと論じたのである。

　政治思想史において，党派は共同体の結束や利益を乱すものとし
てその存在を否定されてきた（佐々木 2012：185-187）。これに対し
て，バーク以前に党派の問題に正面から取り組んだのはヒュームで
ある。たしかにヒュームにとっても「党派」は忌み嫌われるもの
だった。しかし，ヒュームによれば党派対立は不可避的なものであ

177

第III部　フランス革命の時代（18世紀）

る。そこで，より破壊的な種類の党派を避け，感情や原理ではなく利益に基づく党派を是認する。そのうえで，当時2大政党制が確立したイギリスにあって，「政党」を自由な政体に望ましいものと論じるに至る（「党派一派について」『政治道徳論集』（1758〔第1巻初版は1741〕年）。もっとも，それは「中庸を得た意見（moderate opinion）を奨励」するかぎりにおいてであって，「革新の精神」は有害だとされた（「党派の歩み寄りについて」（ヒューム 2011：397））。ヒュームは党派対立の破壊性を取り除く一方，その利点（活力）をいかすよう主張したのである（犬塚 2004：125-134）。

こうしてヒュームによってはあくまで消極的に定義された政党について，積極的な定義を行ったのがバークの『現代の不満』である。彼は政党を次のように定義する。「政党とは，全員が同意しているある特定の原理に基づき，共同の努力によって**国民的利益**（the national interest）を推進するために集結した人々の集まりである」（バーク 1973a：275）。バークは，ある特定の公的「原理」に基づく集団を政党（Party）と呼ぶことで，「民衆の普遍的感覚を無視し宮廷の**私的寵愛**に基づいて君臨する党派（a Faction ruling by the private inclinations of a Court）」と区別したのである。言うまでもなく，これは私的な寵愛が競われた当時の君主政治に対する批判をなしていた。

また，政党は「国民的利益」を推進する集団と理解された。この集団は現体制の専制の原因である私益追求と腐敗を阻止するだけでなく，国民の利益の推進を通じて王権に対して政治的バランスを創出する役割が期待されたのである。ただ，当時はそのバランス＝〈利益の多様性〉を担うのは諸階級であることが自明の前提とされた。ともあれ，こうして政党に重要な役割が与えられた背景には，彼特有の政治観と「代表」モデルがあった。

第 10 回　政党／代議制

２つの代表モデル

バークの政党論の背景をなす政治観を理解するうえで，しばしば比較参照されるルソーの「代理」モデルについて，まずは確認しておこう。ルソーの場合，人民主権は一般意志の統治を要請するものであり，そこで議員はあくまで「代理」にすぎない。これは「命令委任」の考え方に帰結し，議員は選挙区の人民の意志に絶対的に拘束されると考えられる。たとえば，彼の『ポーランド統治論』には次のような言葉が見られる。「国会議員は，国会で発する１語，彼がなす振舞いのひとつひとつにさいして，あらかじめその選挙人の目に見通されていなければならず……」（ルソー 2012：138）。この種の政治観を前提にするとき，人民全体の意志や利益が絶対的に優位する反面，私的な意志や利益とそれに根ざした党派集団（政党）にはきわめて消極的な評価が下されることになる。

たしかにルソーは私的結社の存在を認めていたが（→第９回），それが政治の積極的な構成要素と考えられることはありえない。これに対してバークの場合は，むしろ政治家が選挙区の人民の具体的な指示に拘束されることがあってはならない。彼ら自身が，〈一般の利益〉を考慮して行動すべきである。この点で，バークの行った「ブリストル演説」（1774 年）の一節は有名である。「一旦諸君〔選挙区民〕が彼〔議員〕を選出した瞬間からは，彼らはブリストルの成員ではなく英国議会の成員となるのである」。ここには，同じ国民（人民）主権といっても，「正当性の契機」（→第９回）に該当する考え方を見いだすことができる。そこで議員には，「理性と判断力」を兼ね備えた「代表」であることが求められる。

　　代表は己の偏りのない意見，成熟した判断，賢明な良心をあなた方〔選挙区の有権者〕のために放棄すべきではない。……あ

179

第 III 部　フランス革命の時代（18世紀）

　なた方の代表はあなた方に対して勤勉でなければならないだけ
　でなく判断をしなければならない。それをあなた方の意見のた
　めに放棄すれば，彼はあなた方に奉仕するのではなくて裏切る
　ことになる。（バーク　1973b：91–92）

　代議員が英国の利益に関する自身の判断を有権者の意見に従って
放棄することは，むしろその負託を放棄することに等しい。そして，
国民の負託に答えるべく，代表者が「国民的利益」を促進するのに
欠かせないのが，特定の原理に基づいて結集した政党である。

　もっとも，政治学ではこのような対比がしばしば用いられるもの
の（憲法学でも「プープル主権」と「ナシオン主権」の対立という構図で
同種の議論が展開されるが），最終的に意志決定をなす場合，なんら
かの「代表」作用が発動しないわけにはいかない（→**第9回**）。た
しかにルソーの場合は人民の直接参加を強調する（現実的という以上
に）修辞的な効果を狙った面もあろうが，たとえば集会で決定をな
すことを想像した場合，特定の個人であれ集団であれ誰かが（いわ
ゆる代表者でないとしても）決定を下すことにならざるをえない。

2　トマス・ペインと「フランス問題」

『コモン・センス』と
アメリカ革命

バークと同国人で，彼のフランス革命論を
批判したペイン（Thomas Paine, 1737–1809
年）をそれ以前に一躍有名にしたのは，ア
メリカ・フィラデルフィアで刊行された1つの冊子だった。もとも
と英国のコルセット職人の息子だったペインはフランクリンの知己
で1774年（37歳）に渡米，独立戦争が始まると『コモン・センス』
（1776年）を刊行し，君主政を批判する一方でアメリカ独立の正当

180

第 10 回 政党／代議制

性を主張したのである。アメリカ人を鼓舞した同書は，革命期になんと 50 万部を完売したという。

ペインは『コモン・センス』で，社会と政府の区別を強調し，政府を必要悪として論じた。「社会はわれわれの必要から生じ，政府はわれわれの悪徳から生じた。前者はわれわれを愛情で結合させることによって積極的に幸福を増進させるが，後者は悪徳を抑える

ペイン

ことによって消極的に幸福を増進させる。一方は仲良くさせようとするが，他方は差別をつくりだす。前者は保護者であるが，後者は処罰者である」（ペイン 1976：17）。この点でロックやアメリカ独立宣言の思想との類似を指摘することもできるが，ペインは政府に対してより懐疑的だった。彼の特徴は，代議制を主張する一方で，その基礎に直接民主政の理念がある（べきだ）と主張する点にこそ表出する。「われわれはこれまで，区別されるべき 2 つの異なる事柄，つまり合衆国の主権と議会においてこの主権を委任された代表とを混同してきた。……このことはおそらく，代表の性質を人民の意志を代表するものと思い違いしているためにおこったことだと思う」（「サイラス・ディーン事件」1778 年）（フィルプ 2007：65）。ペインによれば，直接民主政はそれだけでは堕落するため，その原理を代議制に接合する必要はあるが，政治参加によって社会的感情や公共心が育まれなければならないと考えられた。

『人間の権利』と
フランス革命

その後，イギリスに戻るとフランスで革命が勃発，「リベラル」と目されたバークがフランス人を「廃墟作りの達人」と批判し

181

第 III 部　フランス革命の時代（18 世紀）

たことに失望したペインは，バークの『フランス革命の省察』に反駁することを決意し『人間の権利』*Rights of Man* を出版した（第 1 部 1791 年，第 2 部 1792 年）。ここにいわゆる「フランス問題」が浮上した。同書はあらゆる層に広く読まれ，最初の 2 年間で約 10 万部が売れるベストセラーになった。

　なによりペインがバークと鋭く対立したのは，世襲による継承権（後世の人々を永遠に拘束する権利）を否定する点である。『人間の権利』にはこう書かれている。

　　　後世の人びとを「時の終わり」までも拘束し支配するような，あるいはこの世の中はどのように統治すればよいか，まただれが統治したらよいかを永久に命令する権利ないし権力を保持するようなものは，……存在するようなことは決してあってはならない。……わたしは生きている人びとの権利を擁護し，その権利が一片の紙切れだけで自分にありと称している死んだ人びとの権限によって奪いあげられ，支配され，契約の拘束を受けることに反対しているのだ。（ペイン　1971 : 24-25）

　同書第 2 部では，ロック流の結合契約とともに文明（市民）社会の自立が主張される。「文明は，完全になればなるほど，自分で自分のなすべきことを規制し，自分自身を統御して，政府を必要としなくなる」（同上 : 215）。そして，「世襲的政府はすべて，その性質上，圧政である」，「君主政は完全に詐欺」だと断じ（同上 : 226, 243），世襲的な貴族および君主政を糾弾した。このことが理由で，彼は煽動罪で有罪判決を受けることになる。

　他方で，ペインは憲法ないし立憲主義について人民による権力の構成という側面を強調した。「憲法は政府の行為ではなく，政府を

182

第 10 回　政党／代議制

形づくっている人民行為であり，憲法を持たない政府は権利を持た
ない政府である」（同上：246）。のちにハンナ・アーレントは，この
一文のうちにヨーロッパの制限君主政由来のものとは異なるアメリ
カ合衆国の憲法ないし立憲主義の「積極的」性格の表現を読み取る
ことになる（アレント 1995：227）。

　その後ペインは，フランスに渡って市民権を取得するとともに，
国民公会に選出され1791年憲法の起草委員にも任命される。だが，
ルイ16世の処刑に反対して山岳派との対立を深め，逮捕・投獄さ
れる。1794年末に釈放されてアメリカに戻るものの，当地で孤立
を深め，最期はニューヨークで不遇のうちに没した。『理性の時代』
The Age of Reason（1794年）で既成宗教を批判し理神論を唱えたこ
とが，その理由だったともいわれている。

3　時間の重みと〈保守〉の論理

フランス革命批判　　それに対して，バークがフランス革命を激
　　　　　　　　　　しく批判した理由は主に2つある。1つは
その革新性と抽象性，すべてをリセットするような「歴史」の軽視
である。バークは言う。「概して革命の精神は，利己的な性情と狭
隘な視野の産物である。自分の先祖を振り返ってみようとしない徒
輩は，決して自分の後裔にも目を向けないだろう」（バーク 2000,
上：65）（以下，引用は巻数と頁数のみ記す）。これに対してバークは
「**相続**」の意義を強調するが，改変をすべて否定したわけでは毛頭
ない。むしろ，継承されたものを徐々に改善してゆくことは可能で，
それは歴史を一度に改変してしまうような「**革新**」とは区別される
べきであるという。

　フランス革命は「人間の権利」を称揚するが，そのような非歴史

183

第 III 部　フランス革命の時代（18 世紀）

メストル

的な権利や権限などは存在しえない。しかも，非歴史的な権利なるものは歴史的な制約を受けないため，絶対・完全なものと理解され，妥協を許さないものになるという。「この錦の御旗の前には，どんな時効，どんな協約も効力がない。この権利は，いかなる妥協，いかなる調停も認めない」（上：108）。そうした権利の延長として人民の権利すなわち主権が唱えられ，それは無拘束・無制約な絶対的な権力と理解されるがゆえに，必然的に専制に帰結することになるとバークは主張した。

　ところで，「保守主義」というイデオロギーの始祖でフランス革命を「神罰」とのちに断じたメストル（Joseph-Marie de Maistre, 1753–1821 年）は，フランス人やロシア人には会ったことがあるが「人間には会ったことがない」と語ったのは有名な話である。この点で，バークをはじめ保守思想家たちは，ルソーと意外にも接近する。『社会契約論』の初稿，いわゆるジュネーヴ草稿でルソーは人類への一足飛びの発想には違和感を吐露している。「たしかに，人類という語は，それを構成する個人間のどんな現実の結合も前提としないような，純粋に集合的な観念しかよび起こさない。……だから，われわれは，国民(シトワイヤン)であったのちにはじめて，まさに人間となり始めるのである」（ルソー 2010：242, 248）。ルソーの場合は人類という発想を否定しているわけではないが，各人はまずは特定の国家の国民（都市の市民）であることがこの時代の政治思想家の共通の前提だったのだろう。

　バークがフランス革命を批判したもう 1 つの理由は，民衆の直接

184

性ないし均等性の要求である。フランス革命のように「純粋かつ平等な代表制度」と称して89区画に共和国を機械的に分解し，各選挙区の民意を直接・均等に表出しようとすることは，国全体の利益（国益）を損なう愚行にほかならない。そこで，バーク自身の代表観は次の一節に要約される。「代表制度は，よしんば各地域から選ばれるにせよ，等しく全体に関わる義務のはずである。……この統合点たる統治体は全体の受託者であり，諸部分のそれではない」（下：97）。この点で，革命期にフランスの側でそれともっとも近い見解をすでに示していたのはシィエスだろう（シィエス 2011：48-49）。

そもそも，完全な民主政治は無責任さを助長する統治であるとバークは言う。というのも，政治を担う人が増えれば恥を分け合う量は減るからだ（上：172）。ただ，バークが民衆による政治への関与を否定したわけでもない。たとえば，『現代の不満』のなかの次の一節にそれが部分的に現れている。「民衆の手による為政者の選出および民衆による報償と栄誉の配分は，自由な国家の第一義的長所の1つである」（バーク 1973a：224）。

〈保守〉の論理と「慣習」政治

このように，バークがフランスの革命を論難した背景には，母国イギリスの「革命協会」（憲法知識普及協会）が革命をフランスのそれと同定して擁護したことにある。従来イギリスで革命（the Revolution）といえば，歴史的に遂行された立憲政確立事業の帰結としての名誉革命を意味した。バークによれば，「名誉革命は，我々の古来の疑うべからざる法と自由の確保，つまり，我々の法と自由の唯一の保障に他ならぬ統治の古来の憲法（*ancient* constitution）の維持のために達成された」（上：61）。そこで，同協会のようにフランス革命を念頭に「彼らの為政者を選出する権利」と「彼らの為政

者を非行のゆえに放逐する権利」を支持するのは非歴史的であり，「革命」理解に反するという。

　たしかに，名誉革命に至る過程で議会そして国王は「権利の請願」と呼ばれる画期的な一連の権利を承認した。しかし，「議会は権利の請願と呼ばれるチャールズ1世第3年の有名な法律で，国王に対し『陛下の臣民はこの自由を相続してきた』旨を述べ，自らの公民権を，『人間の権利』なる抽象的原理ではなく，自分たちの先祖から引き継いだ家産として要請している」（上：63）。ここでもバークが歴史の改変，「連続性の一時的な解消」については，それを目立たなくする配慮をすることを条件に認めていることに留意したい。アメリカ独立問題における〈アメリカ人の自由〉の擁護はその一例だった。

　こうした議論には，〈保守〉の論理と呼べるような「**時効取得的 prescriptive**」という発想が見いだせる。「最初は暴力的だった政府をも長い慣行の結果次第に合法的な存在へと成熟させる」のは時効取得の発想である。つまり，およそ人間の権利は歴史的に長い時間をかけて獲得，継承されてきたものだという論理であり，それは絶対・完全のものではない時効のあるものだという発想である。そこで，改変可能で絶対的でもない，継承されてきたものに価値が置かれる理由は，それらが時間に耐えてきたものだからであり，実用的であるがために残ってきたことにある種の「重み」があるからである。それは畏怖の念から喚起される「崇高さ」の感覚さえ抱かれるべきものと考えられた（佐藤 2018：13）。

　そもそも人間は複雑で不完全な存在であるからこそ，時間に耐えてきた慣習や英知に依存せざるをえない。権力のあり方についても同様で，「単純な統治は，せいぜいよく言って根本的な欠陥品である」（上：114），そうバークは述べている。そこで，制度のなかの諸

部門が衝突することなく，お互いに補正・調整・均衡し合うのが政治のあるべき姿だとされる（上：67）。ここには，権力の均衡というよりは調和を優先する秩序像がある。他方で，すべてが討論の対象となる現代は不幸だといわれる理由は，それが利害衝突にほかならないからだ（上：168）。また，そのような分裂は多数派の少数派への抑圧をもたらし，しかもそれはフェデラリストが考えたように共和政を大規模にしても解決されないと考えられた（上：227）。

ともあれ，バークの（保守）思想によれば，伝統・慣行に惑溺し固執するよりは，それを現実に即して改良してゆくことが肝要である。そのとき，政党そしてそれに属する代議員の役割が大きいのは今も昔も変わらない。

4 「改正の限界」問題

バークの〈保守〉とは，伝統の墨守とは異なる「保存しながら同時に改革すること at once to preserve and to reform」だった。では，その点を踏まえたとき，constitution（憲法＝国制）の改変はどこまで認められるのか。最後にこの点を考えてみよう。

憲法学では，制憲権（主権）の所在の改変とともに根本規範（人権宣言の基本原則）を改変するような憲法改正には限界があると考えられてきた（芦部憲法：423-425）。この点で，主権の移行を伴う日本国憲法の制定が大日本帝国憲法の「改正」と理解できるかどうかは論者によって見解が異なる。ただどちらにせよ，その「革新」と呼べるような根本的な改変はバークの思想によれば認められないだろう。戦後の日本では，ポツダム宣言を受諾した時点で帝国憲法の基本原理は否定され，事実上の「革命」が起きたのだとする8月革命説（宮沢俊義）が説かれ，憲法改正限界論の立場から根本原理の変

187

第Ⅲ部　フランス革命の時代（18世紀）

更が正当化されてきたが（樋口憲法：69-70），そう考えればなおさら
バークにとって認められる改変とは言い難い。

　他面，今から見れば，この種の憲法＝国制上の変動が戦後日本に
おいていくつかの理由で定着することで，いわば「慣習」として受
け容れられてきたようにも見える。そこで，以前の「改正の限界」
に関するルールとは関係なく，現行の憲法がある種の正統性を帯び
ることになった（長谷部憲法：34-38）。この場合，憲法がバークの言
う意味で〈保守〉の対象となったと見ることもできる。保守すべき
かどうかは，どの時間に着目するかでも規準が違ってくるのだろう。

　日本国憲法については，その成り立ちから今日それを取り巻く時
代情況まで論争があるが，制定時とは異なる時間の「重み」をそれ
が獲得してきたのはたしかである。しかしそれは同時に，解釈を含
めて時間とともに今後も変化を余儀なくされる時効の対象でもあろ
う。もっとも，「改正」の対象になりえない根本規範があるという
のが日本国憲法の「近代的」憲法としての立場である。

□読書案内

宇野重規『保守主義とは何か――反フランス革命から現代日本まで』中公
　新書，2016年。

　　　18世紀から現代日本に至るまでの保守主義の軌跡を丁寧に辿り，わ
　　かりやすく解説した「保守」思想に関する格好の入門書として，お薦
　　めしたい。

尾高朝雄『国民主権と天皇制』講談社学術文庫，2019年。（原著は
　1954年）

　　　憲法学者・宮沢俊義の8月革命説（『憲法の原理』岩波書店，1967年，
　　所収）に異論を唱えた法哲学者・尾高朝雄が提示した「ノモスの主権」
　　論を収録。その論争の是非は別にして，「実力としての主権」（国民の
　　憲法制定権力）の危うさを披瀝した考察として，今こそ一考に値する。

188

同時代的に「右寄り」とされた尾高が実は「協同主義」とその背後に
ある普遍的理念を戦前・戦後に希求した点につき，文庫版解説［石川
健治］も参照されたい。

バーリン『反啓蒙思想 他二篇』松本礼二編，岩波文庫，2021年。
　　　保守思想のなかには反啓蒙や反革命という系譜がある。それを代表
するヴィーコやヘルダーさらにはメストルに関する，稀代の現代政治
理論家バーリンによる珠玉の論文集である。

▰引用・参照文献

［第1次文献］

バーク　1973a『エドマンド・バーク著作集〈1〉』中野好之訳，みすず書房。

バーク　1973b『エドマンド・バーク著作集〈2〉』中野好之訳，みすず書房。

バーク　2000『フランス革命についての省察〈上・下〉』中野好之訳，岩波
　　文庫。

ペイン，トマス　1971『人間の権利』西川正身訳，岩波文庫。

ペイン，トーマス　1976『コモン・センス 他三篇』小松春雄訳，岩波文庫。

ルソー，ジャン＝ジャック　2012「ポーランド統治論」『ルソー・コレクショ
　　ン 政治』川出良枝選／遅塚忠躬・永見文雄訳，白水社，所収。

［第2次文献］

アレント，ハンナ　1995『革命について』志水速雄訳，ちくま学芸文庫。

犬塚元　2004『デイヴィッド・ヒュームの政治学』東京大学出版会。

佐々木毅　2012『政治学講義〔第2版〕』東京大学出版会。

佐藤一進　2018「バークは保守主義者なのか」『政治思想研究』18：7-20頁。

林知更　2013「25 政党の位置づけ」『論点探求 憲法〔第2版〕』小山剛・駒
　　村圭吾編，弘文堂：287-299頁。

フィルプ，マーク　2007『トマス・ペイン──国際派革命知識人の生涯』田
　　中浩・梅田百合香訳，未來社。

フランス，アナトール　1977『神々は渇く』大塚幸男訳，岩波文庫。

第11回 自衛権／公務員

カントとリアルな平和論

前文（第2段）　日本国民は，恒久の平和を念願し，人間相互の関係を支配する崇高な理想を深く自覚するのであつて，平和を愛する諸国民の公正と信義に信頼して，われらの安全と生存を保持しようと決意した。われらは，平和を維持し，専制と隷従，圧迫と偏狭を地上から永遠に除去しようと努めてゐる国際社会において，名誉ある地位を占めたいと思ふ。われらは，全世界の国民が，ひとしく恐怖と欠乏から免かれ，平和のうちに生存する権利を有することを確認する。

【戦争の放棄，戦力及び交戦権の否認】

第9条　日本国民は，正義と秩序を基調とする国際平和を誠実に希求し，国権の発動たる戦争と，武力による威嚇又は武力の行使は，国際紛争を解決する手段としては，永久にこれを放棄する。

2　前項の目的を達するため，陸海空軍その他の戦力は，これを保持しない。国の交戦権は，これを認めない。

【公務員の選定罷免権，公務員の使命，普通選挙及び，秘密投票の保障】

第15条　公務員を選定し，及びこれを罷免することは，国民固有の権利である。

2　すべて公務員は，全体の奉仕者であつて，一部の奉仕者ではない。

3　公務員の選挙については，成年者による普通選挙を保障する。

4　すべて選挙における投票の秘密は，これを侵してはならない。選挙人は，その選択に関し公的にも私的にも責任を問はれない。

第11回　自衛権／公務員

◉ ◉ ◉

　平和主義は言わずと知れた日本国憲法の基本3原則の1つである。前文第2段では国際協調主義が唱えられ，また第9条を文字通り読めば，戦力（軍隊）の保持が否定されているといえるのではないか。しかし，日本政府は自衛隊（根本的には自衛権）の存在を認めてきた。なぜか？　それを認めたうえでの「平和主義」とはいったいありうるのだろうか？

　憲法学では，その解釈自体が「違憲」だという見解はなお有力であるが，本講義では，現に日本政治を動かしている憲法の解釈を念頭に，第9条の背景にあると考えうる思想としてカントの政治思想に注目してみたい。実際，自衛のための「実力行使」を肯定する平和論の歴史を遡ってゆくと，その思想的淵源の1つとしてカントの「リアルな」平和論に行き着く。それは絶対（何が何でも戦争や武器の使用を否定する）平和主義とは異なる。カントは，軍隊（常備軍）を否定しながら自衛権とそのための戦争を肯定したのである。彼の平和論を検討することで，自衛権の許容範囲はどこまでか，またそれと両立するような9条解釈，あるいはむしろそれとズレをきたすような解釈とその問題点を浮かびあがらせることができるのではないか。

　カントの『永遠平和のために』は永遠平和思想（平和主義）を唱え，以後の政治（思想）に直接・間接の影響を与えた。そのなかには，ウィルソン米国大統領の提唱した国際連盟（League of Nations），1928年に締結されたパリ不戦条約（別

パリ不戦条約調印式（1928年8月27日）

191

第 III 部　フランス革命の時代（18 世紀）

名：ケロッグ–ブリアン条約），45 年に調印された国際連合憲章など
がある。日本国憲法は，カントの政治思想に影響を受けたというよ
りも，これらの歴史的な文章や出来事を介して結果的にその影響が
及んでいるといえる。しかも，彼の平和論の諸条項は戦後日本の憲
法 9 条解釈と無関係ではなかったとされる（小島 2018：121–122）。

　加えて，本講義では最後に，カントの政治哲学の中心をなす公共
性の理念を紹介する。そうすることで，公務員の地位を規定した日
本国憲法 15 条，特に第 2 項の「全体の奉仕者」という規定につい
てどう理解されるべきかについて考えてみたい。同条文への影響は
知られていないが，カント思想に照らしてみることで新たな理解の
可能性を探ってみよう。

● ● ●

1　ドイツ観念論と《自律》の政治思想

2 つの自由と
人間の尊厳

カント（Immanuel Kant, 1724–1804 年）はケー
ニヒスベルク（当時プロイセン王国領）とい
う街に，馬具職人の 4 番目の子として生ま
れた。彼が同大学教授となり，生涯のほとんどを過ごしたこの港町
は現在カリーニングラードと呼ばれるロシア領に属する。もともと
王国の飛地だった同地は 1758 年，カントが 30 代のときにロシアに
占領された。彼は現在のドイツ連邦を含め「他国」を訪問すること
はなかったが，そうした「国際」経験はのちの永遠平和論に反映さ
れているかもしれない。

　ようやく教授職に就いた 1770 年代は，カントの壮大な哲学体系
（「超越論的観念論」）の創始に向けた充電期間となる。当時，ライプ
ニッツの弟子ヴォルフにおいて合理主義哲学の影響が 1 つの頂点を

192

迎えていたが、これに対してカントはヒューム思想に出会うことで、その哲学に懐疑を覚えるようになったという。ヒュームによれば、認識とは感覚に基づく印象の積み重ねにすぎない。カントはこの理性への懐疑から出発して、認識における**コペルニクス的転回**と呼ばれるものに行き着く。つまり、われわれの認識が対象に従っているのではなく、対象が認識に従っているのだ、そう

カント

考えれば認識の普遍性や必然性は確保できると思い至ったのである。

　カントは『純粋理性批判』(1781年) において、感覚器官から受容する印象を超えて対象を認識することは可能であること、すなわち理性の《自律》を主張したのである。しかし逆に、理性は人間の認識能力によって頭の中に描き出される現象を超えてモノそれ自体を認識することはできず、神の存在証明も理性の越権行為であると論じ、理性の限界を同時に定めた点が重要である。

　理性の《自律》を消極的自由だとすれば、カントの実践理性の議論は積極的自由を指摘したものとみなすことができる (小野 1994：182)。カントは『実践理性批判』(1788年) で、人間は実践理性 (道徳の領域における理性の働き) によって自然界の因果法則あるいは感覚 (欲望) から解放され、**道徳法則**に従うべきだと述べる。それが「積極的」自由であるといえる理由は、この場合に彼らが従うのはみずからの理性が定めた法 (則) だからだ。それはカントによって、「汝の意志の格率〔行動規範〕がつねに同時に普遍的立法の原理となるように行為しなさい」という、無条件に「～しなさい」という**定言命法**として定式化された (定言命法の根本方式)。

また，『人倫の形而上学の基礎づけ』（1785 年）では，それが他人も同様に自己で定めた法（則）に従う＝自律した「人格」として尊重されなければならないというかたちで定式化される。すなわち，それは相手を「モノ」とみなすことなく，手段ではなく目的として尊重すべきだと表現される（定言命法の「第二方式」）。こうした定言命法の方式はカント政治哲学の核心をなし，平和論の土台になると考えられるが，その機縁となったのは，カント自身が「私は人間を尊敬することを学んだ」とノートに書いているように，ルソーの読書体験だった。『エミール』第 4 篇に挿入された「サヴォアの助任司祭の信仰告白」という文章には，人間は「知性を持つ能動的な存在」であって，情動や感覚を超え良心に従って行動することに自由は存すると書かれている。同書を読んで衝撃を受けたカントが，日課の散歩を忘れたというエピソードは有名である。

カントは『人倫の形而上学』（1797 年）第 2 部徳論で，前記の定言命法を再述している。「そしてこの点にこそ，まさに**人間の尊厳（人格性）**があるのであって，これによって人間は人間ではなくて使用されることのできる他のすべての世界の存在，すなわちすべてのモノの上にあるのである」（カント 1972：629）。こうして，思想（理念）史上ルソーを経由したカント哲学において，人間は「どのような価格も持たず」，交換可能な「等価物をも持たない 1 つの価値」を有する存在として現れることになったのである。

国家と「国際国家」の理念

それでは，カントにとって自由＝自己立法を実現するような国家とはどのように作られるのだろうか。彼によれば，国家とは道徳法則が——ある行為の動機の正しさを問う「道徳」とは区別される——法というかたちをとって支配する共同体（公共体）を意味する（『人倫の形而上学』第 1 部法論）。それは，各人が「自然状態」か

ら〈共通の法に服する**市民的状態**（status civilis）〉へ移行する「根源的契約」を結ぶことで形成されるという。それは理性によって必然的に生じる契約であって，事実として起こる必要はないしそれは不可能だとしても（「理論と実践」〔カント 2000：197〕），「理念における国家」として現実的な政治統合に対する「規範」をなすといわれる（カント 1972：450-451）。これに対して，現実に現れる国家は，政府の種類（担い手）によって独裁政，貴族政，民主政に分類されると考えられた（同上：483）。

　他方で，カントは国家と同時に「国際国家」のあり方を早くから考察していた。彼は『永遠平和のために』以前に，いわゆる歴史哲学論文のなかで，「世界的」な市民的状態を構想している。「世界市民という観点から見た普遍史の理念」（1784 年）という論文のなかで，その状態に向かうことが世界史の趨勢，自然な歩みであるとしたうえで，具体的には「国際連合」の実現を通じてそれが達成されるという。その第 7 命題には次のように書かれている。

　　ここで国家はすべて，最小の国家でさえも，自国の軍隊や自国の法律上の判決からではなく，もっぱらこの大きな国際連合（アンフィクチオン同盟）すなわち統一された権力と統一された意志の法に則った決断から，自国の安全と権利を期待することができる。
　　そして人類は，この法に効力を与える統一的権力を，したがって国家の公的安全保証のある世界市民的状態を導入せざるをえなくなるのである。（カント 2000：13, 15）

　特筆すべきなのは，カントの考える国際連合が強制力を備えた「合法的な体制」として樹立されるべきだと考えられていることで

ある。また，前年に書かれた論文「理論と実践」（1793年）では，
世界市民的体制の導入として「普遍的な国際国家」の理念（格率＝
人間と国家との関係はいかにあるべきかという法原理）が仮説として提
唱されている（同上：III）。その実現は不確実だとしても，めざすべ
きモデルとして構想されている意味は小さくない。それは今後も理
念としては拒否されることはないだろう（石田 2014：109）。

　なお，カントは論文「普遍史の理念」で，商業の拡大に伴って戦
争を回避したいとする各国の思惑も世界史の趨勢に寄与すると考え，
利益（産業）の観点から同体制の樹立の可能性を補論しているが
（第8命題），これには今日根強い批判がある。たとえば，現代ドイ
ツの政治哲学者ハーバーマスは，カントは商業化＝資本主義の暴力
性を無視している，少なくとも予測できなかったといって痛罵した
（ハーバーマス 2006）。カントは，商業の拡大に伴う影の面，内政の
階級闘争と外交の好戦的な帝国主義を見逃したのだ，と。

2　永遠平和に向けた具体的な構想

予備条項と
常備軍の廃止

同じく晩年に著された『永遠平和のため
に』*Zum ewigen Frieden*（1795年）は，予
想外にも，「国際国家」の理想を唱えた作
品ではない。むしろ，従前のカントの理念をいかにリアル（現実主
義的）に実現するか，そのために具体的な構想を提示した平和論と
いえる。それは，永遠平和実現の条件としての6つの予備条項と，
永遠平和実現の具体案としての3つの確定条項から構成されている。

　予備条項は次の6点からなる。

① 　将来の戦争の原因を含む平和条約は，そもそも平和条約とみな
　してはならない。

② 独立して存続している国は，その大小を問わず，継承，交換，売却，贈与などの方法で，他の国家の所有とされてはならない。

③ 常備軍（miles perpetuus）は，いずれは全廃すべきである。

④ 国家は対外的な紛争を理由に，国債を発行してはならない。

⑤ いかなる国も他国の体制や統治に，暴力をもって干渉してはならない。

⑥ いかなる国も他国との戦争において，将来の和平において相互の信頼を不可能にするような敵対行為をしてはならない。たとえば，暗殺者や毒殺者を利用すること，降伏条約を破棄すること，戦争の相手国での暴動を扇動することなどである。

　ここでは，常備軍の廃絶を規定した第3条項に注目しよう。その廃絶理由として3点が挙げられる。(1)戦争の絶えざる脅威，(2)軍拡の恐れと軍事費の負担，(3)「**人格における人間性の権利**」との不一致。第3の理由については，こう説明されている。「常備軍の兵士は，人を殺害するため，または人に殺害されるために雇われるのであり，これは他者（国家）が自由に使うことのできる機械や道具として人間を使用するということである。これはわれわれの人格における人間性の権利と一致しないことだろう」（カント 2006：153。以下，特に指示のない場合は（カント 2006）から引用する）。ここではカント哲学の定言命法，〈人間の尊厳〉の理念が平和論に応用されているといえよう。

　ただ，同条項には2つの重要な注記がある。1つは自衛戦争の留保である。「もっとも，国民がみずからと祖国を防衛するために，外敵からの攻撃に備えて，自発的に武器をとって定期的に訓練を行うことは，常備軍とはまったく異なる事柄である」。もう1つは予備条項の性格の相違であり，①⑤⑥は権力者が「状況にかかわらず適用すべき厳格な性質のもので」強制法であるのに対して，②③④

は「状況に応じて主観的に適用を加減」または延期できる任意法である。つまり，第3条項は状況に応じた解釈が許容されるのである。

このようにカントの永遠平和論は，常備「軍」の廃止を唱える一方で，その幅のある解釈を認め，またなにより自衛権そして自衛のための戦争を条件付きで肯定している。これは，日本国憲法9条の自衛権（限定すれば個別的自衛権）を認め，自衛隊をそのための「実力（≠軍隊)」とする解釈に合致するといえそうである。

ただし，自衛隊は本当に「常備軍」ではないのかという疑念は残る。また，そうした解釈には武力の不保持という制憲者の意図，すなわち非武装平和主義の観点から考えた場合，大きな問題があるという指摘もありうる。

本書では，日本国憲法制定の文脈については触れられないが，同憲法の場合はそれが受容された国内外の状況とともに，第9条2項の非武装規定が「それを可能とする国際環境」の形成に向けた非軍事的な活動を国に要請する前文とセットで考えられねばならないという面がある（佐々木 2015：296–300)。そもそもカントの理想が憲法前文（第2段）の理念と調和する面があることを考え合わせると，無視できない論点だろう。

確定条項と
あるべき政治体制

前述の通り，カントは永遠平和実現の具体案も検討している。その確定条項の第1条項が，「どの国の市民的な体制も，共和的なものであること」である。その構成条件は，社会の全成員が，(1)自由で，(2)共通の法へ従属し，(3)平等であることだという。

では，なぜ共和政が望ましいのか。『永遠平和のために』の著者によれば，政治体制は統治の形式（統治者の数）と方法によって分類でき，統治方法はその体制が「共和的」か「専制的」かという基準によって区分される。つまり，「行政権（統治権）が立法権と分離

第 11 回　自衛権／公務員

ケース⑤　憲法 9 条は自衛権を認めるか？

【砂川訴訟（百選Ⅱ・163）】

　米軍の駐留およびそれを認める日米安全保障条約は違憲であるかどうかが争われたケース（最高裁 1959 年 12 月 16 日大法廷判決）。

　最高裁は、「本件安全保障条約は、前述のごとく、主権国としてのわが国の存立の基礎に極めて重大な関係を持つ高度の政治性を有するものというべきであって」、「統治行為論」（ケース③）の観点から同条約が違憲かどうかは司法の判断に馴染まないとして訴えを退けた。ただし、「外国の軍隊は……ここ〔第 9 条〕にいう戦力には該当しない」として、米軍の駐留は違憲ではないと判示した。

　本講義にとって、このケースが重要なのはまず、日本国憲法は——第 9 条から直接導かれていないが——自衛権を当然の前提としていると解釈していることである。いわく、「しかしもちろんこれによりわが国が主権国として持つ固有の自衛権は何ら否定されたものではなく、我が憲法の平和主義は決して無防備、無抵抗を定めたものではないのである」。そのうえで、「戦力の不保持を規定したのは、わが国がいわゆる戦力を保持し、……いわゆる侵略戦争を引き起こすがごときことのないように」するためだと述べ、第 9 条で禁止する「戦力」とはあくまで〈侵略戦争のための武力〉のことで、そうではない自衛のための「実力」は認められることを示唆した点が重要である。

　この意味で、「戦力」にあたらない自衛権の思想上の由来を辿れば、カントに行き着くとひとまずいえそうである。とはいえ、カントと共に考える必要があるのは、「侵略戦争を引き起こす」戦力とはどういったものか、また自衛権が侵略戦争を招かないという保障はなく、その歯止めとなるものは何か、といった諸点のほうである。

されている国家原理」か「国家がみずから定めた法律を独断で執行する国家原理」かという基準で、後者の場合、統治者の「私的な意志」が「公的な意志」として行使される「専制」となる。こうして

199

第 III 部　フランス革命の時代（18世紀）

カントは，政治体制として権力分立，特に行政権と立法権の分離を重視し，両者が一致した「共和的」ではない「専制的」体制は永遠平和へと導く「市民的」体制の基盤になりえないと考えたのである。

　この点で，代議制ではない（立法者が執行者ともなる）民主政は「言葉の本来の意味において必然的に専制」であるとされる（2年後刊行の『人倫の形而上学』第1部法論〔カント 1972：483-484〕では，民主政ではなく独裁政が「専制となる傾向が非常に大きい」と言われる一方，同著では共和政の原理がより深く考察され，前述のような「理念における国家」としての「純粋共和政」〔同上：485-486〕が構想される〔網谷2018：第4章参照〕）。これに対して共和政が望ましいのは，対内的に専制を阻止するだけでなく，次のような理由で対外的に戦争を回避する体制だと考えられたためである。

| デモクラティック・ピース？ | 権力分立という点でカントの言う共和政は，議院内閣制を採用している日本も含む現代国家の民主政に近い。 |

しかし，『永遠平和のために』によれば，共和政国家は対外的に戦争を回避する，その意味で「永遠平和という望ましい成果を実現する可能性」があるという。その理由は，次の3点に分けることができる。

①開戦には国民の同意が必要

　そして国民は戦争を始めた場合にみずからにふりかかってくる恐れのあるすべての事柄について，決断しなければならなくなる。

②「自衛」（徴兵制）の負担

　みずから兵士として戦わなければならないし，戦争の経費を自分の資産から支払わねばならないし，戦争が残す惨禍をつぐなわねばならない。

③平和の時期も戦費を負担

　だから国民は，このような割に合わない〈ばくち〉を始めるこ

とに慎重になるのはごく当然のことである。

　なるほど，これは民主化が進めば民主政国家同士は戦争を回避する傾向があるため戦争は少なくなるという，現代に流行した**デモクラティック・ピース（民主的平和）論**の先駆けの議論にも見える。だが，カントの議論はそれと同じではない点は強調しておかなければならない。現代の民主政国家では，①開戦に明示的な「国民の同意」が必要かどうかは定かではなく，②おそらく戦争回避の最大の理由になりうる（共和政のような）徴兵制を全国民に課すことは基本的にはない。さらに，③軍需産業の拡大によって戦争は経済的な損失が大きいということは少なくとも国民のある層についてはいえない。もっとも，それはカントが否定した常備軍が現代国家には残っているためでもあるが。

　結局，常備軍の廃止と自衛戦争の肯定という予備条項は，この確定条項（共和政の条件＝自衛戦争制約のための条件）とセットで考えられなければならないということになる。たとえば，徴兵制を採用しない現代日本の民主政治における第9条の解釈に前者（＝予備条項）を無条件に適用することには慎重でなければならないだろう（樋口 2000：218-219 も参照）。その場合には，戦争回避の条件もあわせて検討される必要がある。

3　「国連」の構想と安全保障体制

　　　　国際的な連合　　　　『永遠平和のために』の第2確定条項には，「国際法は，自由な国家の連合に基礎を置くべきこと」とある。ここで想定されているのは，「**国際的な連合**」であって「国際的に統一された国際的な国家」ではない。すなわち，各国が「威厳」（カント 2000：269），すなわち法的強制力（主権）を

第 III 部　フランス革命の時代（18世紀）

持った状態にとどまるとされる。「というのはどの国家もすでに国内では法的な体制を確立しているので，ある国がみずからの法の概念に従って他国に命令しようとしても効力はないのである」（カント 2006：180）。これはある意味で，前記の論文で示された連合が強制力を伴う構想や国際国家の理念からの後退といえる。

　政治思想史上では，カントの「現実的」認識は「ホッブズ路線」の継承とみなされ，グロティウスやプーフェンドルフら国際法学者（従来の平和思想）を批判する試みと位置づけられる（タック 2015：第7章）。実際，カント自身も「国際的な連合」構想を「1つの世界共和国という理念の代用として，消極的な理念」であると認めている。これに対してハーバーマスは，法的強制力の欠如の問題を提起している。「カントの国際連盟は，……強制権を獲得している機構だとは考えられていない以上，カントには，法的な義務づけを意図することは不可能なのである。それゆえに彼は，もっぱら政府の道徳的な自己拘束を信じるほかないのだ」（ハーバーマス 2006：114）。さらに，暴力（戦争）の予防だけでなく複数の集団間の緊張を緩和するプロセスとしての「平和」理解がカントには欠如していると，その批判は手厳しい。

　とはいえ，「国際的な連合」に代わりうる平和の具体的な構想となると簡単ではない。むしろ，『永遠平和のために』の著者はその構想を「現実主義的」に実現する方途を示した点で評価されるべきではないか。現代政治理論でこの点を継承したのは，ジョン・ロールズである。ロールズは「万民の法」の構想のなかで主権国家を前提とした「国際的な連合」の議論を「非理想理論」として積極的に展開したのである（ロールズ 1998：VI）。

「国際的」自衛権？

「国際的な連合」のもとでの自衛ないし安全保障についてはどうだろうか。国連を中

202

心とした集団安全保障体制に自衛のために参加することはカントの思想から認められるだろうか。1990年代以降の日本でも、「国際貢献」という新たな論理のもとで、同様な議論がなされてきたことを考え合わせると、空虚な問いでもないだろう（巻 2018：48参照）。たしかに、カントはそれについて明言しておらず、推測するほかないが、少なくとも「世界政府」あるいは世界規模の共和政が現存しない以上、「自衛権」をそのように拡張することには賛成しないだろう（この点は予備条項⑤も参照）。

逆に、カントの唱えるように世界が「市民的」体制に向かうとすれば、自衛戦争の必要もなくなるのかもしれないが、少なくとも彼はリアルにはそのように考えなかった。とはいえ、「国際的な連合」のもとで「国際的（集団的？）」に自衛権が行使される可能性をもしカントが問うなら、その歯止めとなるものについて合わせて議論したはずである。

最後に、第3確定条項には、「世界市民法は普遍的な歓待の条件に制限されるべきこと」とある。歓待＝「友好」（カント 2000：274）は、日本国憲法前文の理念を想起させるが、各国市民の共存のための最低限の条件だと考えられている。これは、空想と批判されかねない理念だろう。なるほど、カントは理念と実践の間で思索を止めなかった類まれな思想家で、永遠平和を「リアル」に希求したといっても、その背後に一個の理念ないし理想があった。それゆえ、その永遠平和論は一見「現実」に靡いているようで、よく読むと「現実」を創造してゆく力がある。その点で使い方によっては、憲法9条自体も似たところがあるのかもしれない。

第 III 部　フランス革命の時代（18 世紀）

4　公務員と公共性——理性の公共的使用をめぐって

**言論の自由と
理性の「公共的」使用**

カントの政治思想としては平和論が有名だが，その本領は共和政下で自由がいかに保障されるかに関する哲学的な思索にある。最後にこの点に触れておきたい。

　前掲論文「理論と実践」によれば，「公共の福祉（salus publica）は最高の公法である」というキケロが唱えた命題を共和政は前提とする（カント 2000：199）。しかし，「公共の福祉」とは各人の幸福ではなく，なにより自由の保障であるという点がカントに独自である。そのうえで，前記のように公共体（共和政）の樹立には「根源的契約」が前提とされ，立法者はその理念に照らして国民が同意可能な公法を作ると想定される一方，権力者が無知であることもないわけではない。ただ，その場合国民には抵抗権は認められないとされるため，「言論の自由が国民の権利の唯一の守護神である」と主張される（同上：209）。

　要するに，思想・良心の自由では不十分なのだ。そもそも内面の精神活動は信教の自由のように外面に現れる精神活動と一体であるというだけではない。共和政においては後者が不可欠な理由がある。カントは論文「思考の方向を定めるとはどういうことか」（1786 年）で次のように語る。「他人に自分の思想を伝達しまた他人が彼らの思想をわれわれに伝達するというようにして，いわば他人と共同して考えることがなければ，われわれはどれだけのことを，どれほどの正しさをもって考えるであろうか！」（カント 2002：84）。人間が正しく考えること＝啓蒙のためにも，共同的思考とそのための**理性の「公共的」使用**が必要であると説いているのである。

204

第 11 回　自衛権／公務員

　こうしたカントの公共性論への注目に大きく貢献した政治思想家は，ハンナ・アーレント（Hannah Arendt, 1906–75 年）である。これまで，感覚（経験）を排除した認識と道徳法則への服従を説くカント哲学は「政治（公共の言論や行為）」とは無縁だと考えられてきた。これに対して，アーレントは『カント政治哲学の講義』（1982 年）において，3 批判書の 1 つ『判断力批判』（1790 年）では人間の判断が他者の存在を不可欠の前提とするとされていることに注目した。すなわち，人は自分の判断が普遍的に妥当であるために他者の立場に立って考えようとするとカントは論じることで，理性の「公共的」使用の可能性とその意義を示したと考えられるのである。

アーレント

《公》と〈公共〉の相違

　カントの考える〈公共〉は日本語で一般的に考えられる《公》とはかなり異質である。それは公務員のあり方にもかかわる。カントは「啓蒙とは何か」（1784 年）という論文で，人間の理性の「公共的」使用は自由だが，「私的」利用はきわめて厳しく制約されるべきだと述べる。おそらく驚くべきことに，軍人や税関であれ公務員も職場の地位に基づいて発言する場合は「私的」であるとされる。一方，その職務をいったん終えて全公衆の前で理性を用いて訴えることは「公共的」であると考えられる。「〔行政〕機構のこの役割を担う同じ人が，同時にみずからを公共体全体の一員，そればかりかさらに世界市民社会の一員とみなすかぎり，したがって書物を通して本来の意味で公衆に語りかける学者の資格においてそうするなら

205

第III部　フランス革命の時代（18世紀）

ば，その人にはもちろん議論することが許される」（カント 2000：28）。

したがって，カントによれば，公務員が「全体の奉仕者」（第15条）であるためには，職場で上司の命令にひたすら従うだけでは十分ではない。本当に〈公共〉に奉仕するためには，時には組織の不正を世界に訴え出る必要があると考えられるのである。共和政のもとで市民は法や規則を遵守する義務を負いながらも，その妥当性を吟味する「立法者」の立場をとることができ，それは政治的意志を表明する1つの手段なのだ（金 2017：60）。

理性の「公共的」使用によって人間は「未成年状態から抜け出す」，すなわち啓蒙されるとカントは説いた。それは永遠平和の理念の実現に欠かせない条件であるに違いない。では，ポスト・カントの世界にある私たちの時代はどれだけ啓蒙されたと言えるだろうか。カントの理念と現実あるいは憲法条文の解釈とのズレの発見は，私たちの思考を刺激し続けてゆく。

📖読書案内

池内紀『カント先生の散歩』潮文庫，2016年。

　　カントをはじめドイツ系哲学は衒学的だというイメージを持たれがちだが，そんなときはまずその思想家の「人間」に触れてみるのもいい。本書を読めば，「カントには，ひたすら思索の塔にこもっていた哲学者のイメージがあるが，まるきり違うことがわかるだろう」。

坂部恵『理性の不安——カント哲学の生成と構造』勁草書房，1976年（改装版2001年）。

　　カントは人間の合理性を徹底させたという印象が強いが，そうであるがゆえに「理性批判」を展開した。その思考の根底には，「近代的」主体あるいは西洋の合理性の存立をおびやかす無定形な不安がうごめいていたことを魅力的に論じた，カント思想の高質な案内書である。

長谷部恭男『憲法と平和を問いなおす』ちくま新書，2004 年：第 8 章。
　　平和主義には絶対的なそれと限定的なそれがあることについて論理
　的に説明される。本講義のカント解釈は後者の「穏和な平和主義」か
　ら着想を得ている。第 9 条やその平和主義について政治学から論じる
　前提としてもぜひ読んでおきたい一冊である。

▉ 引用・参照文献

［第 1 次文献］

カント　1972「人倫の形而上学」『世界の名著 32』野田又夫訳，中央公論社，
　所収。

カント　2000「世界市民的見地における普遍史の理念」（福田喜一郎訳），
　「啓蒙とは何か」（同訳），「理論と実践」（北尾宏之訳），「永遠平和のため
　に」（遠山義孝訳）『カント全集〈14〉歴史哲学論集』坂部恵・有福孝
　岳・牧野英二編，岩波書店。

カント　2002「思考の方向を定めるとはどういうことか」『カント全集〈13〉
　批判期論集』円谷裕二訳，岩波書店。

カント　2006『永遠平和のために』中山元訳，光文社古典新訳文庫。

［第 2 次文献］

網谷壮介　2018『共和制の理念――イマヌエル・カントと一八世紀末プロイ
　センの「理論と実践」論争』法政大学出版局。

石田京子　2014「カントによる〈世界共和国否定論〉の再検討」『哲学』65
　号：103-117 頁。

小野紀明　1994「理性と自由――カント」中谷猛・足立幸男編『概説 西洋
　政治思想史』ミネルヴァ書房：第 8 章。

金慧　2017『カントの政治哲学――自律・言論・移行』勁草書房。

小島慎司　2018「平和と秘密――『永遠平和のために』の秘密条項につい
　て」辻村みよ子ほか編『「国家と法」の主要問題』日本評論社：第 9 章。

佐々木弘通　2015「日本の立憲主義と憲法第 9 条」佐々木弘通・宍戸常寿編
　『現代社会と憲法学』弘文堂：第 17 章。

第 III 部　フランス革命の時代（18 世紀）

タック，リチャード 2015『戦争と平和の権利——政治思想と国際秩序：グロティウスからカントまで』萩原能久監訳，風行社。

ハーバーマス，ユルゲン 2006「二百年後から見たカントの永遠平和という理念」ジェームズ・ボーマン，マティアス・ルッツ-バッハマン編『カントと永遠平和——世界市民という理念について』紺野茂樹・田辺俊明・舟場保之訳，未來社：第 3 章。

樋口陽一 2000『個人と国家——今なぜ立憲主義か』集英社新書。

巻美矢紀 2018「平和主義」安西文雄・巻美矢紀・宍戸常寿『憲法学読本〔第 3 版〕』有斐閣：第 3 章。

ロールズ，ジョン 1998「万民の法」スティーヴン・シュート，スーザン・ハーリー編『人権について——オックスフォード・アムネスティ・レクチャーズ』中島吉弘・松田まゆみ訳，みすず書房。

第 IV 部
〈民主化〉の時代（19 世紀）

第12回 地方自治／陪審制

トクヴィルと政治参加

【地方自治の本旨】

第 92 条　地方公共団体の組織及び運営に関する事項は，地方自治の
　　本旨に基いて，法律でこれを定める。

【特別法の住民投票】

第 95 条　一の地方公共団体のみに適用される特別法は，法律の定め
　　るところにより，その地方公共団体の住民の投票においてその過
　　半数の同意を得なければ，国会は，これを制定することができな
　　い。

【最高裁判所の違憲審査権】

第 81 条　最高裁判所は，一切の法律，命令，規則又は処分が憲法に
　　適合するかしないかを決定する権限を有する終審裁判所である。

● ● ● ●

　日本国憲法では，地方自治に 1 つの章が設けられている。旧憲法
にはそのような規定がなかったことを考えると，その意味は小さく
ない。日本にも中世自治都市などの伝統があったとされるが，この
両憲法の懸隔の内には欧米の伝統が流れ込んでいるのはたしかだろ
う。とりわけ，起草過程を考慮すると，アメリカ合衆国の影響は無
視できない。

　ところで，地方自治に関する日本国憲法第 8 章冒頭には「地方自
治の本旨に基いて，法律でこれを定める」（第 92 条）と書かれ，以
下 3 つの条文（第 93, 94, 95 条）が並ぶが，「地方自治の本旨」の説
明はない。そこで，本講義では「本旨」とは何かを読み解くため，

210

アメリカで地方自治を観察し，もっとも体系的に論じた政治思想家であるトクヴィルの議論を参照することにしよう。

　憲法学の教科書には，「地方自治の本旨」は 2 つの要素から構成されるとある。すなわち，「住民の意思に基づいて行われるという民主主義的要素」（**住民自治**）と，「国から独立した団体に委ねられ，団体自らの意思と責任の下でなされるという自由主義的・地方分権的要素」（**団体自治**）とである（芦部憲法：393）。条文としては，前者には地方議員や首長の直接選挙と住民投票に関して規定した第 93条と第 95 条，後者には地方公共団体の権能を規定した第 94 条が該当する。トクヴィルの議論は一般に前者の印象が強いが，2 つの要素のどちらかに単純に区別できない。

　他方で，住民自治には，地方自治とは別に（その基盤にもなる）結社（集団）活動とともに陪審制による「政治教育」が不可欠であるとトクヴィルは論じている。なぜか？　よく知られているように，『アメリカにおけるデモクラシー』の著者は司法の違憲審査権の「政治的」意義を強調しながら，むしろ「民主主義的要素」のブレーキ役を裁判所に期待したのではなかったか。そして，これに倣うように日本国憲法 81 条でも最高裁判所の違憲審査権が規定され，第 6 回講義でも確認したように，第 76 条では司法権および裁判官の独立が示されている。しかし，トクヴィルは陪審制を住民自治（＝政治参加）の観点から評価したのである。

　本講義では，トクヴィルの司法論に触れたうえで，陪審制の意義についても検討する。そうすることで，同様の陪審制に関する憲法条文を持たない日本でも今日，裁判員制度が設けられていることの意義や課題についても合わせて考えてみたい。

第 IV 部 〈民主化〉の時代（19世紀）

1 政治的無関心は問題か？

**講演「ドイツと
ドイツ人」**

「私がここで申し上げているのはキリスト者の自由のことではなく、政治的自由、市民の自由のことであります。この種の自由に対して彼〔ルター〕は単に冷淡だったというだけではありません。そうした運動や要求は彼にとって心の底から反感をもよおすものでした」（マン 1990：17）。これは『魔の山』などで知られるトーマス・マンがナチドイツの降伏直後にワシントンで行った講演の一節である。ここに見られるのは、ルターに体現される「ドイツ人の精神」であり、それは政治や社会より哲学、「思弁的要素」を優位に置く姿勢である。その背景には政治への独特な見方があるという。

> ドイツ人は、政治とは虚偽、殺人、欺瞞、暴力以外の何物でもなく、完全かつ一面的に汚らわしいものにほかならないと考え、世俗的な野心から政治に身を売り渡す場合には、この哲学に従って政治をおこなうのです。ドイツ人は、政治家としては、人類を卒倒させるような振る舞いをせねばならぬと信じている——これこそまさに政治であると信じているのです。ドイツ人にとって、政治とは悪なのであります。（同上：26）

政治への負のイメージ、低評価、そ

トーマス・マン

212

の結果としての無関心それ自体が問題なのではない。その世界では「何でもあり！」という低評価ゆえに，「ドイツ人」がいったん政治に関わると歯止めがなくなることが問題なのである。ここには——講演者の意図はともかく——，人には政治的無関心と超関心（熱狂）が精神的に同居しうることが見事に示されている。

　われわれは，政治（学）に関心を持つと，すぐに無関心（無党派層？）が問題だと考え始める傾向があるが，逆に政治に関心を持つことは絶対的に良いことだろうか。もっといえば，政治への関心（その指標と一般的に考えられる投票率）が上がれば政治はそれだけ良くなるだろうか。もちろん，そうなることもしばしばあるが，「ポピュリズム」と呼ばれる現象に直面する現代人にとっては，にわかにはそう信じ難いのではないか。

　要するに，政治をめぐる「関心」の問題の所在は関心のあるなしではなく，そのあり様にこそある。では，ナチス政権下で沸騰した非日常的な関心とは異なる政治への関心の持ち方とはどういったものだろうか。この問いに最初に取り組んだのは，フランス革命後，政治への参加者が激増する時代に誕生した自由主義思想であり，それを代表する思想家がトクヴィルだった。

**自由主義者と
アパシー**

もともとフランス革命の恐怖政治とナポレオンの専制に抗して登場した自由主義者（リベロー）たちは，アパシー（無関心）が自由を脅かしうることを懸念した。たとえば，スイス・ローザンヌ生まれの文筆家・政治家のコンスタン（Benjamin Constant, 1767-1830 年）は，恣意的な支配が人々の活動を制限することで知的活動が停滞し，その無関心が商業にも伝染することで商業の発展も鈍化すると指摘した（『征服の精神と簒奪の精神』第 2 部 12 章）。

　他方で，アパシーの問題を民主主義社会に固有の問題として論じ

第IV部 〈民主化〉の時代（19世紀）

たのが，トクヴィルである。彼はそれを同じく知的・精神的な麻痺
状態であると指摘すると同時に，政治や社会への無関心の問題（個
人主義の問題！）として論じながら，その解決策を提示することが
できた。そのためには，民主化と産業化が急速に進む新大陸を観察
する必要があっただろう。そう，当時ヨーロッパ以上に民主化の進
むジャクソン時代のアメリカ合衆国を訪れたトクヴィルは，アパ
シーこそ，民主主義とその自由の存続にとって最大の脅威だと見定
めたのである。

　　今日最大の危険は放縦か暴政か，無政府状態か専制か，これを
　絶対的一般的なかたちで言うことはできない。どちらも同じよ
　うに恐れるべきであり，個人主義の帰結たる全般的アパシーと
　いう同じ1つの原因から同じように容易に出てくることがあり
　えよう。このアパシーがあればこそ，執政権（le pouvoir
　exécutif）がいくらかの力を結集すれば，その日から圧政が可能
　になり……。
　　戦うべき重要な相手は，だから無政府状態や専制というより，
　両者をほとんど差別なく生み出すことのあるアパシーである。
　（トクヴィル 2008，下：293）

　同時に，トクヴィルはその解決策も新大陸で発見した。その代表
が地方自治である。

トクヴィルと
アメリカ旅行の衝撃

　　　　　　トクヴィル（Alexis de Tocqueville, 1805-59
　　　　　年）は，ノルマンディーの貴族の家系の出
　　　　　身である。パリ大学法学部を卒業後，ヴェ
ルサイユ裁判所で判事修習生として働き始めるが，7月革命（1830
年）が起こると監獄視察を名目にアメリカ合衆国を旅行する。そし

て9カ月の滞在経験をもとに執筆され
たのが『アメリカにおけるデモクラ
シー』（以下,『デモクラシー』と略記）
第1巻（1835年）と第2巻（1840年）
である。その間, 政界に進出し, ギ
ゾーやティエールなどと対峙して積極
的に活動するものの, 2月革命（1848
年）が勃発し王政が崩壊, 共和政下で
憲法制定委員に選出され外相も務める。
だが, ルイ＝ナポレオン大統領（のち

トクヴィル

のナポレオン3世）のクーデタを機に政界を引退, 晩年は第2帝政下
で『アンシャン・レジームと革命』（1856年）の執筆に専念した。

　トクヴィルがアメリカでなにより驚いたのは, 事実としてデモク
ラシーがそこに存在していることだった。たとえば, ある家庭で
「召使い」として雇われている者も「主人」に対していっさい媚び
ることはない。なぜなら, お互いに尊重されるべき平等な人間・市
民だと認識しているからだという（こうした『デモクラシー』に結実
する観察は, 彼の『アメリカ旅行記』のなかに見いだすことができる）。そ
こでトクヴィルは, デモクラシーを「諸条件の平等」と定義する。
そして, この趨勢は歴史の必然であると観念するに至ったのである。

　とはいえ, その趨勢に問題がないわけではない。民主政は人民主
権の原理に基づく支配を指し, アメリカ合衆国では人民が直接議員
を選ぶ（当時, 上院は間接選挙だった）が, 彼らには優れた人物を選
ぶ時間や能力ばかりか意志もないのは明らかだ。なぜなら, デモク
ラシーは人民のなかに「羨望の念」を育てるからである。「民衆は
優れた才能を恐れはしないが, 好んでもいない」。結局,「普通選挙
こそよい政治家を選ぶ保証だと考える者が完全な幻想にとらわれて

215

第 IV 部　〈民主化〉の時代（19世紀）

いることは，私にははっきり証明された」。このように述べたあと，しかしトクヴィルはこう続ける。「普通選挙には別の利点があるが，この点ではない」（トクヴィル 2005, 下：56）（以下，『デモクラシー』からの引用は巻数と頁数のみ記す）。

2　政治教育と地方自治の「本旨」

デモクラシーの
「政治教育」

トクヴィルが『デモクラシー』第1巻で民主政治の問題点を余すことなく論じた後で指摘するのは，その利点である。それはなにより，人民を教育する制度や機会があることに存するという。すなわち，アメリカ合衆国には自由と平等を同時に保障する**「政治教育」**が存在しており，それは大きく3つに分けられる。①結社（アソシアシオン），②地方自治，③陪審制，である（髙山 2015）。

　トクヴィルが民主主義の基礎として強調したことで有名なのは，結社活動の自由だろう。『デモクラシー』第1巻では政治的結社の効用（第2部4章），第2巻では市民的結社の意義あるいはそれと政治的結社との関係について論じられている（第2部5・7章）。その議論は近年，民主主義の政治文化の衰退を論じるロバート・パットナムの『孤独なボウリング』（2000年）やシーダ・スコッチポルの『失われた民主主義』（2003年）において再注目されている。トクヴィルによれば，結社活動は政府に頼らずに協同して討議する習慣を養い，公権力に対する抵抗の拠点にもなりうる。この点で結社は，新聞とも相互依存の関係にあるという（第2巻2部6章）。

　しかし，そうした広い意味での自治の基本的な学びの場となるのは，地方自治体（タウンシップ）である。トクヴィルは，それを自由にとっての「小学校」と呼び，民主主義の最大の利点と考えた。

なお，日本でいち早く彼に学び，それを近代（民主）社会の形成にとって不可欠とみなしたのは福澤諭吉である。1873（明治6）年，弟子の小幡篤次郎に同書を抄訳させる一方（邦題『上木自由之論』），福澤は『分権論』（1877〔明治10〕年）を著している。

地方自治の役割 では，地方自治の役割や意義とは何か。日本国憲法ではそれを自然権の一種とする説（固有説）を採用してはいないものの（この点ではワイマール憲法127条「市町村及び市町村組合は，法律の制限内で自治の権利を有する」の影響があるといわれる），地方自治の独立した章を設けて重視している理由は何か。その淵源の1つは，米国のタウンシップにある。

　トクヴィルは，アメリカ人の政治，そのタウンシップでの活動の観察を通じて地方自治論を形成した。それは参政権の行使の仕方を教育するとともに習慣化する機会を提供すると考えられた。政治への関心を高めるだけではない。それは巷間の議論を活発化させ，市民社会のなかにエネルギーを生んでいるとも述べる。ここにわれわれは，本書でいう第1の政治像（→第3回）のある種の復権，その近代版を発見することができるだろう。

　トクヴィルの議論に独自なのは，アメリカの住民自治を観察しながら描出した地方自治の精神的効用である。

　　疑いもなく，人民による公共の問題の処理はしばしばきわめて拙劣である。だが公共の問題に関わることで，人民の思考範囲は間違いなく広がり，精神は確実に日常の経験の外に出る。庶民の一員にすぎなくとも社会の統治を任されれば，自分にある種の誇りを抱く。（第1巻下：134–135）

要するに，市民が自分たちの身近な問題に関わることで「狭い利

第Ⅳ部　〈民主化〉の時代（19世紀）

己主義」の殻を破り，〈自己〉の考えを広げる。結果，他（多）な
るものへ思考を開く公共への関心のあり様が育まれる。これは政治
における「権利」の観念を庶民に行き渡らせることであり，これこ
そが民主政治の最大の長所である。地方自治の意義は政治的関心を
高めることだけではないのだ。この意味で，地方自治は「民主主義
的」要素と同時に「自由主義的」要素を合わせ持つといえよう。

もう1つの効用と宗教

　　　　　　　　　　　　もう1つの効用は，「公共精神」を涵養す
ることにある。「だが人の関心を祖国に向
けさせるもっとも有力な手段，そしておそ
らくわれわれに残された唯一の手段は，人を政治に参加させること
だと言いたい。今日，公共（cité）の精神は参政権の行使と不可分
であるように見える」（第1巻下：121）。それは「合理的な祖国愛」
と呼ばれ，「理屈抜き・損得抜きの感情」に根ざした「本能的な祖
国愛」（いわゆる共同体主義）とは区別される。いわく，「この祖国愛
は知識から生まれ，法によって育ち，権利の行使とともに増殖し，
ついにはほとんど個人の利益と一体化する」。こうして地方自治は，
「良識と呼ばれる日常の実践的知識」を広げるだけでなく，結果的
に「公共の精神」を涵養すると考えられた。

　この点で『デモクラシー』の著者が，宗教の社会的役割について
も強調したことはよく知られている（**市民宗教**）。「心の習慣」とも
呼ばれる宗教の議論は，必ずしも合理的ではない人間の感情に着目
しながら，市民が外に開かれた公共への関心を持つように促すとい
うトクヴィルの営為の1つとみなすことができるだろう。

　なお，地方自治では十分に処理できない案件として外交問題が挙
げられていることも付言しておこう。なぜなら「大事業の細部を調
整し，計画を見失わず，障害を押して断固としてその実現を図ると
いうことになると，民主政治はこれを容易にはなしえない」（第1

218

巻下：108）と考えられるからだ。地方自治の弱点はそのまま民主政治の欠点でもある。

3 司法権の役割

裁判官の権威と役割 民主政治で自治が万能であるわけではもちろんない。民衆は政治教育されようと，その時々の感情や世論に流されやすく，権力を得たマジョリティは暴走しかねない。特に州（県）や連邦（国）のレベルで政府と住民との距離が広がるほど，住民による監視が行き届かなくなる。そこでトクヴィルが注目したのが，1つの政治権力として機能する裁判所の役割だった。彼は『デモクラシー』のなかで次のように述べている。

> どんなによく注意していても，選挙で選ばれた権力は司法権に服さないかぎり，遅かれ早かれすべての統制を免れるか，そうでなければ破壊される。……裁判所だけが有権者の権利を害することなく，選挙された公務員を服従せしめうる。それゆえ，政治の世界における司法権の拡大は，選挙で選ばれた権力の拡大と相関関係になければならない。（第1巻上：119–120）

しかし，司法権が民主政治のなかで権威を持ちうるだろうか。これに対して，現にアメリカでは裁判所が権威を持ちえているという。たしかに，アメリカの裁判所は行動範囲が著しく制限され，権威が備わっているようには見えない。それは具体的に係争があり，提訴されたときにのみ，しかも一般原則ではなく個々の事案に判決を下すだけである。しかし，裁判所が巨大な権力を備えている理由は，

第IV部 〈民主化〉の時代（19世紀）

裁判官に「法律というより憲法に基づいて審判する権限を認めたことである。換言すれば，憲法に反すると思われる法律はこれを適用しないことを裁判官に認めたのである」（第1巻上：160）。すなわち，一般市民だけでなく立法府の議員も拘束する「憲法こそあらゆる権力の源泉」であり，裁判所はその憲法に依拠することで権威を持ちうるのである。

　地方自治が一般市民に「権利の観念」を行き渡らせるとすれば，暴力の観念をそれに代え，これを保障するのが裁判（所）の役割である。司法権は「物理的な力」に代わる「精神的な力」によって，「民主主義の気まぐれ」と争い，時には「時代の風潮」に背を向けてでもその暴走を防ぐ。その意味で，地方自治と司法権は補完関係にあるということができる。

法曹精神の評価　　トクヴィルの司法権の評価は，法律家自体の評価に基づいている。「おそらく法律家こそ，今生まれようとしている政治社会において第1の役割を果たすべく期待されている」（第1巻下：169-170）。このように「民主政治の逸脱の最大の防壁」となることさえ期待するトクヴィルの法律家に対する高い評価は，彼らの特質に由来する。すなわち，「法律について特別の研究をした人間」が持つ秩序を好む習慣，形式（手続き・ルール）の重視，法的論理性（論理的整合性）の遵守，といった特質である。これらが法律家をして，「デモクラシーの向こう見ずな情熱」に対峙することを可能にするとされる。

　いうまでもなく，そのとき最大の武器となるのが**違憲立法審査制**である（同制度の淵源は建国以前に遡るが，その位置づけは建国期でも明確ではなく，その後1803年の「マーベリー対マディソン事件判決」〔アメリカ法判例：4-5〕で連邦最高裁判所が違憲審査権を有することが示され，20世紀以降に確立されることになる）。トクヴィルによれば，これに

220

よって「人民に強制して法を作らせることはできないが、人民がそれ自身の法律に違背し、自己矛盾を招かぬように制約を加えるのである」(第1巻下：180)。そのかぎりでは、司法権は非民主的であっても反主的ではありえない。

4 政治制度としての陪審制

陪審制の由来とトクヴィルの独創

人民の情念のブレーキ役を司法権に期待したトクヴィルは、一方で人民を司法の場に積極的に参加させる陪審制を民主政治の枢要な制度として擁護した。そこに矛盾はないだろうか？ それを確かめるために、まずはトクヴィルが陪審制を評価する際の独自な観点を理解しなければならない。

18世紀イギリスの著名な法学者であるブラックストン(William Blackstone, 1723-80年)は、陪審制をマグナ・カルタに由来する英国人の「自由の砦」と評価した。つまり、政治権力の防波堤、いわば「権力分立」の観点から陪審制を評価したのである。これに対してトクヴィルは、自分が陪審制を評価するのは「1つの政治制度」としてであると強調する。すなわち、人民主権の行使の観点、人民(陪審員)の政治教育の観点から評価するのである。ここに彼独自の視点が見られるが、大正期日本でも陪審制を導入した原敬に同様な観点が見いだせるとされる(三谷 2013：35)。

なるほど、専門知識を持たない民衆

ブラックストン

第IV部 〈民主化〉の時代（19世紀）

が裁判に参画するのだから，その裁判が少なくとも被告にとって自由で公平に実施される保証はない。トクヴィルも素直にこう述べる。「陪審制が訴訟の当事者のためになるかどうか，私にはわからない」。しかし，と彼は続けて言う。「訴訟を裁く者のためには大変役に立つと信ずる。私はそれを，人民の教育のために社会が利用しうるもっとも効果的な手段の1つとみなす」。この機会によって養われるのは，政治・社会への参加意識と判断力である。さらに，彼の言葉を記憶にとどめておこう。

　　すべての人に，社会に対して果たすべき義務のあることを感じさせ，また統治に参加しているという実感を与える。……陪審制は人民の判断力の育成，理解力の増強に信じられぬほど役立つ。私の見解では，これがその最大の利点である。それは無償でいつでも開いている学校と見なすべきである。（第1巻下：188）

刑事より民事　地方自治と同様，陪審制も国民に民主政治を教える「学校」なのである。しかし，この点が強調されるあまり，トクヴィルの陪審制論でしばしば見落とされる論点がある。それは，彼の司法権の評価との整合性の問題からも見逃せない観点であり，陪審制は刑事事件より民事事件のほうが適していると彼が言う理由に関わる。

　まず，民事の場合はいつか自分も当事者になると考えられる訴訟が多く，そのことが結果的に（その裁判への積極的な参加を通じて）「判事の精神的習性」を部分的に市民に植え付けるとされる。また，トクヴィルによれば，刑事事件は当該犯罪を被告が犯したかどうかという二者択一で争われるのに対して（実際にはそれほど単純ではな

222

第 12 回　地方自治／陪審制

いが）、民事では一般市民の判断力では難しい複雑な争点に直面する。そのとき、より判断の難しい訴訟において裁判官が見せる知識の広さが市民を圧倒し、裁判官に「精神的権力」を、法と法律家に権威を付与することになると考えられるのである（→ コラム⑥）。

そうだとすれば、陪審制（特に民事事件）は一般市民に統治者としての意識や技術を教育するだけでない。ある意味で、その限界も法律家の知識の観察を通じて学習させる「学校」でもあると言わなければならない。それは、地方自治とともに政治ならびに社会に対して日常的な関心を抱かせると同時に、突発的・一方的な関心のあり様を回避するように教育する効果を持ちうるだろう。

なお、トクヴィルは『アンシャン・レジームと革命』でも、フランス革命を起こした人々が抽象的・一般的な理論・哲学に導かれる一方で、政治的経験を欠いていたがゆえに、旧体制を破壊はできてもそれに代わる「法の支配」は構成できなかったと述べている。彼はこれを「文学的政治」と称した（第3部1章）。

コラム⑥ ● それほど裁判官は正しいのか？

「たとえば裁判官だけれど、どれほどりっぱな心づもりを抱いていても、自分の内心にしっかり耳を傾けないと——このことに時間を費やす人間は少ないのだが——、友情、血縁関係、美貌、復讐などに対する心の傾きが生まれて、あるいは、これほど重みのあることにかぎらず、ふとした直感のようなものが芽生えて、あるものをえこひいきさせたり、理性に許しもなく、同様の2つのものから1つを選択させたり、さらには、これまた漠然とした想像のようなものが浮かんできて、判決において、一方の側への好意や悪意が知らぬまに忍びこんでしまい、天秤を傾かせかねないのである」。これは、自身が裁判官でもあったモンテーニュの『エセー』の一節である（モンテーニュ 2010,〈4〉: 228-229）。

第 IV 部　〈民主化〉の時代（19 世紀）

　本講義に見られるように，トクヴィルの司法ないし裁判官への期待は大きい。実際，民主主義が暴走するときは（現代のポピュリズムしかり），民衆から独立した機関としての司法やマスメディアへの攻撃から始まるのがつねである（ミュデ＝カルトワッセル『ポピュリズム──デモクラシーの友と敵』白水社，2018 年：124-125 頁）。たしかに，司法と裁判官の独立の重要性は強調してもしすぎることはない。とはいえ，そう唱えてさえいれば民主主義の専制化（排他主義化）を防げるわけではない。その 1 つの理由に，当然裁判官もモンテーニュが言うように，つねに公平・公正で絶対正しいわけではないということが挙げられる。より深刻なのは，現代社会では裁判官がほかにどういった考えの裁判官と同席するかでその判断を変える，つまり他人に同調しうることが近年の研究で明らかになっていることである。しかも，これは裁判官にかぎった話ではない。どんなに多くの知識を持った人間であれ，「議論」することでかえってその考えが偏りうる可能性さえあるのだ（参考，サンスティーン『同調圧力──デモクラシーの社会心理学』白水社，2023 年）。

　少し遡れば，ウォルター・リップマンが 20 世紀の政治学の古典『世論』のなかで，人は頭のなかで「擬似環境」を作りあげ，その「偽の現実」に基づいて行動していることを指摘したことはよく知られている。これは一般に考えられているように，いわゆる教養がないとされる大衆だけに当てはまる話ではなく，「エリート」も例外ではない。たとえばリップマンは，1 つの典型例として，第 1 次世界大戦後のある新聞記事に対するアメリカ上院の「反応」を挙げている。それはイギリス政府の指令で米国の海兵隊がイタリアに上陸したと伝える誤った記事だったが，議員たちは国際連盟の構想のもとではこういうことが起こると主張したかったがために，事実確認もせずにそれを真実だと思い込んで持論を展開したのである（リップマン『世論〈上〉』岩波文庫，1987 年：32-35 頁）。彼ら「法律の専門家」ですら，みずからの偏見に基づいて擬似環境を作り，偏った判断をしうる証左だとリップマンは示唆している。

第12回 地方自治／陪審制

いくら専門家が賢くても，彼らに任せれば安心というわけではないのだ。そこには事実の認識の前にある色眼鏡，逆に事実をある法則に当てはめようとする「理論」信仰の問題がある。かつてアーレントがヴェトナム戦争に関する機密文書(ペンタゴン・ペーパーズ)のうちに見いだしたこの問題を今，たとえば米国によるアフガン戦争の政治過程（2001-21年）のうちにわれわれは再び目撃しているのだろう（参考，アーレント「政治における嘘──国防総省秘密報告書〔ペンタゴン・ペーパーズ〕についての省察」『暴力について──共和国の危機』みすず書房，2000年所収）。さらにここには，専門家が権力者の好む情報しか伝えないという，いわゆる忖度の問題が付け加わる。

シティズンシップ教育と政治参加のかたち

最後に，政治的関心を養う近年の試みについて付言しておきたい。なかでもイギリスのシティズンシップ教育（2002年から中等教育で必修化）は，政治思想研究者のバーナード・クリック（Bernard Crick, 1929–2008年）を座長とする諮問委員会で1998年に作成された報告書（「学校におけるシティズンシップ教育と民主主義教育」，通称クリック・レポート）をもとに構想された点で注

クリック（写真：jeremy sutton-hibbert / Alamy Stock Photo）

目に値する。同レポートには，「健全な（good）市民」であると同時に「能動的な（active）市民」を養うという教育の趣旨が書かれ，その際にはここまでの本講義の叙述でも意識されてきたアリストテレスに遡る政治思想史の伝統が継承されているのは明らかである。

第 IV 部　〈民主化〉の時代（19世紀）

　しかし，シティズンシップ教育は「社会的・道徳的責任」を伴う態度を身につけ，「地域社会への関与・奉仕」を実施することだけが目的ではない。本講義の関心にひきつけていえば，やはりただ関心を持って参加すればそれでいいというわけではないのだ。同レポートでは「**政治リテラシー**」という言葉が用いられているが，それは政治に関する知識を習得することと同時に，抑圧的・排他的な態度を退けてゆくような「心構え」（関心のあり様）を体得することを指していることに注意しなければならない。クリックの言葉を用いれば，「抑圧的社会の対極にあるのは，無差別的許容の社会ではなく寛容な社会であり，価値の不在ではなく価値の多元性である」，ということだろう（クリック 2011：64）。

　トクヴィルと地方自治というと，イギリスの法学者・政治家ブライス（Viscount James Bryce, 1838–1922年）の『近代民主国家』（1921年）の一節，「自治の習慣は一国の民主政治の最善の訓練である」という言葉とともに紹介されることが多い。だが，その場合にしばしば暗示されているような政治的関心や参加の割合の高さだけが問題になるのではない。クリックの言うように，それはまず「解決すべき共通の問題という観点」から考えることを教える。しかしそれだけでなく，その問題について己とは異なる多面的な考え方や視座があることが学ばれるべきなのである。この意味で，地方自治および陪審制にはやはり「民主主義的」要素と同時に「自由主義的」要素があると考えなければならないだろう。

　地方自治は，参加者たちが自分たちの意見や感情をただ表現し，それが絶対であるような全能感に陶酔して同調し合う機会ではない。その点でトクヴィルの考える陪審制も，人民に統治者意識を植え付けることでその万能を教えるよりも，むしろ自分たちの認識不足や知識の欠如を自覚させる機会をも提供するものだった。現代日本の

226

第 12 回　地方自治／陪審制

「地方自治の本旨」は，こうした観点からも見直すことができるのではないだろうか。

□読書案内

キャス・サンスティーン『# リパブリック——インターネットは民主主義になにをもたらすのか』伊達尚美訳，勁草書房，2018 年。

　　今日の政治参加はインターネットを抜きには考えられない。特に関心の断片化や短期化が問題になっている。この種の課題を考えるために必読の著書である。

M・I・フィンリー『民主主義——古代と現代』柴田平三郎訳，講談社学術文庫，2007 年。

　　民主主義といっても古代と現代では大きく異なる。この点で古代がつねに現代に劣るというわけでは必ずしもない。古代アテナイの民主政治の実態とその意義について学ぶのに最適な，古代史の碩学による入門書である。文庫版解説［木庭顕］も一緒に読まれるべきである。

丸山眞男「現代における人間と政治」『丸山眞男セレクション』杉田敦編，平凡社ライブラリー，2010 年：394-433。

　　現代社会の政治的（無）関心の問題は，その熱度にあるのではないことを深く考えさせられる論攷である。本講義冒頭のトーマス・マンの議論でも参考にしている。

引用・参照文献

［第 1 次文献］

トクヴィル　2005；2008『アメリカのデモクラシー』第 1 巻〈上・下〉；第 2 巻〈上・下〉，松本礼二訳，岩波文庫。

［第 2 次文献］

クリック，バーナード　2011『シティズンシップ教育論——政治哲学と市民』関口正司監訳，法政大学出版局。

高山裕二　2015「奇妙なリベラリズム——無力な個人の生きる術」（トクヴィル『アメリカにおけるデモクラシーについて』中公クラシックス，

第IV部 〈民主化〉の時代（19世紀）

所収）。

樋口範雄ほか編 2012『アメリカ法判例百選〈別冊ジュリスト 213〉』有斐閣。
　（「アメリカ法判例」と略記する）

マン，トーマス 1990『講演集 ドイツとドイツ人 他五篇』青木順三訳，岩
　波文庫。

三谷太一郎 2013『増補 政治制度としての陪審制——近代日本の司法権と
　政治』東京大学出版会。

第13回 平等／参政権

ミルとフェミニズムの誕生

【平等原則，貴族制度の否認及び栄転の限界】

第14条　すべて国民は，法の下に平等であつて，人種，信条，性別，社会的身分又は門地により，政治的，経済的又は社会的関係において，差別されない。

2　華族その他の貴族の制度は，これを認めない。

3　栄誉，勲章その他の栄典の授与は，いかなる特権も伴はない。栄典の授与は，現にこれを有し，又は将来これを受ける者の一代に限り，その効力を有する。

【家族関係における個人の尊厳と両性の平等】

第24条　婚姻は，両性の合意のみに基いて成立し，夫婦が同等の権利を有することを基本として，相互の協力により，維持されなければならない。

2　配偶者の選択，財産権，相続，住居の選定，離婚並びに婚姻及び家族に関するその他の事項に関しては，法律は，個人の尊厳と両性の本質的平等に立脚して，制定されなければならない。

【議員及び選挙人の資格】

第44条　両議院の議員及びその選挙人の資格は，法律でこれを定める。但し，人種，信条，性別，社会的身分，門地，教育，財産又は収入によつて差別してはならない。

● ● ● ●

　アマンディーヌ＝オーロール・デュパンは，ジョルジュ・サンドという男性名で著した最初の作品『アンヂアナ』（1832年）で，主

第 IV 部　〈民主化〉の時代（19 世紀）

人公のデルマール夫人に配偶者に対して次のように語らせている。

> 私が奴隷であなたが主人だと云うことは存じて居ります。この
> 国の法律があなたを私の主人に致しました。私のからだに縄を
> おかけになることが出来ます。私の両手をがんじがらめにして，
> 私の行動を左右なされることはあなたの御勝手です。弱者の権
> 利はあなたの手に握られています。社会がそれをあなたのため
> に保証しています。けれども，私の意志に対しては，あなたは
> 絶対に指一つ触れることができません。……私に沈黙をお命じ
> になることはできます。しかし考えることをお妨げになること
> はできません。（サンド 1937, 下：76-77）

　これに対して，現代の男女の権利関係は大きく変化し，両性間の
平等性はある面では著しく進歩したのはたしかだ。他方で，サンド
の告発する男女不平等の原因となっている当時の法制度の背後にあ
る考え方（思想）は，それに比べると変わっていない面があるので
はないか。もちろん，そう感じるかどうかは個人差があるが，社会
にある種の偏見が残っているのは事実だろう。

　日本国憲法 24 条のもとになったとされる GHQ 案には，日本の
家庭における「男性の支配」の政治文化を改革する決意が表れてい
るが（同案を起草した 1 人で少女時代を 10 年間日本で暮らした経験を持つ
ベアタ・シロタの考えが反映されているとされる〔古関 2017：168〕），「封
建制度」とその文化が政治と同様に家庭のなかにも根強く存在する
と考えられたのである。実際，近代になって最初に男女平等や女性
の権利を擁護した人々は社会と家庭のなかの偏見をアナロジカルに
論じた。その発端となったのはフランス革命であり，その影響下で
ウルストンクラフトが書き上げた『女性の権利の擁護』をその嚆矢

とする。

　しかし，その偏見を専制と告発し，参政権を含む男女平等を体系的に論じえたのはJ・S・ミルである。ミルは『女性の隷従』のなかで，第14条でいう人種や信条とともに性別による差別（不平等）がいかに「合理的な理由」（1964年の最高裁大法廷判決・町職員待命事件）に基づかないかを論じた。そして彼に独自なのは，社会に残る偏見に挑戦するためには女性の参政権，政治的自由の行使が同時に必要だと強調した点にある（第44条では同様に，「合理的な理由」によらない政治参加の差別を厳しく禁じている）。

　本講義では，フランス革命に影響を受けたイギリスやフランスの女性思想家の議論を紹介したうえで，近代自由主義の旗手の議論を検討することにしよう。それは，男女平等が個人の尊厳そして政治参加とセットで考えられなければならない理由を提示するだろう。

● ● ●

1 フランス革命とフェミニズムの覚醒

『女性の権利の擁護』　近代における女性の権利擁護の運動はフランス革命に始まる。といっても，そのときに発せられた「人権宣言」の人間ないし市民は男性形で書かれていた。それゆえ，それを女性形で書き換えた「**女性版人権宣言**」を発表し，問題を提起したオランプ・ド・グージュにおいてその運動は始まるといったほうがより正確だろう。「第1条　女性は，自由なものとして生まれ，かつ，権利において男性と平等なものとして存在する。社会的差別は，共同の利益に基づくのでなければ，設けられない」（グージュ 2010：418）。また，彼女は両性の平等と同時に女性の参政権を主張した点が特徴的だった（同上：前文参照）。いわく，

第IV部 〈民主化〉の時代（19世紀）

ウルストンクラフト

「女性は断頭台に上る権利があるのだから，議会の演台に上る権利もある」。

この時期，海峡の向こうではバークがフランス革命批判を展開し論争になっていたことはすでに見た（→第10回）。時を同じくして，もう1つの「フランス問題」が勃発していた。ウルストンクラフト（Mary Wollstonecraft, 1759–97年）が冊子「人間の権利の擁護」（1790年）に続いて『女性の権利の擁護』*A Vindication of the Rights of Woman*（1792年）を刊行，男女の不平等という観点からバークに反駁したのである。1797年には著名な政治評論家ウィリアム・ゴドウィンと結婚（子どもが私生児になることを恐れてその制度に反対していた結婚を選択）するが，出産した際に亡くなってしまった。そのとき生まれた子どもが，『フランケンシュタイン』の著者メアリー・シェリーである。

『女性の権利の擁護』の中心的な主張は，理性に屈服しない偏見の支配，あるいは「慣行に基づく権利（prescription）」の根強さであり，それがいかに男女間の不平等をもたらしているかということだった。彼女はこれを糾弾したのである。

　しかし，そうは言っても，あれほど深く根を下ろした偏見が理性を曇らせ，あれほど怪しげな性質が美徳と呼ばれてきたのだ。そして，理性は，さまざまな偶然の状況によって道を踏み迷い，誤りに陥ってきたのだ。……人間（もしくは女性）から彼らの自然権を奪うことを正当化する論拠として，慣行に基づく権利（プリスクリプション）を力説するというのは，常識を無視し続ける馬鹿げた詭弁の1

232

つである。（ウルストンクラーフト　1980：32-33）

　どんな種類の意見にも最初は何らかの「理屈」があるが，それは
合理性とは異なる「一時的な方便」であり，年月を経て偏見となる。
「なぜわれわれは，偏見を偏見であるという理由だけで愛するべき
なのか？　偏見は，理屈のつけようがないほどおろかで頑固な信念
である」と述べ（同上：216-217），『女性の権利の擁護』の著者は
バークを論駁するのである。これに対して，人間が獣と異なるのは
理性の所持という点においてであり，女性も同じく理性的でありう
ると主張した。

　他方で，彼女は女性に対する「配慮」の実態を批判する。つまり，
保護すべき弱い存在として女性には針仕事（＝家事）が奨励される
が，それが女性の権利（男女の平等な関係）を損なっている。そして
女性の側でも，「ちやほやされること」が第1の願いであるかぎり
は彼女の理性は力を持ちえないという。「女性の魂はあれこれと気
を遣って装飾品を身につけ，『男性に愛し奉ってもらう』ために男
性を喜ばせようと飾り立てる。それゆえに女性の魂は，この理性に
よる進歩という特質を持っていないかのように考えられている」
（同上：106）。

　そこでウルストンクラフトは，女性に家庭の外に仕事を与えよと
訴える。針仕事だけをしていると容姿だけを気にして「精神を狭め
て」しまう（同上：317）。これに対して，彼女は政治的関心が道
徳・知力を発展させるとして女性の参政権を主張する。加えて，す
べての害悪は財の不平等からくると述べ，両性の平等と社会的平等
の議論の接点さえ示す。「選挙権を与えられていない，という点に
ついては，女性も重労働をするたくさんの機械工たちの階級の人た
ちも，同じである」（同上：278）。しかし，彼女の議論は中流階級が

主体で、理性的な女性とそうでない女性の区別という矛盾も露見していると考えられる(梅垣 2000)。この点で、フランスのフェミニズムの「社会主義的」男女同権の地平に彼女が達することはなかった。

社会主義との共闘　フランスでは、革命期において女性の解放が主張されたものの、革命が終わって帝政が開始されると**ナポレオン法典**(1804年)が施行され、その地位は一変する。現代の民法にも多大な影響を及ぼしたこの近代法には、「夫はその妻の保護義務を負い、妻はその夫に服従義務を負う」(民法典213条)と書かれているように、女性の権利の観点から問題を抱えていた。冒頭のサンドの文章はこれへの対抗であることはいうまでもない。

他方で、19世紀初期フランスでは「社会主義」が登場し流行する。なかでもサン゠シモンを師と仰いだ人々、**サン゠シモン主義者**たちは男女同権を唱えると同時に、パリで共に働く男女共同生活を実践したことで注目を浴びた。したがって、フランスでは男女平等の主張が社会主義の影響下で発展してゆくことになる。ジョルジュ・サンドも一時期、サン゠シモン主義の影響を強く受けたことでよく知られている。

サンドほど知られていないが、ある意味で彼女より徹底した議論を展開したのは作家のトリスタン(Flora Tristan, 1803–44年)である。彼女は、労働者階級としての自覚と彼らの解放とともに男女同権を主張した。もともとペルー出身のスペイン貴族の父とフ

トリスタン

第13回　平等／参政権

ランス人の母のもとに私生児としてパリに生まれるが，父が亡くなると生活が困窮し17歳で結婚，別居後にペルーを旅行し体験記を発表した。一方で，帰国後は社会主義者との親交を深め（権威主義的要素の強いサン゠シモン主義よりはフーリエやオーウェンの思想に傾倒），男女問題を一種の社会問題とみなす論評を次々と発表した。なお，のちに『パリアの遍歴［ペルー旅行記］』（1837年）の中で親に強制されたと語った結婚により生まれた娘の子どもが，画家のポール・ゴーギャンである。

　トリスタンが労働者の連帯を考えるようになったのは，1839年のイギリス旅行がきっかけだったとされる（水田 1994：440）。その旅行で，都市労働者の劣悪な生活環境を目の当たりにした経験をもとに『ロンドンの散歩』（1840年）を著し，都市労働者の悲惨と団結の必要を訴えるとともに，女性の「極端な隷属状態」を告発した。そこでは，『女性の権利の擁護』がイギリスで中傷されている事実を紹介する一方で，トリスタンは同書を「不滅の業績」と称え，ウルストンクラフトが「女性の自由を権利として要求」したことの意義を強調した（第17章）。また，彼女が唯一書いたロマン主義小説『メフィス』（1838年）では，主人公は女性であると同時に労働者であり，その解放の必要を説いたのである。

2　ミルの『女性の隷従』——『自由論』の応用

> ミルの女性論

四半世紀後，自由主義者の立場で女性の隷属状態を体系的に分析したのがミル（John Stuart Mill, 1806-73年）である。彼の『女性の隷従』*The Subjection of Women*（邦訳名『女性の解放』）は1861年に完成し69年に刊行，各国語に翻訳された。米国の女性解放運動にも多大な影響を与えたと

235

第Ⅳ部 〈民主化〉の時代（19世紀）

ジョン・スチュアート・ミル

されるが，その割に『自由論』に比べて十分な評価を得ていないといわれる。明治期日本でも自由論（『自由之理』）を訳した中村正直が早くからミルの女性論に注目し，民権運動期には第1・2章のみが翻訳された（深間内基訳『男女同権論』1878年）。なお，福澤諭吉は『学問のすゝめ』（1872-76年）のなかで次のように書いている。「今の人事において男子は外を務め夫人は内を治むるとてその関係ほとんど天然なるがごとくなれども，スチュアルト・ミルは『婦人論』を著わして，万古一定動かすべからざるのこの習慣を破らんことを試みた」。

ミルは，スコットランド出身の高名な功利主義者ジェームズ・ミルの長男で，幼い頃から英才教育を受けた。しかし20歳のとき，いわゆる「精神の危機」を体験する。「ロマン主義的」と形容されるその体験を通じて，人間の功利を超えた感情や欲求を重視するようになったとされる（論攷「ベンサム」1838年）。**ロマン主義**とは，合理主義や機械論的自然観に抗して人間本来の共同性の恢復や精神の完成をめざす，18世紀末から19世紀初めにかけてヨーロッパで生じた精神運動である。そうした，いわば「非合理的」思潮が，西洋近代を代表する自由論や女性論に伏在している事実は無視できない。

その後，研究職を断って英国東インド会社に勤務する傍ら執筆に専念し，1859年には『自由論』 *On Liberty* を刊行した。同書は，近代自由主義思想を定礎した代表的な古典と評される。ただ，奴隷制を批判する同書で植民地主義を擁護した点は近年改めて批判がある。

第 13 回　平等／参政権

ケース⑥　夫婦別姓はなぜ認められないのか？

【夫婦同氏違憲訴訟（判例 50 ！・10 ／百選Ⅰ・29）】

　夫婦同氏制（民法 750 条）が憲法に違反するかどうかが争われた
ケース（最高裁 2015 年 12 月 16 日大法廷判決）。

　「夫婦は，婚姻の際に定めるところに従い，夫又は妻の氏を称す
る」と同条は規定し，夫婦同姓を強制しているが，男女どちらかの姓
を強要しているわけではない。よって，「その文言上性別に基づく法
的な差別的取り扱いを定めているわけではなく，本件規定の定める夫
婦同氏制それ自体に男女間の形式的な不平等が存在するわけではな
い」，と最高裁は判示した。

　ここで注目したいのは，同条は婚姻について「直接の制約」を定め
ていないとする一方で（憲法 24 条 1 に反しない），同姓の強要自体が
アイデンティティあるいは幸福追求の権利（第 13 条）に反しないか
という点につき，氏には「社会の構成要素である家族の呼称としての
意義」があるとも指摘していることである。また，婚姻・家族制度は
「個人の尊厳と両性の本質的平等に立脚して，制定され」（第 24 条 2）
るとしても，同時に「国の伝統や国民感情を含めた社会状況における
種々の要因」によって定まると指摘している。

　たしかに，法律・権利の上では「強制」はなく，違憲ではないと仮
にいえるとしても，全体の約 95％の夫婦で女性が姓を変える現状を
踏まえれば（2022 年内閣府調査による），なかば強制的な影響（同調
圧力？）が働いていないとは言い切れない。政治思想史上ではジョ
ン・スチュアート・ミルの男女同権論に帰結する思想に着目すること
で見えてくるのは，法律上の平等の向こう側にある，同ケースで
「社会状況」と呼ばれている《慣習》上の不平等の問題である。これ
は，社会の多くの場面で旧姓の通称使用が認められているという現状
があるからといって，問題ないと片付けられないだろう。

　なお，婚姻・家族制度については憲法 24 条の要請の枠内で国会の
自由な判断に任せると本件は結論するが，司法の役割は「統治行為論」
（ケース③）に関連して政治学の側からも検討に値するテーマだろう。

第 IV 部　〈民主化〉の時代（19 世紀）

他面，1851 年にミルと 20 年以上の交際を経て結婚したハリエット・テイラー（1858 年没）は，ミルの女性の権利擁護あるいは『女性の隷従』の執筆に多大な影響を及ぼしたと評される。61 年には，もう 1 つの主著『代議制統治論』*Considerations on Representative Government* を刊行し，65–68 年には下院議員となって女性を含む普通選挙制を主張したが，まもなくフランス・アヴィニョンにて丹毒で逝去した。

<u>慣習の専制</u>　　『女性の隷従』の目的は，第 1 章冒頭の文章に明らかである。「両性間における現在の社会関係を規制している原理——女性が男性に法律上従属するということ——はそれ自体において正しくないばかりでなく，今や人類の進歩発達に対する重大な障害物の 1 つとなっている。それゆえこれを完全なる同権の原理に……改めるべきだというのである」（ミル 1957：36）。そして同書の前半では，両性間の現状を「慣習の専制」と診断し，後半ではそれを変革する「自由と平等の婚姻」について論じる。

ミルによれば，女性が男性に従属することをよしとする現行の制度は「一片の理屈」にすぎず，それは経験によって実証されてきたわけではない。つまり，男女の不平等は〈合理的な理由〉のない不平等であって，認められない。というのも，弱い性が強い性に従うのは人類の初めに全女性が「ある男性に束縛されていたという事実」（同上：42）に由来しているにすぎないからだ。近代社会とはこれとはまったく異なる社会である。

　　　人はもはや生まれながらにして一定の身分を持つということがないこと，その身分に，容赦なくしばりつけられて動けないということはないこと，自由にその能力を用いて，目の前の好機

第 13 回　平等／参政権

を捉え，もっとも望ましく思う運命をためしてよいこと。(同上：69)

　近代にあって政治の専制はひとまずなくなった。しかし，家庭内の専制がなお残存していると，ミルは強調する。「しかし一方においてこれらの暴虐の制度〔＝隷従契約としての結婚〕を法律上十分に維持しておき，他方実行上〔愛情等で〕それを緩和したとしても，それで専制主義は弁護できない……そもそも政治上の専制主義にいっさい弁護の余地がないように，家庭内における専制主義もまた弁護されるべきものではない」(同上：86-87)。

　ここには，『自由論』における「社会の専制」の応用を認めることができる。同書でミルはそれを次のように説明していた。「政治的な抑圧ほど厳しい刑罰を使うわけではないが，はるかに深く生活の細部まで目を光らせ，人の心まで支配するので，抑圧から逃れる余地がはるかに小さくなる」。これは「**慣習の専制**」とも呼ばれている。「慣習による専制がどの国でもつねに，人間の発展を抑える障害になっており，慣習よりも優れたものをめざそうとする精神をつねに圧迫している」(ミル 2006：17, 157)。

| 男女平等の
3つの理由 |

　それでは，「慣習の専制」に抗して両性間の社会関係を平等にすべき積極的な理由は何か。それはまず第1に，女性の「個性」の発揮で，これも『自由論』の新しい自由概念をベースにしている。「要するに，直接に他人に影響を与えるわけではない点に関しては，個性が発揮されるのが望ましいのである」(同上：128)。これは，各人がその個性を開花（自己実現）することに自由が存するという積極的な自由観に基づく主張である。それによって「国民全体の知的な活動が高水準」になることも期待され，結果的に「慣習の専制」

239

を打破することにつながるとされる。「世論の専制によって突飛な
言動が非難されているからこそ，この専制を打ち破るために，突飛
な言動が出てくるのが望ましいのだ」（同上：150）。

　ここには，民主的社会における「**多数者の専制**」による個性の圧
殺の危険性を指摘したトクヴィルの影響があるのは明らかである。
ただ，ミルの議論が政治思想史上で独自なのは，単に人間というだ
けで内属する価値を超え，人間が個性＝唯一性を発揮（実現）する
ところに価値（＝尊厳）を有する存在として再定位されたことにあ
るといえよう。

　たしかに，異なる意見への寛容はリベラルの中心的な価値であり，
既述のように17世紀イギリスに誕生していたが，19世紀イギリス
の自由主義者は，そうした価値が政治秩序の不安定を防ぐという消
極的な理由を唱えるだけでなく，その実践が社会の精神・知性の進
歩にもつながるという積極的理由をも提示しえたのである。

　ところで，『自由論』から半世紀後，「自由は，つねに，思想を異
にするものの自由である」と語ったある女性思想家・活動家は，
「限られた自由しかない国家の公共生活」は「あらゆる精神的な富
と進歩が塞がれている」と記した。それはレーニン・トロツキー
（共産主義）に対する批判だったが，ここで合わせて記憶されてよい
言葉ではないだろうか（ルクセンブルク　1969：156-157）。

　『女性の隷従』では同様な観点から，第1に女性の職業選択の自
由そして政治参加が主張されている。すなわち，それらが社会の進
歩以前に女性の能力の開花とそれに伴う幸福の観点から擁護された
のである。「自己の才能を自由に伸ばして使うことが，人間にとっ
て，同様にまた女性にとって，個人的幸福の源泉となる……」（ミ
ル　1957：187）。

　第2に，特に政治・社会における平等は女性自身の利益になる。

というのも，女性の利害に関わる事柄は，彼女たち自身によっての
み表出されうるからだ。「ある階級の大多数の女性は同じ階級の大
多数の男性と政治上の意見を異にしないかもしれない。しかしいや
しくも問題が女性の利害に関するかぎり，そういうわけにはゆくま
い」（同上：115）。ここには，自分（たち）の利益（快）をもっとも
よく知っているのは自分（たち）だという功利主義的な前提がある。

　第3に，両性間の社会関係の平等は，もちろん社会の利益にもな
る。ミルは次のように説明している。「女性に職業選択の自由を与
え，男性と同じ仕事の分野と同じ報酬や奨励をあたえることによっ
て，女性の才能が自由に用いられるようになることから生ずるであ
ろう〔社会を正義の法則に基づかせることの利益に次ぐ〕第2の利
益は，人類に対する高級な奉仕のために用いられる精神的能力の量
が，倍になるということである」（同上：163）。

　『女性の隷従』の著者が最後に改めて強調するのは，男女平等が
社会だけでなく，あるいはそれ以上に個人の利益になるということ
だった。それは個人の「幸福」を増進するもので，ミルはこれを人
間の「第1のもっとも強い欲求」としての《自由》とみなし，人間
の〈個人としての尊厳〉の問題と理解した。かくして，男女平等の
問題はミルと共に，古い社会の伝統の打破であると同時に，個人の
自由＝両性の尊厳の問題であると考えられなければならなくなった
のである。さらにミルは，男女の参政権を擁護するが，その理由は
個人や社会の「利益」のためだけではなかった。

第 IV 部 〈民主化〉の時代（19 世紀）

3 参政権と政治的平等の理由

参政権を認めるべき理由

大きく分けると 2 つの観点がある。1 つは，ジェームズ・ミルやベンサムらの功利主義の観点である。彼らは個人＝社会の最大幸福の増進の観点から女性の参政権を支持した。たとえば，ベンサム（Jeremy Bentham, 1748–1832 年）は晩年の『憲法典』（1830 年）で，「主権的権力を，幸福が最大化されることが利益となるような人々に与えよ」という原則を提示し，参政権を支持した（未成年者・非識字者は除外され，女性の選挙権についても時期尚早とされたが）。みずからの利益の最大の理解者である人民が選挙を通じてそれを表明することで，社会全体の利益を促進するという統治者の責任が明確化されると考えたのである。

また，ベンサムは統治者の適正能力を促進する方法として「毎年選挙」の実施を提案するとともに，統治者に対する民主的統制手段として（新聞を中核とする）「世論法廷」を構想した。その構成員には，参政権の対象外とされた未成年者や（時期尚早とされた）女性も含まれていた（小畑 2013：第 5 章）。

参政権を認めるべきもう 1 つの理由は，J・S・ミルの政治教育の観点である。ミルは『代議制統治論』で，代議制の意義を論じる一方，各市民が統治に参加することが理想上最良の統治形態であると指摘する。その理由は，第

ベンサム

242

1に自分の利害は自分でのみ擁護することができること，第2に諸個人の参加する活力が大きく多様であればあるほど社会は繁栄すること，である（ミル 1997：78-79）。

たしかに第1とともに第2の理由にも，ミルが父から継承した功利主義の観点が認められるが，ただし子ミルに独自なのは，統治への参加を「**実際的な訓練**」の観点から論じたことである。それはある意味で「功利主義」の欠陥を補う面を持つ。

多くの人々の通常の仕事は，「日常の必要の充足というもっとも基本的な形における，利己心による労働なのであって，なされる物事も，またそれをなす過程も，精神を個々人を超えて拡大する思考や感情に導くことはない」。これに対して，政治参加を通じて「公共のためになすべき何かを彼らに与えるならば，これらのすべての欠陥は，多少補われるであろう。彼に託される公共的義務の量を，かなりのものとすることを事情が許すならば，それは彼を教育ある人にする」（同上：95）。ここに，トクヴィルが地方自治に認めた精神的効用の影を見ることは容易い。さらに，次の指摘はトクヴィルの言う「公共の精神」の涵養の主張と重なり合う。

　　政治を論ずることによって彼〔肉体労働者〕は，遠い原因やはるかな場所の出来事が，自分の個人的利害にさえ，きわめてはっきりした影響を持つということを教えられるのであり，日々の仕事によって自己の周囲の狭い範囲にその利害関心を集中させられている人が，同胞市民に同情し，同感し，大きな共同社会の一員であることを自覚するようになるのは，政治論議と集団的政治行動によってである。（同上：215）

ところで，政治および社会への参加が教育の観点から論じられる

第IV部 〈民主化〉の時代（19世紀）

べきなのは，すでに『自由論』で示されていた。同書では，国政だけでなく地方自治や陪審制，さらには職場での参加や討議の意義が次のように説明されている。

〔陪審制や地方自治，自主的な市民活動は〕実際には市民としての能力を育てる訓練，自由な国民の政治教育のうち実地訓練の部分であり，個人や家族の利己的で狭い世界から抜け出して，共同の利益の理解と共同の問題の処理に慣れるようにするものである。つまり，公共的な動機かそれに近い動機で行動する習慣を育て，個人が孤立するような目的ではなく，団結するような目的に向かって行動するように導くものである。こうした習慣や能力がなければ，自由に基づく政治体制はうまく機能しないし，維持できない。（ミル 2006：241）

トクヴィルがアメリカの地方自治を近代民主主義のモデルにしたとすれば，ミルは古代ギリシアの民主政にその1つのモデルを見いだしていたといわれる。この点では当時の自由主義者のなかでも異色だったが，その「政治的」自由の主張は1940年代のハンス・ケルゼン（Hans Kelsen 1881–1973年）の民主主義論を先取りするものだった。ケルゼンは，「公論のない民主主義は語義矛盾である」と述べている。すなわち，「公論は精神的自由，言論・出版および宗教の自由が保障される場合にのみ生まれるのであって，そのかぎりでデモクラシーは政治的（必ずしも経済的ではない）自由主義と一致するのである」（『法と国家の一般理論』第2部IV–B）（ケルゼン 1991：433）。しかし，ミルに独自なのは，自由と平等の保障のためには「政治」の領域を超えて家庭や職場における参加や討議が必要であると主張したことに求められるだろう（Urbinati 2002：26, 157）。

244

政治的平等と **その問題**

そのミルも，低教育階級に大きな権力の行
使を認めることには不安を抱いていた。市
民が参加する統治を「訓練され熟達した有
能な行政」とうまく結合させる必要を主張する一方で，ミルは高度
な職務に就く人々に「2 票またはそれ以上の投票権」を与える**複数**
投票制を提唱した。「その職業につく前に，十分な試験または教育
の厳しい諸条件が要求されるときにはいつでも，その人々には，直
ちに複数の投票権が認められうる」（ミル 1997：229）。それはミル
にとって，投票は陪審と同様，「公共の善に関する自分の最善で
もっとも良心的な見解に従って投票することを義務づけられてい
る」という高度な責任感を求められる行為だという認識の裏返しの
主張でもあった（同上：257）。

　また，ミルは現代日本の選挙の基本原則とは異なる提案を他にも
している。それは**公開選挙**の要求である。「他人の監視のもとにあ
ること——他人に対して自己を擁護しなければならないこと——は，
他人の意見に反対して行動する人々にとって，このうえなく重要で
ある。なぜなら，そのために彼らは，自分自身の確実な根拠を持た
なければならないからである」（同上：267–268）。これもまた，ミル
が有権者に高度な責任感を求めるからこそだろう。他方で，ミルが
比例代表制を支持したことは今日から見て意義深い論点である。そ
れによって，高度な知性と人格を持つ候補が多数代表制に比べて選
出される可能性が高いというのだ。のちにケルゼンも，比例におい
て代表される議会の「少数派が多数意志形成に作用し得る電気感応
のような影響力」にまで踏み込んで，比例代表制とその少数派代表
の意義を擁護することになる（ケルゼン 2015：81–82）。

　ミルはその後，男性の投票権がなお制限されていた時代に，下院
（庶民院）議員選挙に立候補し女性参政権を訴えた。選挙法改正の修

第IV部 〈民主化〉の時代（19世紀）

正案は否決されたが，そうした試みを起点として男女平等運動が隆盛し，最終的にイギリスでは1928年に男女普通選挙制度の実施というかたちで実を結ぶだろう。この面で政治的平等は改善されることになったが，今なお選挙候補者や当選者の数では男女に大きな格差が残る。これは以上のミルの思想を踏まえるとき，単なる政治（参政権）の問題としてではなく，平等原則や個人の尊厳の問題としても考えなければならないことが鮮明になるだろう。

これに対して，ミル思想からは抜け落ちる政治的平等の今日的な問題としては，経済的不平等の問題がある。それは，一部の富裕者や団体の政治的影響力がますます増進しているという問題である。ダールが指摘するように，その縮小を利益と考えない消費文化が政治的平等を妨げていることは，今日では見過ごせない論点であるに違いない（ダール 2009）。

📖 読書案内

アマルティア・セン『正義のアイデア』池本幸生訳，明石書店，2011年。
　　　　センの正義の議論はロールズとは違って不正義への着目から構成される。同論によれば，当時は受け容れられなかった不正義（偏見）の告発（激怒）も，公共的理由があるならば，いずれ正義（不遍）となる。その一例として，ウルストンクラフトの思想が随所で紹介されている。なお，同書ではスミスに関しても参照されるべき議論が展開されている（→第8回）。

工藤庸子『近代ヨーロッパ宗教文化論——姦通小説・ナポレオン法典・政教分離』東京大学出版会，2013年。
　　　　ジェンダーの問題を文学史の世界から眺めると見えてくるものは少なくない。フローベールやプルーストをはじめ，ナポレオン法典や宗教の「性」をめぐる偏見に対峙した作家たちの戦いが，学際的な知識に基づいて語られる一大絵巻である。

渡辺浩『明治革命・性・文明——政治思想史の冒険』東京大学出版会，
　2021 年：III。

　　　ミルが『女性の隷従』を著したからといって，西洋のほうが男女関
　　係（ジェンダー）に関してすべて「先進的」だったとはかぎらない。
　　明治以降の日本では，「文明化」によって逆に「乙女の純潔」が賛美さ
　　れ性的分業も定着する。同書は，こうした西洋近代の「性」をめぐっ
　　て現代日本の読者の蒙を啓いてくれる，政治思想史のスリリングな冒
　　険である。

▒ 引用・参照文献 ▒

［第 1 次文献］

ウルストンクラーフト，メアリ 1980『女性の権利の擁護——政治および道
　徳問題の批判をこめて』白井堯子訳，未來社。

サンド，ジョルジュ 1937『アンヂアナ〈上・下〉』杉捷夫訳，岩波文庫。

ミル，J.S. 1957『女性の解放』大内兵衛・大内節子訳，岩波文庫。

ミル，J.S. 1997『代議制統治論』水田洋訳，岩波文庫。

ミル，J.S. 2006『自由論』山岡洋一訳，光文社古典新訳文庫。

［第 2 次文献］

梅垣千尋 2000「メアリ・ウルストンクラフトにおける平等の希求——一七
　九〇年代イングランドの『パンフレット合戦』という文脈から」『一橋論
　叢』123（2）：361–379 頁。

小畑俊太郎 2013『ベンサムとイングランド国制——国家・教会・世論』慶
　應義塾大学出版会。

グージュ，オランプ・ドゥ 2010「『女性の権利宣言』と人権宣言」オリ
　ヴィエ・ブラン／辻村みよ子監訳『オランプ・ドゥ・グージュ——フラ
　ンス革命と女性の権利宣言』信山社：417–422 頁。

ケルゼン，ハンス 1991『法と国家の一般理論』尾吹善人訳，木鐸社。

ケルゼン，ハンス 2015『民主主義の本質と価値 他 1 篇』長尾龍一・植田
　俊太郎訳，岩波文庫。

古関彰一 2017『日本国憲法の誕生〔増補改訂版〕』岩波現代文庫。

第 IV 部　〈民主化〉の時代（19 世紀）

ダール，ロバート・A 2009『政治的平等とは何か』飯田文雄・辻康夫・早川誠訳，法政大学出版局。

水田珠枝 1994『女性解放思想史』ちくま学芸文庫。（原著は 1979 年）

ルクセンブルク，ローザ 1969「ロシア革命論」（清水幾太郎訳），『ローザ・ルクセンブルク選集〈第 4 巻〉1916–1919［新装版］』現代思潮社：226–264 頁。

Urbinati, Nadia 2002 *Mill on Democracy: From the Athenian Polis to Representative Government*, University of Chicago Press.

第14回 天皇制／議院内閣制

バジョットの英国国制論と「行政権」

【天皇の地位と国民主権】

第1条　天皇は，日本国の象徴であり日本国民統合の象徴であつて，この地位は，主権の存する日本国民の総意に基く。

【天皇の機能と天皇の国事行為の委任】

第4条　天皇は，この憲法に定める国事に関する行為のみを行ひ，国政に関する権能を有しない。

2　天皇は，法律の定めるところにより，その国事に関する行為を委任することができる。

【行政権】

第65条　行政権は，内閣に属する。

【内閣の組織，国会に対する連帯責任】

第66条　内閣は，法律の定めるところにより，その首長たる内閣総理大臣及びその他の国務大臣でこれを組織する。

2　内閣総理大臣その他の国務大臣は，文民でなければならない。

3　内閣は，行政権の行使について，国会に対し連帯して責任を負ふ。

● ● ● ●

　政府と行政はどう異なるのだろうか？　政治学を勉強している人でも，意外に答えるのが難しい問いではないだろうか。その理由は，私たちがたいてい「三権分立」について学ぶ際に，執行権を三権の1つの権力として覚えるが，それは政府でも行政でもあって，両者は通常区別されないからだろう。

　憲法学では，行政の考え方として「控除説」が主流で，それによ

249

第IV部　〈民主化〉の時代（19世紀）

れば，行政とは「すべての国家作用のうちから，立法作用と司法作用を除いた残りの作用」である（芦部憲法：347-348）。つまり，立法と司法の残余として消極的に規定されてきたのである。たとえば，第73条1号は内閣の権限に関して「法律を誠実に執行し，国務を総理すること」と規定するが，その前段（administer the law faithfully）に重点を置いて行政権（第65条）は解釈されてきた。

　これに対して近年，「執政説」と呼ばれる異論が提起されている（憲法論点：第6章）。つまり，日本の議院内閣制のもとで行政は単なる法の執行事務を超えた権限を憲法上有しているのであって，従来のように消極的に規定されるべきではない。そこで第73条1号も，その後段（conduct affairs of state）に重点を置いて行政権が解釈される。それは単なる行政事務を超えた「行政権＝執政権（executive power）」の権力作用を論じる点で，いわゆる「行政＝官僚制」と「政府＝内閣」とを混同することへの有意義な批判を投げかけている。

　「三権分立」についてはモンテスキューの議論の絶大な影響が知られているが，政治学でも「行政権＝執政権」の大きさが過小評価されてきた面があるのではないか。とはいえ，政治思想史ではその欠陥に光を当てた論客がいる。ウォルター・バジョットである。彼は議院内閣制について論じることで，政府が単なる法の執行を超えた権力を行使することを示し，これを現代のあるべき政治のリーダーシップとして描いた。そして，その考察を可能にしたのが君主（元首）の役割の移行への注目だった。その議論は，象徴天皇制（第1条）のモデルにもなったと言われる。

　では，その場合，天皇の「象徴」としての役割とは何か？　議院内閣制とその「行政権」はどこまで及ぶのか，あるいは現代にどこまで及ぶべきなのか？　本講義では，これらの問いについてバ

第 14 回　天皇制／議院内閣制

ジョットの『英国憲政論』を読み解きながら考えてみることにしよう。

● ● ● ●

1　権力分立論の欠陥

行政あるいは
政府とは何か？

日本社会では，行政と政府は執行権を担う機関として区別されずにしばしば使われてきた。しかし英語で言えば administration と government で異なる。2つが必ずしも同じでないことは，たとえば後者が「統治」と訳されることからも推察できるだろう。つまり，政府＝統治の場合は〈行政（官僚制）〉よりもより大きな権力，換言すれば政治本来の「自由で創造的な国家指導作用」を含意していると考えられる（石川 2001：77）。

　政治（学）では，政府（ガバメント）という場合に〈行政〉が念頭にあることが多い。そのため，政治本来の作用，権力を覆い隠す結果になりうる。これに対して，戦後の行政学ではしばしば行政という場合に政府＝統治が想定されていた（西尾 1990 も参照）。つまり，「行政各部」（第72条）の行う「一般行政事務」（第73条）とは区別された「行政権（executive power）」（第65条）の存在が意識されていたのである。ただし，それは日本国憲法を解釈したというよりアメリカ政治・行政学の影響のもとで「行政」を理解した結果だっただろう。猟官制（スポイルズ・システム）に象徴されるように，アメリカでは大統領制下で政府は〈行政〉を政治的に統制する大きな権限を持つと考えられるからだ。

　しかし近年の政治（学）では，むしろ議院内閣制のもとで政府の権限が強化される「大統領制化」が指摘されることがあり，それは

251

第IV部　〈民主化〉の時代（19世紀）

図らずも行政と政府がこれまでいかに概念上無分別に使われてきたかを浮かびあがらせてもいる。では，政治思想史において政府あるいはその行政権＝執政権について，どのように論じられてきたのだろうか？

君主の大権？

歴史上，政府＝統治と行政の区別が曖昧になった背景には，君主政の解体ないし弱体化があっただろう。別の言い方をすれば，それまで君主が統治全般を掌握してきたが，そうではなくなったとき，その権力を誰が引き継ぐのか，あるいは消失するのかが問題になった。しかし，政治思想史のテクストを見ると，これがなかなか曖昧なのだ。

権力分立論の先駆であるジョン・ロックの『統治二論』では，権力分立は立法権と執行権の分立にすぎず，しかも本質的に別物とされる「外交権」も事実上執行権に一体化したものであり，それを担うのは君主であることが前提にされていた（→第5回）。そして，その君主には「大権」が備わるとされていることは見逃されがちである。それは明確に次のように定義されている。「大権と称されるのは，法の定めがないまま，あるいは，時には法にそむいてでも，公共の福祉のためにみずからの裁量に従って行動する権力のことである」（第14章160）。その存在理由も明確である。「法が見越すことのできない事柄は少なくない。それらの事柄は，好むと好まざるとにかかわらず，執行権力を手中に握っている者の分別に委ね，公共の福祉と便宜に見合うように按配してもらわざるをえない。いや，法律そのものを二の次にして行政権力を優先する」（第14章159）。

「大権」あるいはそれを有する君主の執行権は無際限ではなく，それを制限するものとして「公共の福祉」が措定されていたことは基本的人権の保障という観点から枢要ではあるが（→第5回），それが緊急の場合に歯止めとなりうるかは不透明で，実際はその権能

252

者の良識に暗に任されていたのではないか。これに対して『ザ・フェデラリスト』（第41篇）は「大権」を明るみに出し，それを大統領の執行権へと制度化する論理を提示したものの，「公共の福祉を増進すべき権力」には自由裁量権がつきものだと付記している。

モンテスキューと
ルソー モンテスキューの権力分立論は，ロックに比べて司法権の独立を論じたことに注目が集まり，その執行権力＝行政権については

あまり論じられない。しかし，『法の精神』では行政権として単なる法の執行の任務が想定される一方，「講和または戦争をし，外交使節を派遣または接受し，安全を確立し，侵略を予防する」ことが主要任務とされている。そして，それはやはり君主が担うことが前提とされた。「執行権力は君主の手中に置かれるべきである。政体のこの部分は，ほとんどつねに即時の行動を必要とするので，多くの人よりも1人によって，よりよく処理されるからである」（第2部11編）。ここでも問題となるのは，君主による掌握が前提とされる一方，自由裁量が強調されていることである。それは権力分立論のエアポケット，隠された「行政権」の問題ともいえるだろう。

　これに対して，意外にもそれを問題の俎上に載せたのは（権力分立論とは対極にあるとみなされる）ルソーである。少なくとも『政治的経済論』（1755年）ではそうした片鱗が垣間見える。つまり，主権と区別される政府＝統治（gouvernement）について，（『社会契約論』で定義されるような）単なる法の執行機関を超えたものだと指摘しているのである（小島 2017）。もっとも，ルソーはこれを歴史的かつ体系的に論じることはなかったが。

　政治思想史のなかで初めて「行政権」＝執政権に着目し体系的に論じたのは，バジョットである。彼は君主政下のイギリスにあって君主の役割ないしその移行に注目することを通じて，政府＝内閣へ

第 IV 部　〈民主化〉の時代（19 世紀）

の（単なる法の執行を超えた）権力の集中を明らかにすることができた。その大権（の実効的部分）は，支配者（個人）ではなく，政府＝内閣という機関に移行してゆくことになる。

2　内閣と君主の役割

銀行家バジョット

ウォルター・バジョット（Walter Bagehot, 1826–77 年）は英国の銀行家の一人息子で，自身も銀行家だった。ロンドン大学を卒業後（数学・哲学を専攻），渡仏してルイ＝ナポレオン（ナポレオン 3 世）のクーデターに遭遇，書簡形式の評論を発表し保守の論客として頭角を現し，著述業に専念するようになる。『エコノミスト』へ寄稿し，その創刊者であるジェームズ・ウィルソンの長女エリザと結婚，同誌の編集長に就任する（1860 年）。その後，編集長を 17 年間務める傍ら政治家に 4 度立候補するが，いずれも落選した。

政治思想史のなかに彼が名を残すのは，なにより『英国憲政論』 *The English Constitution*（1867 年）によってである。それは同年成立した第 2 次選挙法改正が議論されるなかで執筆されたもので，バジョットは同法への批判的立場から議会の民衆化の危険を指摘した。同法改正（1867 年）によって有権者が 135 万人から 247 万人へと倍増したことを受け，第 2 版では長い序文を新たに執筆した（1872 年）。そのなかの一節は，政治学における名言として記憶されている。

バジョット

第14回　天皇制／議院内閣制

素直にいえば，わたしが恐れるのは，わが国の二大政党がとも
に，労働者の支持を求めて競争しようとすることであり，また
両党ともに労働者の欲求が表明されれば，その実行を約束しよ
うとすることであり，さらに労働者がキャスティングボートを
握っているので，その票を物乞いするように欲しがることであ
る。……そんな態度で政治を行なうなら，民 の 声 は 悪 魔 の 声
となるであろう。(バジョット 2011：375-376)(以下，同書からの
引用は頁数のみ付す。)

『エコノミスト』編集長の思索は政治にとどまるものではなかっ
た。彼の著した『ロンバート街』*Lombard Street: A Description of
the Money Market*(1873 年)は今日，中央銀行論の古典とされてい
る。金融恐慌の際に高い担保(信用)さえあれば高い金利で相手が
望むだけ貸せという中央銀行の役割は，「バジョット・ルール」と
して知られている。

権力分立論の批判　『英国憲政論』の冒頭，イギリス国制の機
能の秘密は従来の「三権分立」論が主張し
てきたように執行権と立法権の分離にあるのではない，「両者の不
思議な結合」にあるのだとバジョットは断言する。そして，「両者
を結ぶきずなが内閣である。内閣という新しい言葉は，執政権
(executive body)を担当するため，立法機関によって選出された委
員会という意味である」という (14)。ここでバジョットは，モン
テスキューのようにイギリスをモデルにした権力分立論を批判し，
執行権と立法権の結合について指摘するとともに，その要として
「内閣」の存在を指摘している。この内閣(政府)は単なる法の執
行を超えた政治権力を握っている。バジョットは続けて次のように
述べる。

第Ⅳ部　〈民主化〉の時代（19世紀）

> 君主は，憲法の威厳をもった部分の頂点にすわっているにすぎ
> ない。これに対して首相は，機能する部分の頂点にすわってい
> る。君主はいわゆる「名誉の源泉」であるが，財政委員会委員
> 長たる首相は政務（business）の源泉である。(15)

　君主（元首）はなお「名誉」の源泉だとしても，「**政務**」すなわ
ち政治の実権は内閣，その頂点にいる首相にある。事実，首相は突
発的な「緊急事態」にも対応するとされる。そのため，首相には
「もっとも信頼できる人物」が選任されるべきだ。こういわれると
き，ロックが君主の「大権」に認めていた権限のある枢要部分が首
相へと移行していることがわかる。これに対して，アメリカ合衆国
のように大統領は「君主」的権力を備えているといわれるが，実際
は議会との分断のために無力化されているとするバジョットの指摘
は鋭い。たしかにアメリカの大統領制は，建国期に行政権と立法権
を合わせ持つイギリスの内閣が「専制体制」と認識された結果，2
つの権限の厳格な分離が主張されたことによる産物だった（石川
2019：110参照）。

　なお，バジョットの議論を踏まえれば，現代のイギリスとともに
日本の議院内閣制はそもそも「三権分立」といえるのかという指摘
もありうる。その場合，1つの争点となるのは，首相の解散権（憲
法第69条および第7条3号の解釈）だろう。

　┃**野党と君主の役割**┃　バジョットの議院内閣制論については，立
　　　　　　　　　　　法権と執行権の結合による政治権力の集中
に注目が集まるが，彼は同時に政府を批判する場として議会の役割
を強調した。「議院内閣制の生命は，討論にある」(81)。「偉大な討
論の場」としての議会は優れた指導者を選出することを可能にする
ばかりか，国民への「教育的」効果も発揮するという。そして見落

としてならないのは，その討論は政治を批判する野党の存在があって初めて成り立つという指摘である。イギリスに「陛下の野党(Majesty's Opposition)」という言葉があるのは，野党の存在の意義と敬意を証しするものでもある。

では，これに対して，事実上君主（元首）の役割はなくなるのだろうか？　いや，それは内閣が統治の「**機能する部分**」を担うのに対して「**威厳を持った部分**」を担うとされる。君主は支配を「わかりやすい」ものにする存在ともいわれる。ただそれは単なるお飾りではない。バジョットは内閣の「行政権」＝執政権とは区別されるその存在の効用に注目した。

> 憲法という観念を理解できず，具体的な人間の意志と違った法というものに，いささかも馴染めないような階級……大多数の人間は，君主以外のどの制度よりも，君主の方に留意しようとする。……それは……多くの無教養の者にも理解しやすい要素を持っているのである。(46)

この議論の背景にはバジョット特有の人間観がある。つまり，彼によれば人間をより強く支配するのは理性よりも感情であり，それゆえに，感情に訴えるような存在は支配を容易にする。それは女性により顕著だという。「感情というものは，一般の人間性のありのままの姿を，また人間性にふさわしい姿を，もっともよく示すものである。女性は……内閣のことよりも結婚のほうに何十倍も多く注目する。……人間の感情は強く，理性は弱い」(47)。

『英国憲政論』は，こうした君主（元首）の役割を強調するために参照されることが多い。とはいえ，同書では「君主は公務を遂行する有用な機関」とはみなさず，むしろそれが「政府を運営するの

第IV部 〈民主化〉の時代（19世紀）

ケース⑦　内閣総理大臣の権限はどこまで及ぶのか？

【ロッキード事件（百選II・174）】

　内閣総理大臣（当時）田中角栄を巻き込んだ贈収賄事件で，内閣総理大臣（首相）の大臣への働きかけは職務権限かどうかが争われたケース（最高裁1995年2月22日大法廷判決）。

　最高裁によれば，「内閣総理大臣は，少なくとも，内閣の明示の意思に反しない限り，行政各部に対し，随時，その所掌事務について一定の方向で処理するよう指導，助言等の指示を与える権限を有する」。

　本ケースのポイントは，旧憲法で天皇が有していた《行政権》は「合議体としての内閣」（憲法65条）が担うと従来はみなされていた――この場合首相はある意味で内閣の第一人者にすぎない――のに対して，首相自身がそれを担いうる余地を示したことにある。

　この解釈が政治（学）にとって見逃せないのは，議院内閣制による一元代表制がもたらす集権的統治の軸が与党幹部から内閣，首相へと移行する政治改革に間接的な影響を及ぼしたとされることにある。この点で「百選」は本件を与党総裁＝内閣総理大臣への「事実上の」権力集中の完成で起きた事件と位置づける。ただ，権力集中過程で起きた事件といえるとしても，それが完成していたかは疑問が残る。その後も与党幹部に権力が集中していた（二重権力構造）。むしろ1990年代の行政改革において，この判決を梃子に――影響が現実にあったかはともかく――内閣，首相へと権力が再び集中しだしたのではないか。

　実際，本件で認められたのは〈指示権〉という「弱い権限」（判例50！・42）であったはずだが，「内閣総理大臣（および内閣官房と内閣府に置かれた特命担当大臣）の影響力が〔1990年代の〕中央省庁等改革以来，内閣官房と内閣府（および「内閣官房・内閣府見直し法」により，閣議の方針の下に各省大臣）の総合調整機能の強化により制度的に高められ，とりわけ内閣官房における内閣人事局の設置がそれを人事管理の面から担保しうるなかで，指示と「権力的」な指揮監督権（訓令）の違いは薄められ，「指示」が総合調整機能の中で活用され得る」ようになった（行政法百選〔第8版〕15，2022年，33頁）。

に必要な能力」(335) と区別されていることには注意しなければならない。君主には伝統的な権限として諮問に対して意見を述べる権利，奨励する権利，警告する権利が留保される一方，バジョットは，立憲君主は通常「単に平凡な能力しか持たない人間であるに違いない」といって憚らない (87)。たしかに，君主は依然として「危機に対応するための非常用の権力」を握っている (97)。とりわけ議会解散権を有し，この点においてもイギリスの君主は元首であり続ける。しかし，「この〔議会への〕牽制は，君主に任せるよりは，首相に任せるほうがよい」。しかも最近「この権限は，年々君主の手から離れて首相の手に移りつつある」とさえバジョットは書いている (295–296)。この意味で君主（元首）を「象徴的」存在に限定することで，政府＝内閣の自由裁量（フリーハンド）が強まるという構図が提示されているのである。

　周知のように，近年イギリスでは，「議会任期固定法」(2011 年) によって「大権」に等しい（形式的には君主の名の下になされてきた）首相の解散権が大幅に制約されたが，同法は 2022 年 3 月に廃止された。

　　　　象徴天皇制　　バジョットの君主論については，日本国憲法で「国政に関する権能」(第 4 条) を剝奪された天皇制の規定に何らかの影響を与えたことが指摘されてきた。実際，連合国軍最高司令官総司令部（GHQ）の民政局の法律家たちはイギリス法制をモデルにしていたという。また，彼らと直接交渉した高柳賢三（貴族院議員）は，ホイットニー局長の言葉を聞いて，バジョットの「実際政治における尊厳的部分の重要性を説いている箇所を想起したことであった」と証言している（高柳 2019：25, 36–37）。

　天皇はイギリスのような象徴的「元首」なのだという高柳の主張

第IV部 〈民主化〉の時代（19世紀）

それ自体は論争の余地があるとはいえ，その証言はバジョットの議論が「象徴天皇制」の規定に影響を与えた傍証ではありうる。このように，日本国憲法の制定に関与した者が具体的な条文をめぐって政治思想家に直接言及しているという点では，バジョットは珍しい事例といえるだろう。

3　官僚制の欠陥と政治主導

官僚主義の欠陥　　銀行家でもあるバジョットは，君主政を擁護した保守の論客として知られるが，同時に非常にプラグマティックな思想の持ち主だった。それが『英国憲政論』のなかで顕著に現れるのは，官僚制への批判においてである。バジョットによれば，それは「結果よりも手続き方式」を重視する(237)。そして，今日省益主義と呼ばれるような弊害についてこう断じている。「およそ官僚政治が，人間の活動力を自由に発揮させることを任務とせず，むしろ官僚の権限，事務，人員を増大させることを任務と考えるのはたしかである」(240)。

　むろん，それは官僚たちの能力の欠如のためではない。彼らが受ける全教育・習慣に問題があるとされる。「何年もの間，事務の形式を学ぶことに専念し，その後も長い間，細かな問題にその形式を適応することに専念する」，ここに問題の根源があるとされる。

工業国の指導者　　バジョットがこのように官僚政治を批判する前提としては，現代国家とそこで求められる新しい指導者に対する彼の独自なイメージがあった。すなわち，「経済変動がもっとも激しい国」である工業国では，進歩や活気のない農業国とは違って「新鮮な頭脳の持ち主」が必要である。逆に官僚機構は，経済社会の変動が激しい国では阻害要因だとされる

260

(244)。君主とは区別された政府＝内閣に政務（執政権）を移行すべきだと論じられる理由がここにもあるが，その場合の政府＝内閣は単なる（官僚的）行政業務を担う機関ではもちろんない。

たとえば，バジョットは「議員兼職大臣の効用」について，省庁に「外部の感覚と活力」を注入すると論じながら，大臣を首席「行政官（＝管理者 administrator）」と呼ぶべきではないと言っているのは象徴的である。つまり，大臣そして内閣＝政府に求められるのは「堅苦しい行政事務に閉じこもっている者」ではなく，仮に重大事態が生じた場合には（行政事務を超えて）すべきことをなすことができるような豊かな経験と知識を持った人間である。これはバジョットが2人のナポレオンを称賛した理由でもあった。

ナポレオン3世

差し迫った状況下で大臣＝政府が適任者によって組織されるには，その頂点にある人間が独裁者であることが理想的だとも書いている（250）。政府＝内閣およびその頂点にある首相への権力集中を主張していることを窺わせる記述である。もっとも，バジョットの考える政治的リーダーシップは一義的ではなく，安定の時代には〈調停型〉，危機の時代には〈統率型〉というように，求められる指導者像は変わると考えられた（遠山 2011：第3章）。

ビジネス中心の時代に　『英国憲政論』といえば，君主（元首）論とみなされがちだが，そこで強調されているのは議院内閣制のリーダーシップのあり方であり，それは「目に見える価値」としての結果を重視する時代の指導力だった。バ

ジョットは「世襲君主政は不可欠ではない」とさえ述べている (308)。逆に, 彼が政治における「尊厳的部分」としての君主の効用を論じたのは, イギリスがたまたまその伝統を持っているからであり, それがない国に君主政をあえて創造することはかえって弊害が多いとさえ指摘している。

それでもバジョットは, 現代の「行政権」すなわち執政権を補完する君主の役割を強調する。「一目瞭然とした実用性」が際立つ時代にこそ「女王によって喚起される崇敬の念」が有用であるという。政府を嫌う国民を服従させるのに女王の権威ほど役立つものはない。だから「女王の形式的な大権とダウニング街〔首相官邸〕の真の政府との共存」(356) こそ, 『英国憲政論』で描かれる議院内閣制とそれを補完する君主 (元首) の姿である。

このように, 内閣や首相への権力移行を描く『英国憲政論』は, 〈行政＝官僚制〉を超える「行政権」＝執政権の行方を示唆しえている。権力集中の危険性というよりは必要性が指摘されたのである。ただ, 彼が同時に議会の存在を重視していたことはやはり強調されるべきである。むしろ,「強力な政府」のためには強力な議会 (庶民院) とその支持が必要だった。行政との調整が必要な立法が増大する文明社会においては, なおさらそうであるという。もっとも, イギリスではその後, 世紀末になると「委任立法」が発達し, 議会 (討論) の形骸化という問題が生じることになるが (中村 1977)。

他面, バジョット

イギリス首相官邸 (別名：ダウニング街 10 番地)

は民主主義の実践には否定的だった。「教養の低い人間を納得させるようなことは，まず不可能といってよい」と述べ，少数者は「大衆の理性ではなくて，その想像力や習性に」訴えるべきとしている(330)。社会が進歩すれば大衆を納得させるのも可能かもしれないと付言するが，その可能性を積極的に論じた様子はない。既述のように，第2版序文では「教養に対する無知の支配」，「知識に対する数の支配」に警鐘を鳴らした。

とはいえ，『英国憲政論』の著者が選挙権拡大に反対したのは，フランソワ・ギゾー（François Guizot, 1787–1874 年）のような大陸ヨーロッパのエリート主義者と違って，議会を知的・理性的な意見によって独占するためというよりは，そのほうが——多数者をなす労働者階級の意見に回収されない——多様な意見を代表できると考えたからだったといわれる（Selinger and Conti 2014）。その点で，政府＝内閣（行政権）の権限の強大化が求められる時代に，議会および議員の責任はいっそう重いといえるだろう。

📖読書案内

赤坂憲雄『象徴天皇という物語』岩波現代文庫，2019 年。

　　戦後日本では，天皇制の存続に向けて民主主義のなかにそれを移植しようとする思想家たちの暗闘があった。なかでも，「国民の総意の表現」という位置づけを案出した和辻哲郎の議論（I・第二章）は興味深い。

高安健将『議院内閣制——変貌する英国モデル』中公新書，2018 年。

　　イギリスを中心とした近年の議院内閣制における「大統領制化」を知る格好の入門書である。

「特集　議会制民主主義の行方」『ジュリスト』5/1・15 合併号，有斐閣，2006 年。

　　議院内閣制の特徴とその問題について，憲法学の質の高い複数の議

第Ⅳ部　〈民主化〉の時代（19世紀）

　論が同時に読める特集である。

引用・参照文献

［第1次文献］

バジョット 2011『イギリス憲政論』小松春雄訳，中公クラシックス。

［第2次文献］

石川健治 2001「政府と行政——あるいは喪われた言説の場」『法学教室』
　　245号：74–80頁。

石川敬史 2019「アメリカ革命期における主権の不可視性」『年報政治学』
　　2019-I号：91–116頁。

小島慎司 2017「主権論の展望と課題——主権・執政・自由」辻村みよ子編
　　集代表『政治変動と立憲主義の展開——フランス憲法からの展望』信山
　　社：83–93頁。

高柳賢三 2019『天皇・憲法第九条』書肆心水。（原著は1963年）

遠山隆淑 2011『「ビジネス・ジェントルマン」の政治学——W・バジョッ
　　トとヴィクトリア時代の代議政治』風行社。

中村英勝 1977『イギリス議会史』有斐閣双書。

西尾勝 1990『行政学の基礎概念』東京大学出版会。

Selinger, William and Conti, Greg 2014 "Reappraising Walter Bagehot's
　　Liberalism: Discussion, Public Opinion, and the Meaning of Parliamentary
　　Government," *History of European Ideas*, 41(2)：264–291.

エピローグ

第15回 労働社会の「人間らしさ」？

ヨーロッパの世紀末と政治思想史の役割

【自由及び権利の保持義務と公共の福祉】

第12条 この憲法が国民に保障する自由及び権利は，国民の不断の努力によつて，これを保持しなければならない。又，国民は，これを濫用してはならないのであつて，常に公共の福祉のためにこれを利用する責任を負ふ。

【基本的人権の由来・特質】

第97条 この憲法が日本国民に保障する基本的人権は，人類の多年にわたる自由獲得の努力の成果であつて，これらの権利は，過去幾多の試錬に堪へ，現在及び将来の国民に対し，侵すことのできない永久の権利として信託されたものである。

【学問の自由】

第23条 学問の自由は，これを保障する。

❖ ❖ ❖

　日本国憲法97条には，基本的人権は「侵すことのできない永久の権利」（第11条）だと再説されている。補則（第11章）を除けば最終にあたる章で改めてその点が確認されるのは，当然その重要性を強調するためだろう。それは初回の講義で説明したような，日本国憲法を規定する根本的——それが改正されても残されるべき——規範性を示しているように見える。つまり，第2次世界大戦を踏まえ，人権の「法律による」保障という考え方を超えて「法律からの」保障（「人権は法律によっても侵されてはならない」ということ）が強調されているのである（芦部憲法：80）。

もっとも，政治思想史の観点から見ると，それ以前に人権は脅かされつつあった。「ヨーロッパの世紀末」と呼ばれる 19 世紀末，大陸ヨーロッパでは資本主義や民主主義の負の側面が露呈し，近代文明の没落が早くも叫ばれるようになっていたのである。たとえばドイツでは，反自由民主主義を唱える新保守主義運動が活発化，大衆の「非合理性」に訴えた。

他方で，本書がより注目したいのは，ナチズム・ファシズムの向こう側，すなわち「近代」的価値を掲げる西欧諸国内部で「合理性」それ自体がすでに人権を脅かしえた事実である。国民活動のなかで「労働」が優位を占めるようになった近代，「国民の不断の努力」（第 12 条）はともすれば自由や権利の保持ではなく労働「生産性」に向けられるようになった。

そこで，たとえば，ハクスリーは『すばらしい新世界』（1932 年）で，近代的合理性あるいは生産性の自己目的化が行き着くディストピアの可能性を描いた。本講義がそれに焦点を当てることで明らかになると思われるのは，ファシズム・スターリニズムが滅んでもなお「近代」内部に巣食う人権を脅かす問題圏である。それはナチス政権下のドイツ国民の「非合理性」の欲求を異常だと非難していれば済むような種類の問題ではなく，そのため根が深い。

最後に，エピローグとして，ヨーロッパの世紀末に至る近代で展開されてきた思想の来歴を確認したうえで，政治思想史の役割を問うてみたい。それはこれまで説明してきた「近代」をどう理解し，人間の尊厳（＝人間らしさ）をどう保障してゆくのかということに関わる。と同時に，政治思想史が 1 つの学問としてヨーロッパの世紀末をくぐり抜けた近代「合理性」にどう向き合うべきかという問いにも関わる。日本国憲法でいえば，表現の自由（第 21 条）とは別に学問の自由（第 23 条）が掲げられる意義とも関連するだろう。

エピローグ

・・・・

1 近代「労働」社会と政治──ヘーゲルからマルクスへ

「労働」の復権　　政治思想史では，モノとは異なる人間の尊厳とは何かが考察され，またそれを保障する制度が構想されてきた。政教分離や代議制民主主義，権力分立や人民主権などが考案されるなか，モンテーニュやルソー，カントやトクヴィル，ミルらによって，必ずしも合理的ではない人間とその人間性＝尊厳が論じられてきたのである。本講義では，そうした思想の系譜に光を当ててきた。

　また，その系譜を辿ることで明らかになったのは，3つの政治像（→第3回）が入れ替わりながらも，第1の政治像を基調とした人民による権力の構成が持続的に検討されてきたことである。ここには，立憲主義の実践に向けた思想を見いだすことができるだろう。

　とはいえ，人類が長年にわたって獲得してきた権利の束の保障のほうへ人間の活動が絶えず向かってきたかというとそうでもない。たとえば，われわれの生活のなかでそうした活動としての「政治」──自治と言い換えてもいい──の占める優先順位は下降し，それに代わって上昇し続けてきたのは「労働」の位置づけだった。歴史上断続的に政治に熱狂する時代はあったが，俯瞰して見れば，われわれは政治とは関係がないと，場合によってはそれを疎ましいとさえ思うようになったのではないか。

　その背景には，「政治」の出番が少なければ少ないほど「幸せ」だという思想がある。この発想からすると，逆に「幸せ」な生活を営むうえで欠かせないのが「労働」という経済活動なのだ。古来，知的・哲学的活動に対して肉体的活動と観念されてきた「労働」は

268

過小評価されてきた。それに対して,「近代」という時代はこの労働を復権させ,われわれの生活の中心は労働によって占められるようになった。そこで,近代の政治思想家たちも個人の権利（自律）を唱えると同時に,人間生活に不可欠な活動として労働を位置づけるようになったのである。個人に権利・自由が認められた背景には,産業革命と勃興する中産階級の存在があったことを考えれば,労働の価値が復権されたのは当然だろう。

しかし,近代の産業主義は政治への無関心を育てただけでなく,政治への関心の持ち様を劣化させたのではないか。長い労働時間と都市の喧騒は人々を「可能なかぎり最悪の状況下で」政治を遂行するように強いるようになった,20世紀アメリカの著名なジャーナリスト,ウォルター・リップマン (Walter Lippmann, 1889-1974年) はそう嘆いた（リップマン 1987：104-105）。とはいえ,「労働」社会において「政治」の必要がなくなるわけではない。

ヘーゲルから社会主義へ

18世紀イギリスの商業社会（市場社会）の成立に伴い,それを肯定する思想,スコットランド啓蒙が現れたことは前述の通りである（→第8回）。のちにそれを〈欲望の体系〉という「市民社会」として定式化したのは,ドイツの哲学者ヘーゲル (Georg Wilhelm Friedrich Hegel, 1770-1831年) である。そこで政治思想史上でも,労働という人間の活動が肯定されることになった。

ヘーゲルは『精神現象学』(1807年) のなかで,労働を人間の「自主・独立」の手段として評価している。つま

ヘーゲル

エピローグ

り，人間は労働，すなわちモノを作り使うなかで自立を意識できるとされる。それは動物とは異なる〈人間らしさ〉を特徴づける活動なのだ（同書：B「自己意識」）。しかし他方で，『法の哲学』（1821年）の著者にとって，その上位にある政治（国家）や哲学のほうが評価されるべき活動だったのは否めない。

これに対して労働を評価し，古代から続く活動の優先順位を本当の意味で逆転させたのは社会主義者たちである。たとえば，初期社会主義者として知られるサン゠シモン（Comte de Saint-Simon, 1760-1825年）はこう述べる。

> 労働はあらゆる美徳の源泉である。もっとも有益な労働は，もっとも尊敬されなければならぬ労働である。それゆえ，神の道徳も人間の道徳も，等しく，産業者階級が社会において最高の役割を演じるよう要求している。（サン゠シモン 2001：45）

マルクスと労働

続いて，ヘーゲルの影響を受けながらも，労働をもっとも「人間的」活動として評価した社会主義者はカール・マルクス（Karl Murx, 1818-83年）だろう（サン゠シモンが評価したのはあくまで有用な労働であったことに留意したい）。

マルクスによれば，人間は生産活動を通じて「**類的存在**」，すなわち共に働く社会的関係を持つ存在として現れる。同概念はフォイエルバッハ（『キリスト教の本質』1841年）に由来するとされるが，それはマルクスにおいて労

マルクス

働を通じて現れる概念となった。また，その「対象世界の加工という行為」は動物にはできないという意味で「人間的」な行為であると考えられる一方，それは自然を必要とし，「人間が自然に依存して生きている」ことを示すとされる点にも注意したい。

かくて，対象世界の加工という行為において，人間は初めて，現実に自分が類的存在であることを示すといえる。この生産こそが動きのある人間の類的生活だ。その活動を通じて，自然は人間の作品となり，人間の現実となる。だから，労働の対象とは，人間の類的生活を対象化したものだ。人間は意識において自分を知的に二重化するだけでなく，生産活動において現実に自分を二重化し，自分の作り出した世界のうちに自分の姿を見てとる。(マルクス 2010：103)

他面，マルクス思想の意義は，そのように「労働」が復権した時代に，人間性＝人間らしさが失われるおそれがあると警鐘を鳴らしたことにある。つまり，それは人間を含めすべてが市場で交換可能な「商品」と化す可能性である。彼は次のように警告した。

商品を作れば作るほど，かれ自身は安価な商品になる。物の世界の価値が高まるのに比例し，人間の世界の価値が低下していく。労働は商品を生産するだけではない。労働と労働者とを商品として生産する。(同上：91–92)

人間は労働者として商品を作るが，それは雇い主のモノとなり，また自分自身も労働力として売られることで，つまり自分の作った商品に対して，また自分自身に対して二重に疎遠な関係となる。マル

クスはこれを「**疎外**」と呼んだ。人間は自然とも疎遠となり，お互いにみずから生活を営む「類的存在」からも疎外される。そこでマルクスは諸悪の根源として私有制度の撤廃を主張するが，「近代」が個人の所有の権利（プロパティ）から始まったことを考えると，この主張は「近代」に向けた根源的な批判を含んでいる。

その半世紀ほど後，『プロテスタンティズムの倫理と資本主義の精神』（1905年）を刊行したマックス・ウェーバーは，資本主義を興隆させた精神が，労働を「召命」とみなしたプロテスタンティズムによって生まれたと論証した（同説には近年有力な異論があり，もはや額面通りには受け容れられないが）。つまり，非合理的な情念が近代合理的な精神に結実したという。しかし他方で，世紀末を代表するこの社会科学者によれば，当初は人々が「救済」を求めて専心したはずの労働それ自体が徐々に自己目的化すると，人間はその近代合理性に従属する存在となり，人間が労働をしているというよりさせられているという逆説が生じた。社会の官僚制化・システム化が人間の〈人間らしさ〉を奪ったのである。

2 ヨーロッパの世紀末──文明への失望と「非合理性」への欲求

| 「世紀末」の流行 | フランス革命後に開幕した長い世紀が終わろうとする頃，社会の形式化への反発が噴

出，パリでは「世紀末」が流行語となった。ユイスマンの小説『さかしま』（1884年）が人気を博し，マラルメらの雑誌『デカダンス』に象徴されるように近代文明の閉塞感や頹廃が吐露された。「突如，古い快適な秩序は攪乱され，『審美的に美しいもの』（ハンスリック）という，これまで誤りなく妥当するものとされていた規範は，疑問とされるに至った」（ツヴァイク 1999：76）。当時ウィーンにいたツ

ヴァイクはのちにこう語っている。

当代随一の文芸批評家，ポール・ヴァレリー（Paul Valéry, 1871-1945 年）の著名な論攷「精神の危機」（1919 年）は，次のような衝撃的な文章で始まる。「われわれ文明なるものは，今や，すべて滅びる運命にあることを知っている」。そして，「決定的な問題」を問いかける。「ヨーロッパは果たしてそのあらゆる分野における優越性を保っていけるのだろうか」（ヴァレリー 2010：

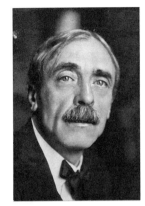

ヴァレリー

7, 20）。第 1 次世界大戦を経てヨーロッパ文明の優越が動揺するなか，こうして「戦勝国」フランスでも文学や芸術の分野を中心に近代的価値に対する疑念，さらには絶望が広がっていた。

『西洋の没落』

世紀末は「非合理性」とその影響が注目され，「近代」の価値が最大限に動揺した時代である。社会学者のル・ボンは大衆心理に，精神分析医のジグムント・フロイトは人間の無意識下の欲動に着目した。ここで再び，ツヴァイクの回想を聞こう。

> われわれの文化，われわれの文明というものは，ただ表面の薄い層にすぎぬのであって，それはいつでも地下の破壊的な衝動力によって突き破られるものであるとみなしたフロイトの説を，われわれは是認せざるをえなかった。われわれは，われわれの足元にしっかりした地面を持つことなく，権利や自由や安定というものを持つことなく生きることを次第に当たり前と考えるようにならざるをえなかった。（ツヴァイク 1999：20）

エピローグ

哲学ではニーチェが，人間はおよそ理性的ではなく，大衆はルサンチマン（怨恨・嫉妬）に駆り立てられた存在だと喝破，ディオニュソス（陶酔・激情）的な「生の哲学」とともに超人思想を唱えた。こうした時代精神のもとに書かれベストセラーとなったのが，シュペングラー（Oswald Spengler, 1880–1936 年）の『西洋の没落』である。第 1 巻は 1918 年（第 2 巻は 1922 年）に刊行されたが，執筆は 12 年に開始され大戦勃発時には完成していたという。

『西洋の没落』によれば，文化が「成ること」であるのに対して文明は「成ったものであり，生に続く死」，終結であるという（シュペングラー 2017, I : 46）。文化を育む民族が「魂の単位」であるとすれば，文明は「大衆」の支配であり，「大衆とは終末であり根源的な無である」（同上，II : 180）。そして今，「貨幣はデモクラシーの形で凱歌をあげたのである」（同上 : 218）といわれるように，大衆の支配は民主政治＝金権政治として現れ，この種の文明化によって文化が終わろうとしていると，シュペングラーは不穏な警鐘を鳴らすのである。その「貨幣の独裁」に対して，混沌のなかから出現が待望されるのは「カエサル型人間」である，と。

「新保守主義」の台頭　シュペングラーをはじめ，「戦後」ドイツでワイマール憲法体制（共和国）に反対する反自由民主主義的運動として「**保守革命 Konservative Revolution**」を唱えたのが，新しい保守主義者と呼ばれる人々だった。その首謀者の 1 人，「第 3 帝国」の命名者として知られる文芸批評家のメラー・ヴァン・デン・ブルックによれば，この「民主的」憲法によって過去から断ち切られたわれわれ「保守主義的人間」は，「保持者であるとともに反乱者たらざるをえない」。そこで，「われわれの政治的生活にナショナルな形態をあたえる」「決断をす

べき転換点」に直面しているのだと主張した（宮田 1989：58）。

　新保守主義者たちは，近代の西洋文明の巨悪として自由主義・議会主義・民主主義を糾弾した。まず自由主義についてブルックは，「諸文化を没落させ，諸宗教を絶滅し，多くの国々を破壊してきた。それは人類を自己解体させるものだった」とした（同上）。また議会主義は，「特殊イギリス的な産物である」とシュペングラーは言う。「ドイツにおいてはナンセンスであり，さもなくば裏切りである。イギリスは，自己自身の《政治》形態という毒素をあたかも薬のように輸出することによって，多くの国々を無力化させつつある」（同上：62）。

　民主主義については，エドガー・ユリウス・ユングが『劣等者の支配』（1927 年）のなかでこう述べた。「選挙は，今日，機械的結合の表現であり，責任なき人々の暴力支配である」（同上：63）。こうして「近代」西洋文明への反発の最中で広がったのは，「非合理性」への欲求だった。これがファシズム前夜の思想状況である。

　しかし本書では，ファシズムの分析に進むのではなく，同時代の「精神の危機」の隠された次元とでも呼ぶべき問題圏について触れて結びに代えたい。それは逆に「合理性」への欲求という 1 つの近代の抱える宿痾であり，衝動的な反動を超えて今にも続く，より根源的な「近代」の問題を提起しているだろう。

3　『すばらしい新世界』と「生産性」の論理の優位

華麗なる一族と
ディストピア

オルダス・ハクスリー（Aldous Leonard Huxley, 1894–1963 年）は，イギリス生まれの作家である。祖父は進化論の普及に貢献した生物学者，兄も著名な生物学者でユネスコ初代事務局長，母は

275

エピローグ

ハクスリー

詩人で批評家マシュー・アーノルドの姪という，いわゆる「華麗なる一族」に属する。一方，1908年（14歳）に母が病死し妹は事故死，その3年後に彼自身も失明同然になる（ほぼ1年半）。また，13年オックスフォード大学（英文学と言語学専攻）に入学するが，翌年次兄が自殺するなど不運に見舞われた。

1916年に文芸誌編集人に就任し初の詩集を刊行，翌年イートン校で仏語教師になるが（教え子にジョージ・オーウェルがいた），25年には各地を旅行・滞在しながら執筆業に専念し1930年（36歳）に南仏に移住，2年後に刊行されたのが長編『すばらしい新世界』*Brave New World* である。その後，アメリカに移住し脚本も手がけた。

『すばらしい新世界』は，1932年（昭和7年）に刊行されたディストピア小説である。同書執筆の背景としては，H・G・ウェルズの『モダン・ユートピア』（1905年）やロシアの作家エヴゲーニイ・ザミャーチンの『われら』（1924年）の影響がいわれるが，同時代の行動主義心理学のほか，「世紀末」や第1次世界大戦後のトラウマ，あるいはウォール街発の世界恐慌に直面した政治（議会制民主主義）の無力，安定・安心への信奉があった。

近代の至上命題としての「安定性」

たしかに，近代において主要な人間活動となるのは「労働」に相違ないが，それ自体が評価されたのではなかった。マルクスが予示していたように，より安価な商品化それ自体が追求されたのである。そこで，大量生産方式が開発され，政治はとにかくそのため

276

第 15 回　労働社会の「人間らしさ」？

に社会の「安定性」を保障する機能に還元されるようになった。

　『すばらしい新世界』では「フォード暦」が採用され，大量生産方式の創始者が崇拝される世界が描かれる（T型フォードが発売された1908年がフォード紀元の元年とされる）。同書に登場する世界統制官の1人，ムスタファ・モンド（英国実業家・政治家 Alfred Moritz Mond に由来）はこう言い放つ。「安定性。社会の安定なくして文明はありえない。個人の安定なくして社会の安定はありえない」。そして，この安定性（stability）のもとに世界は機械化され，動き続けなければならないという。では，「人間」は必要ではないのか，というとそうではない。この点で，モンドが吐く台詞は雄弁である。

　　機械は着実に作動を続けなければならないが，それには番人が
　　必要だ。軸に支えられて回転する車輪のようにぐらつかない人
　　間，正気の人間，従順な人間，心が満たされて安定している人
　　間が。……苦痛に泣きわめき，熱にうわごとを言い，老齢や貧
　　困を嘆き悲しむ人間たち──そんな連中に機械の番ができよう
　　か。（ハクスリー　2013：63）

　ここには，ウェーバーが懸念したような近代化，人間が自発性を失ったシステム化された社会の光景が垣間見える。「労働」が重んじられたはずのこの世界に，物を作る「労働」とそれによる自立の意識の芽生えが存在しないのはたしかだろう。

苦痛のない「幸福」と自由

とはいえ，この世界は暗黒の世界だろうか。いや，近代が望んだ／なお望む「幸せ」な世界ではないのか。新世界は「幸せ」な世界である。モンドはこう述べる。「今の世界は安定している。みんなは幸福だ。欲しいものは手に入る。手に入らないものは欲しがら

277

ない。みんなは豊かだ。安全だ。病気にもならない。死を怖がらない。幸せなことに激しい感情も知らなければ老いも知らない。母親や父親という災いとも無縁だ。強い感情の対象となる妻も，子供も，恋人もいない。しっかりと条件づけ教育をされているから，望ましい行動以外の行動は事実上とれないようになっている」（同上：317）。

　こうして不幸（不快）を避けるためにあらかじめ教育がなされることになる。もとより，この世界で人間は受精卵の段階から製造・選別される。さらに，問題があれば「ソーマ」と呼ばれる副作用のない麻薬を服用すればよい。そもそも「幸福」とは苦闘や懐疑によって獲得される「偉大なもの」ではないのだ。長いが再びモンドの科白を聞こう。

> いいかねきみ，文明には高貴なことも英雄的なことも全然必要ないんだ。そんなものが現れるのは政治が機能していない証拠だ。われわれが生きているような適切に運営された社会では，高貴なことや英雄的なことをする機会は誰にも与えられていない。そんな機会が生じるのは社会が本格的に不安定になったときだけだ。……人はなすべきことをするよう条件づけられている。そしてなすべきことというのは概して快適な行為だ。自然な衝動の多くは抑えなくていいとされているから，抵抗すべき誘惑など現実にはない。そして仮に不運な偶然から不快なことが起きた場合は，“ソーマの休日”が忘れさせてくれる。（同上：341-342）

　たしかに皆が同じように条件づけられた生活に従えば効率がいい。リップマンによれば，人々は個々の人間ではなく類型としての人間を見る，すなわちステレオタイプに従うのは「経済性」に適ってい

るからだ。直観では「その人を目的と考えていないような 2 人の人間の付き合いには究極の尊厳がないのだということを知っている」にもかかわらず，われわれは多忙な現代生活のなかで物事を類型化して見てしまうのだ（リップマン 1987：122）。

「人間らしく！」　他面，『すばらしい新世界』には「野蛮人保存地区」出身のジョンという青年が登場する。シェークスピアを愛読する青年は「悲しみと悔恨，同情と義務感，そうしたものは全部忘れられ，醜悪で低劣な人間たち」を憎悪する。「君たちは自由な，人間らしい人間になりたくないのか。人間らしさとはどういうものか，自由とは何か，わからないのか」。「それじゃ教えてやる。望んでいようといまいと，君たちを自由にしてやる」と叫んで，ソーマの薬箱を投げ捨てた。「そうだ，人間らしく！　人間らしく！」（ハクスリー 2013：307-308）。

ソーマとは欲望充足としての「幸せ」，あるいはそのための効率（的な生活）の象徴であるに違いない。しかしジョンによれば，「いや，ものの値打ちは個人の欲望だけで決まるものではない」。さらに，彼はシェイクスピアの戯曲『トロイラスとクレシダ』（第 2 幕 2 場）を引いてこう断じる。「それ自身尊ぶべきものがあるから尊い価値を有する」（同上：340）のだ，と。

かくして，ヒトラー政権誕生前夜，ハクスリーは合理性＝効率性の追求によって「人間らしさ」が脅かされうることを警鐘とともに伝えている。本講義の最後にあえてこの作家を紹介したのは，彼がなにより 1 つの「近代」の結末を鮮やかに描いているからにほかならない。逆に政治思想家たちは，経済合理性に還元されない人間の情念とその政治社会のあり方を考察することで，結果的に「人間らしさ」の保障の仕方を構想してきたのではなかったか。

世紀末，精神分析を創始したフロイトは『夢判断』（1900 年）刊

行後，書簡でこう述べている。「僕は孤島にいるロビンソン・クルーソーです」（ベイカー 1975：145）。これは同書が評価されず，自分の仕事が無視されていることへの慨嘆であったが，ここで注目したいのは，偶然とはいえ，人間の「非合理性」にメスを入れた人物がクルーソーの孤立に着目していることである。われわれが本書を始めるときに最初の近代人に注目したのは，同じくこの側面だった。

「近代」はその幕開けから合理性の脆さを露呈していたのである。しかし，「近代」合理性はあるときから独り歩きを始めた。そして生じた大問題は，われわれにとっても過去の話ではない。むしろ未来，AI の目覚ましい進歩がいわれる近未来において，よりリアリティのある問題として現前しているのではないだろうか。今日，「それ自身尊ぶべきもの」が何かは，こうした1つの「近代」の結末に照らすことで，逆に浮かびあがるはずである。

この観点から，1つの学問としての政治思想史の役割も今，再び問われている。それは2つの近代の狭間にあって，「生産性」とは別の基準を改めて呈示することにあることだけはたしかだろう。むろん，政治思想史という学問自体は専門知に属し，政治（国家）から自律したその役割が憲法でも「学問の自由」（第23条）として保障されている。ただ，政治思想史が呈示する基準（規範）は多くの勤労者によって受け容れられ，「国民の不断の努力」によって定着されるようなものでなければならないはずである。

読書案内
遠藤比呂通『人権という幻——対話と尊厳の憲法学』勁草書房，2011 年。
　　政治学は「実用的」ではないとしてもどのような意味で「実践的」学問でありうるのか。そのことを考えるうえで，「人間の尊厳」の保障に実際に取り組む憲法学者による報告は参考になるに相違ない。

小野清美『保守革命とナチズム——E.J. ユングの思想とワイマル末期の政治』名古屋大学出版会，2004 年。

　　本講義で少し触れた「新保守主義」について，特に E.J. ユングの思想を知るために日本語で読める無比の一冊である。

権左武志編『ドイツ連邦主義の崩壊と再建——ヴァイマル共和国から戦後ドイツへ』岩波書店，2015 年。

　　ファシズム前夜のドイツの思想状況についてより深く知りたい方にお薦めの，きわめて水準の高い論文集である。戦前・戦中ドイツの多元的な民主主義としての連邦主義の崩壊だけでなく，戦後ドイツのその再建に関する議論も，今こそ教えられるべき点が多い。

▒引用・参照文献 ▒

［第 1 次文献］

ヴァレリー，ポール 2010『精神の危機 他十五篇』恒川邦夫訳，岩波文庫。

サン゠シモン 2001『産業者の教理問答 他一篇』森博訳，岩波文庫。

シュペングラー 2017『西洋の没落〈I・II〉』村松正俊訳，中公クラシックス。

ツヴァイク，シュテファン 1999『昨日の世界〈1〉』原田義人訳，みすずライブラリー。

ハクスリー，オルダス 2013『すばらしい新世界』黒原敏行訳，光文社古典新訳文庫。

マルクス 2010『経済学・哲学草稿』長谷川宏訳，光文社古典新訳文庫。

リップマン，ウォルター 1987『世論〈上〉』掛川トミ子訳，岩波文庫。

［第 2 次文献］

ベイカー，ラッシェル 1975『フロイト——その思想と生涯』宮城音弥訳，講談社現代新書。

宮田光雄 1989「ヴァイマル・デモクラシーの精神状況」同編『ヴァイマル共和国の政治思想』創文社：序章。

あとがき

　品定めのため，「あとがき」から読み始めた方もいるかもしれません。そういった方々には，本書は入門書といっても，初学者向けではないと言っておかなければなりません。もともと本書は，大学の学部2年生以上に向けた講義のテキスト（資料）として書かれたものなので，基礎科目を学んでいることが前提になっている面があります。

　また，執政権や平和主義のように，優れた憲法学の業績を手がかりに講義全体を構成したテーマもありますが，本書の多くの講義では，冒頭に憲法学の知見を部分的に紹介しているのみで，それらが思想史のなかに十分に融合されているとはいえません。憲法の政治思想史を別のかたちで語ることはもちろん可能でしょうし，憲法条文から抽出された概念の歴史を忠実に再構成できれば，より有意義かもしません。

　それでも，「戦後」の大きな転換期にあって，政治学・政治思想史を学びながら日本国憲法の条文の位置づけに触れるだけでも意味があると考え，こうした授業を始めることにしました。「はじめに」で立憲主義の実践と書きましたが，それは誰もが憲法を──それで国のかたちを決められるかのように──論じればよいということではなく，より多くの人が憲法に触れ，その意義を学ぼうとすることから始まります。個々の解釈は専門家に委ねざるをえませんが，為政者の権力の拘束を主張するだけでは，立憲主義は定着しないということが，先の「平和安保法制」の成立過程で考えさせられたことだったように思います。

　いずれにせよ，本書は試行錯誤の途上の所産です。政治思想史に

ついても，ある断面を切り取ることで削ぎ落としたものも少なくありません。読者の皆さんのご指摘も頂きながら，今後も改良していけたらと考えています。

　このような入門書として未完成なテキストを刊行するだけでも，これまで多くの方々のお世話になりました。そもそも本書に至るような関心は，おそらく著者が学部1年のときに受講した憲法学の川岸令和先生の講義と「政治学古典講読」という名前のゼミに遡ります。留学先から帰国まもない先生の授業は，いい意味でピリピリした緊張感のある授業でした。そのゼミで，他の受講生と重ねた対話も稀有な体験だったと今にして思います。そして翌年度，佐藤正志先生の「政治学史」（現・政治理論史）の講義を受講したとき，初めて政治思想史を1つの学問として頭のなかで描けるようになった気がします。本書を貫く「近代」という問題意識が芽生えたのも，その歴史ある講義が1つのきっかけでした。その後，松本礼二，齋藤純一，川出良枝，宇野重規の各先生をはじめ，ここですべてお名前を挙げることはできませんが，その世代を代表する研究者の方々の授業（演習）に参加する機会に恵まれました。また，水林彪先生が当時東京都立大学で主宰されていた研究会（大学院間の合同ゼミ）の末席につらなり，戦後日本の法学研究の古典を読んで——そのときどれだけ理解できていたかは心もとないのですが——，異なる専門の研究者の方々と議論できたことも，かけがえのない体験でした。さらに，授業の内外で多くの優れた先輩・同輩・後輩からも知的刺激をたくさん受けました。大学院の D（ドクター）部屋（事実上は正規の学生でない研究者にも開かれた多目的な教室）で，自主的に開催されていた研究会で学んだことも少なくありません。この場を借りて心よりお礼を申し上げます。

あとがき

　今回，佐々木弘通先生（東北大学）と山岡龍一先生（放送大学）は，文字通りドラフトの段階にあった本書全体に目を通してくださいました。憲法学と政治思想という学問領域で傑出した研究者にコメントを頂けたのは僥倖というほかありません。本書の不備・不明確が少なくなっているとすれば，お二人の先生のおかげです。ご多忙のなか，お付き合いくださった両先生に深謝を申し上げます。もちろん，残る誤りの責任はすべて筆者の私にあります。

　本書は，主に 2019-2021 年度に明治大学と早稲田大学で行った政治思想史・政治理論史の授業内容がもとになっています。構想中の段階で見切り発車させた授業を聴講し，有益な質問をしてくれた学生の皆さんにも謝意を表します。また，勤務先の同僚の先生方には日頃より教育・研究に対してご理解ご協力を頂いています。なかでも，重田園江先生からは研究・教育に関して金言を幾度も賜り，川嶋周一先生からは本書の刊行に際して助言を頂きました。さらに，編集者の岡山義信さんが本書の構想に対してすぐに共鳴と熱意を示されたことは，本書を執筆するうえで大きな支えになりました。心よりお礼を申し上げます。

　最後に，最終稿に対して妻からもコメントをもらいました。彼女からは専門を超える種々の考え方について示唆を得てきましたが，その影響は誰よりも大きく，本書の底流に及んでいると思います。記して感謝を伝えます。

　2022 年 7 月 14 日

高山　裕二

追記
　脱稿後，川岸令和先生の突然の訃報に接しました。憲法から政治

思想を考える意義を初めて教わった先生に，拙著の刊行をご報告する機会を永遠に失いました。残念でなりません。今はただ，ご生前の学恩に深く感謝するとともに，ご冥福をお祈り申し上げます。

　2022 年 8 月 6 日

日本国憲法（1946年11月3日公布）

＊網掛けした条文は本書で言及したもの。

　日本国民は，正当に選挙された国会における代表者を通じて行動し，われらと
われらの子孫のために，諸国民との協和による成果と，わが国全土にわたつて自
由のもたらす恵沢を確保し，政府の行為によつて再び戦争の惨禍が起ることのな
いやうにすることを決意し，ここに主権が国民に存することを宣言し，この憲法
を確定する。そもそも国政は，国民の厳粛な信託によるものであつて，その権威
は国民に由来し，その権力は国民の代表者がこれを行使し，その福利は国民が
これを享受する。これは人類普遍の原理であり，この憲法は，かかる原理に基くも
のである。われらは，これに反する一切の憲法，法令及び詔勅を排除する。

　日本国民は，恒久の平和を念願し，人間相互の関係を支配する崇高な理想を深
く自覚するのであつて，平和を愛する諸国民の公正と信義に信頼して，われらの
安全と生存を保持しようと決意した。われらは，平和を維持し，専制と隷従，圧
迫と偏狭を地上から永遠に除去しようと努めてゐる国際社会において，名誉ある
地位を占めたいと思ふ。われらは，全世界の国民が，ひとしく恐怖と欠乏から免
かれ，平和のうちに生存する権利を有することを確認する。

　われらは，いづれの国家も，自国のことのみに専念して他国を無視してはなら
ないのであつて，政治道徳の法則は，普遍的なものであり，この法則に従ふこと
は，自国の主権を維持し，他国と対等関係に立たうとする各国の責務であると信
ずる。

　日本国民は，国家の名誉にかけ，全力をあげてこの崇高な理想と目的を達成す
ることを誓ふ。

第1章　天　　皇

第1条【天皇の地位と国民主権】天皇は，日本国の象徴であり日本国民統合の
　象徴であつて，この地位は，主権の存する日本国民の総意に基く。

第2条【皇位の継承】皇位は，世襲のものであつて，国会の議決した皇室典範
　の定めるところにより，これを継承する。

第3条【天皇の国事行為に対する内閣の助言と承認】天皇の国事に関するすべ
　ての行為には，内閣の助言と承認を必要とし，内閣が，その責任を負ふ。

第4条【天皇の権能と天皇の国事行為の委任】天皇は，この憲法の定める国事
　に関する行為のみを行ひ，国政に関する権能を有しない。

2　天皇は，法律の定めるところにより，その国事に関する行為を委任すること

ができる。

第5条【摂政】皇室典範の定めるところにより摂政を置くときは，摂政は，天皇の名でその国事に関する行為を行ふ。この場合には，前条第1項の規定を準用する。

第6条【天皇の任命権】天皇は，国会の指名に基いて，内閣総理大臣を任命する。

2 天皇は，内閣の指名に基いて，最高裁判所の長たる裁判官を任命する。

第7条【天皇の国事行為】天皇は，内閣の助言と承認により，国民のために，左の国事に関する行為を行ふ。

一 憲法改正，法律，政令及び条約を公布すること。

二 国会を召集すること。

三 衆議院を解散すること。

四 国会議員の総選挙の施行を公示すること。

五 国務大臣及び法律の定めるその他の官吏の任免並びに全権委任状及び大使及び公使の信任状を認証すること。

六 大赦，特赦，減刑，刑の執行の免除及び復権を認証すること。

七 栄典を授与すること。

八 批准書及び法律の定めるその他の外交文書を認証すること。

九 外国の大使及び公使を接受すること。

十 儀式を行ふこと。

第8条【皇室の財産授受】皇室に財産を譲り渡し，又は皇室が，財産を譲り受け，若しくは賜与することは，国会の議決に基かなければならない。

第2章　戦争の放棄

第9条【戦争の放棄，戦力及び交戦権の否認】日本国民は，正義と秩序を基調とする国際平和を誠実に希求し，国権の発動たる戦争と，武力による威嚇又は武力の行使は，国際紛争を解決する手段としては，永久にこれを放棄する。

2 前項の目的を達するため，陸海空軍その他の戦力は，これを保持しない。国の交戦権は，これを認めない。

第3章　国民の権利及び義務

第10条【国民の要件】日本国民たる要件は，法律でこれを定める。

第11条【基本的人権の永久性】国民は，すべての基本的人権の享有を妨げられない。この憲法が国民に保障する基本的人権は，侵すことのできない永久の権利として，現在及び将来の国民に与へられる。

第12条【自由及び権利の保持義務と公共の福祉】この憲法が国民に保障する自

日本国憲法（1946 年 11 月 3 日公布）

由及び権利は，国民の不断の努力によつて，これを保持しなければならない。又，国民は，これを濫用してはならないのであつて，常に公共の福祉のためにこれを利用する責任を負ふ。

第 13 条【個人の尊重と幸福追求権】すべて国民は，個人として尊重される。生命，自由及び幸福追求に対する国民の権利については，公共の福祉に反しない限り，立法その他の国政の上で，最大の尊重を必要とする。

第 14 条【平等原則，貴族制度の否認及び栄典の限界】すべて国民は，法の下に平等であつて，人種，信条，性別，社会的身分又は門地により，政治的，経済的又は社会的関係において，差別されない。

2　華族その他の貴族の制度は，これを認めない。

3　栄誉，勲章その他の栄典の授与は，いかなる特権も伴はない。栄典の授与は，現にこれを有し，又は将来これを受ける者の一代に限り，その効力を有する。

第 15 条【公務員の選定罷免権，公務員の使命，普通選挙及び，秘密投票の保障】公務員を選定し，及びこれを罷免することは，国民固有の権利である。

2　すべて公務員は，全体の奉仕者であつて，一部の奉仕者ではない。

3　公務員の選挙については，成年者による普通選挙を保障する。

4　すべて選挙における投票の秘密は，これを侵してはならない。選挙人は，その選択に関し公的にも私的にも責任を問はれない。

第 16 条【請願権】何人も，損害の救済，公務員の罷免，法律，命令又は規則の制定，廃止又は改正その他の事項に関し，平穏に請願する権利を有し，何人も，かかる請願をしたためにいかなる差別待遇も受けない。

第 17 条【国及び公共団体の賠償責任】何人も，公務員の不法行為により，損害を受けたときは，法律の定めるところにより，国又は公共団体に，その賠償を求めることができる。

第 18 条【奴隷的拘束及び苦役からの自由】何人も，いかなる奴隷的拘束も受けない。又，犯罪に因る処罰の場合を除いては，その意に反する苦役に服させられない。

第 19 条【思想・良心の自由】思想及び良心の自由は，これを侵してはならない。

第 20 条【信教の自由と政教分離】信教の自由は，何人に対してもこれを保障する。いかなる宗教団体も，国から特権を受け，又は政治上の権力を行使してはならない。

2　何人も，宗教上の行為，祝典，儀式又は行事に参加することを強制されない。

3　国及びその機関は，宗教教育その他いかなる宗教的活動もしてはならない。

第 21 条【集会・結社・表現の自由と通信の秘密】集会，結社及び言論，出版その他一切の表現の自由は，これを保障する。

2　検閲は，これをしてはならない。通信の秘密は，これを侵してはならない。

289

第22条【居住・移転・職業選択，外国移住及び国籍離脱の自由】何人も，公共の福祉に反しない限り，居住，移転及び職業選択の自由を有する。

2 何人も，外国に移住し，又は国籍を離脱する自由を侵されない。

第23条【学問の自由】学問の自由は，これを保障する。

第24条【家族関係における個人の尊厳と両性の平等】婚姻は，両性の合意のみに基いて成立し，夫婦が同等の権利を有することを基本として，相互の協力により，維持されなければならない。

2 配偶者の選択，財産権，相続，住居の選定，離婚並びに婚姻及び家族に関するその他の事項に関しては，法律は，個人の尊厳と両性の本質的平等に立脚して，制定されなければならない。

第25条【生存権，国の社会的使命】すべて国民は，健康で文化的な最低限度の生活を営む権利を有する。

2 国は，すべての生活部面について，社会福祉，社会保障及び公衆衛生の向上及び増進に努めなければならない。

第26条【教育を受ける権利と教育を受けさせる義務】すべて国民は，法律の定めるところにより，その能力に応じて，ひとしく教育を受ける権利を有する。

2 すべて国民は，法律の定めるところにより，その保護する子女に普通教育を受けさせる義務を負ふ。義務教育は，これを無償とする。

第27条【勤労の権利及び義務，勤労条件の基準，児童酷使の禁止】すべて国民は，勤労の権利を有し，義務を負ふ。

2 賃金，就業時間，休息その他の勤労条件に関する基準は，法律でこれを定める。

3 児童は，これを酷使してはならない。

第28条【勤労者の団結権】勤労者の団結する権利及び団体交渉その他の団体行動をする権利は，これを保障する。

第29条【財産権】財産権は，これを侵してはならない。

2 財産権の内容は，公共の福祉に適合するやうに，法律でこれを定める。

3 私有財産は，正当な補償の下に，これを公共のために用ひることができる。

第30条【納税の義務】国民は，法律の定めるところにより，納税の義務を負ふ。

第31条【法定の手続の保障】何人も，法律の定める手続によらなければ，その生命若しくは自由を奪はれ，又はその他の刑罰を科せられない。

第32条【裁判を受ける権利】何人も，裁判所において裁判を受ける権利を奪はれない。

第33条【逮捕の要件】何人も，現行犯として逮捕される場合を除いては，権限を有する司法官憲が発し，且つ理由となつてゐる犯罪を明示する令状によらなければ，逮捕されない。

日本国憲法（1946 年 11 月 3 日公布）

第 34 条【抑留・拘禁の要件，不法拘禁に対する保障】何人も，理由を直ちに告
げられ，且つ，直ちに弁護人に依頼する権利を与へられなければ，抑留又は拘
禁されない。又，何人も，正当な理由がなければ，拘禁されず，要求があれば，
その理由は，直ちに本人及びその弁護人の出席する公開の法廷で示されなけれ
ばならない。

第 35 条【住居の不可侵】何人も，その住居，書類及び所持品について，侵入，
捜索及び押収を受けることのない権利は，第 33 条の場合を除いては，正当な
理由に基いて発せられ，且つ捜索する場所及び押収する物を明示する令状がな
ければ，侵されない。

2　捜索又は押収は，権限を有する司法官憲が発する各別の令状により，これを
行ふ。

第 36 条【拷問及び残虐刑の禁止】公務員による拷問及び残虐な刑罰は，絶対に
これを禁ずる。

第 37 条【刑事被告人の権利】すべて刑事事件においては，被告人は，公平な裁
判所の迅速な公開裁判を受ける権利を有する。

2　刑事被告人は，すべての証人に対して審問する機会を充分に与へられ，又，
公費で自己のために強制的手続により証人を求める権利を有する。

3　刑事被告人は，いかなる場合にも，資格を有する弁護人を依頼することがで
きる。被告人が自らこれを依頼することができないときは，国でこれを附する。

第 38 条【自己に不利益な供述，自白の証拠能力】何人も，自己に不利益な供述
を強要されない。

2　強制，拷問若しくは脅迫による自白又は不当に長く抑留若しくは拘禁された
後の自白は，これを証拠とすることができない。

3　何人も，自己に不利益な唯一の証拠が本人の自白である場合には，有罪とさ
れ，又は刑罰を科せられない。

第 39 条【遡及処罰の禁止・一事不再理】何人も，実行の時に適法であつた行為
又は既に無罪とされた行為については，刑事上の責任を問はれない。又，同一
の犯罪について，重ねて刑事上の責任を問はれない。

第 40 条【刑事補償】何人も，抑留又は拘禁された後，無罪の裁判を受けたとき
は，法律の定めるところにより，国にその補償を求めることができる。

第 4 章　国　　会

第 41 条【国会の地位と立法権】国会は，国権の最高機関であつて，国の唯一の
立法機関である。

第 42 条【二院制】国会は，衆議院及び参議院の両議院でこれを構成する。

第 43 条【両議院の組織と国民代表】両議院は，全国民を代表する選挙された議

員でこれを組織する。

2　両議院の議員の定数は，法律でこれを定める。

第44条【議員及び選挙人の資格】両議院の議員及びその選挙人の資格は，法律でこれを定める。但し，人種，信条，性別，社会的身分，門地，教育，財産又は収入によつて差別してはならない。

第45条【衆議院議員の任期】衆議院議員の任期は，4年とする。但し，衆議院解散の場合には，その期間満了前に終了する。

第46条【参議院議員の任期】参議院議員の任期は，6年とし，3年ごとに議員の半数を改選する。

第47条【選挙に関する事項】選挙区，投票の方法その他両議院の議員の選挙に関する事項は，法律でこれを定める。

第48条【両議院議員兼職の禁止】何人も，同時に両議院の議員たることはできない。

第49条【議員の歳費】両議院の議員は，法律の定めるところにより，国庫から相当額の歳費を受ける。

第50条【議員の不逮捕特権】両議院の議員は，法律の定める場合を除いては，国会の会期中逮捕されず，会期前に逮捕された議員は，その議院の要求があれば，会期中これを釈放しなければならない。

第51条【議員の発言・表決の無責任】両議院の議員は，議院で行つた演説，討論又は表決について，院外で責任を問はれない。

第52条【常会】国会の常会は，毎年1回これを召集する。

第53条【臨時会】内閣は，国会の臨時会の召集を決定することができる。いづれかの議院の総議員の4分の1以上の要求があれば，内閣は，その召集を決定しなければならない。

第54条【衆議院の解散・特別会，参議院の緊急集会】衆議院が解散されたときは，解散の日から40日以内に，衆議院議員の総選挙を行ひ，その選挙の日から30日以内に，国会を召集しなければならない。

2　衆議院が解散されたときは，参議院は，同時に閉会となる。但し，内閣は，国に緊急の必要があるときは，参議院の緊急集会を求めることができる。

3　前項但書の緊急集会において採られた措置は，臨時のものであつて，次の国会開会の後10日以内に，衆議院の同意がない場合には，その効力を失ふ。

第55条【資格争訟の裁判】両議院は，各〻その議員の資格に関する争訟を裁判する。但し，議員の議席を失はせるには，出席議員の3分の2以上の多数による議決を必要とする。

第56条【定足数，表決】両議院は，各〻その総議員の3分の1以上の出席がなければ，議事を開き議決することができない。

日本国憲法（1946 年 11 月 3 日公布）

2　両議院の議事は，この憲法に特別の定のある場合を除いては，出席議員の過半数でこれを決し，可否同数のときは，議長の決するところによる。

第57条【会議の公開，会議録，表決の記載】両議院の会議は，公開とする。但し，出席議員の3分の2以上の多数で議決したときは，秘密会を開くことができる。

2　両議院は，各〻その会議の記録を保存し，秘密会の記録の中で特に秘密を要すると認められるもの以外は，これを公表し，且つ一般に頒布しなければならない。

3　出席議員の5分の1以上の要求があれば，各議員の表決は，これを会議録に記載しなければならない。

第58条【役員の選任，議院規則・懲罰】両議院は，各〻その議長その他の役員を選任する。

2　両議院は，各〻その会議その他の手続及び内部の規律に関する規則を定め，又，院内の秩序をみだした議員を懲罰することができる。但し，議員を除名するには，出席議員の3分の2以上の多数による議決を必要とする。

第59条【法律案の議決，衆議院の優越】法律案は，この憲法に特別の定のある場合を除いては，両議院で可決したとき法律となる。

2　衆議院で可決し，参議院でこれと異なつた議決をした法律案は，衆議院で出席議員の3分の2以上の多数で再び可決したときは，法律となる。

3　前項の規定は，法律の定めるところにより，衆議院が，両議院の協議会を開くことを求めることを妨げない。

4　参議院が，衆議院の可決した法律案を受け取つた後，国会休会中の期間を除いて60日以内に，議決しないときは，衆議院は，参議院がその法律案を否決したものとみなすことができる。

第60条【衆議院の予算先議，予算議決に関する衆議院の優越】予算は，さきに衆議院に提出しなければならない。

2　予算について，参議院で衆議院と異なつた議決をした場合に，法律の定めるところにより，両議院の協議会を開いても意見が一致しないとき，又は参議院が，衆議院の可決した予算を受け取つた後，国会休会中の期間を除いて30日以内に，議決しないときは，衆議院の議決を国会の議決とする。

第61条【条約の承認に関する衆議院の優越】条約の締結に必要な国会の承認については，前条第2項の規定を準用する。

第62条【議院の国政調査権】両議院は，各〻国政に関する調査を行ひ，これに関して，証人の出頭及び証言並びに記録の提出を要求することができる。

第63条【閣僚の議院出席の権利と義務】内閣総理大臣その他の国務大臣は，両議院の一に議席を有すると有しないとにかかはらず，何時でも議案について発

293

言するため議院に出席することができる。又，答弁又は説明のため出席を求められたときは，出席しなければならない。

第64条【弾劾裁判所】国会は，罷免の訴追を受けた裁判官を裁判するため，両議院の議員で組織する弾劾裁判所を設ける。

2　弾劾に関する事項は，法律でこれを定める。

第5章　内　　閣

第65条【行政権】行政権は，内閣に属する。

第66条【内閣の組織，国会に対する連帯責任】内閣は，法律の定めるところにより，その首長たる内閣総理大臣及びその他の国務大臣でこれを組織する。

2　内閣総理大臣その他の国務大臣は，文民でなければならない。

3　内閣は，行政権の行使について，国会に対し連帯して責任を負ふ。

第67条【内閣総理大臣の指名，衆議院の優越】内閣総理大臣は，国会議員の中から国会の議決で，これを指名する。この指名は，他のすべての案件に先だつて，これを行ふ。

2　衆議院と参議院とが異なつた指名の議決をした場合に，法律の定めるところにより，両議院の協議会を開いても意見が一致しないとき，又は衆議院が指名の議決をした後，国会休会中の期間を除いて10日以内に，参議院が，指名の議決をしないときは，衆議院の議決を国会の議決とする。

第68条【国務大臣の任命及び罷免】内閣総理大臣は，国務大臣を任命する。但し，その過半数は，国会議員の中から選ばれなければならない。

2　内閣総理大臣は，任意に国務大臣を罷免することができる。

第69条【内閣不信任決議の効果】内閣は，衆議院で不信任の決議案を可決し，又は信任の決議案を否決したときは，10日以内に衆議院が解散されない限り，総辞職をしなければならない。

第70条【内閣総理大臣の欠缺・新国会の召集と内閣の総辞職】内閣総理大臣が欠けたとき，又は衆議院議員総選挙の後に初めて国会の召集があつたときは，内閣は，総辞職をしなければならない。

第71条【総辞職後の内閣】前2条の場合には，内閣は，あらたに内閣総理大臣が任命されるまで引き続きその職務を行ふ。

第72条【内閣総理大臣の職務】内閣総理大臣は，内閣を代表して議案を国会に提出し，一般国務及び外交関係について国会に報告し，並びに行政各部を指揮監督する。

第73条【内閣の職務】内閣は，他の一般行政事務の外，左の事務を行ふ。

　一　法律を誠実に執行し，国務を総理すること。

　二　外交関係を処理すること。

日本国憲法（1946 年 11 月 3 日公布）

三　条約を締結すること。但し，事前に，時宜によつては事後に，国会の承認
　を経ることを必要とする。
四　法律の定める基準に従ひ，官吏に関する事務を掌理すること。
五　予算を作成して国会に提出すること。
六　この憲法及び法律の規定を実施するために，政令を制定すること。但し，
　政令には，特にその法律の委任がある場合を除いては，罰則を設けることが
　できない。
七　大赦，特赦，減刑，刑の執行の免除及び復権を決定すること。

第74条【法律・政令の署名】法律及び政令には，すべて主任の国務大臣が署名
し，内閣総理大臣が連署することを必要とする。

第75条【国務大臣の特典】国務大臣は，その在任中，内閣総理大臣の同意がな
ければ，訴追されない。但し，これがため，訴追の権利は，害されない。

第6章　司　　法

第76条【司法権と裁判官の独立】すべて司法権は，最高裁判所及び法律の定め
るところにより設置する下級裁判所に属する。
2　特別裁判所は，これを設置することができない。行政機関は，終審として裁
判を行ふことができない。
3　すべて裁判官は，その良心に従ひ独立してその職権を行ひ，この憲法及び法
律にのみ拘束される。

第77条【最高裁判所の規則制定権】最高裁判所は，訴訟に関する手続，弁護士，
裁判所の内部規律及び司法事務処理に関する事項について，規則を定める権限
を有する。
2　検察官は，最高裁判所の定める規則に従はなければならない。
3　最高裁判所は，下級裁判所に関する規則を定める権限を，下級裁判所に委任
することができる。

第78条【裁判官の身分の保障】裁判官は，裁判により，心身の故障のために職
務を執ることができないと決定された場合を除いては，公の弾劾によらなけれ
ば罷免されない。裁判官の懲戒処分は，行政機関がこれを行ふことはできない。

第79条【最高裁判所の裁判官，国民審査，定年，報酬】最高裁判所は，その長
たる裁判官及び法律の定める員数のその他の裁判官でこれを構成し，その長た
る裁判官以外の裁判官は，内閣でこれを任命する。
2　最高裁判所の裁判官の任命は，その任命後初めて行はれる衆議院議員総選挙
の際国民の審査に付し，その後 10 年を経過した後初めて行はれる衆議院議員
総選挙の際更に審査に付し，その後も同様とする。
3　前項の場合において，投票者の多数が裁判官の罷免を可とするときは，その

裁判官は，罷免される。

4　審査に関する事項は，法律でこれを定める。

5　最高裁判所の裁判官は，法律の定める年齢に達した時に退官する。

6　最高裁判所の裁判官は，すべて定期に相当額の報酬を受ける。この報酬は，在任中，これを減額することができない。

第80条【下級裁判所の裁判官・任期・定年，報酬】下級裁判所の裁判官は，最高裁判所の指名した者の名簿によつて，内閣でこれを任命する。その裁判官は，任期を10年とし，再任されることができる。但し，法律の定める年齢に達した時には退官する。

2　下級裁判所の裁判官は，すべて定期に相当額の報酬を受ける。この報酬は，在任中，これを減額することができない。

第81条【最高裁判所の違憲審査権】最高裁判所は，一切の法律，命令，規則又は処分が憲法に適合するかしないかを決定する権限を有する終審裁判所である。

第82条【裁判の公開】裁判の対審及び判決は，公開法廷でこれを行ふ。

2　裁判所が，裁判官の全員一致で，公の秩序又は善良の風俗を害する虞があると決した場合には，対審は，公開しないでこれを行ふことができる。但し，政治犯罪，出版に関する犯罪又はこの憲法第3章で保障する国民の権利が問題となつてゐる事件の対審は，常にこれを公開しなければならない。

第7章　財　　政

第83条【財政処理の基本原則】国の財政を処理する権限は，国会の議決に基いて，これを行使しなければならない。

第84条【課税】あらたに租税を課し，又は現行の租税を変更するには，法律又は法律の定める条件によることを必要とする。

第85条【国費の支出及び国の債務負担】国費を支出し，又は国が債務を負担するには，国会の議決に基くことを必要とする。

第86条【予算】内閣は，毎会計年度の予算を作成し，国会に提出して，その審議を受け議決を経なければならない。

第87条【予備費】予見し難い予算の不足に充てるため，国会の議決に基いて予備費を設け，内閣の責任でこれを支出することができる。

2　すべて予備費の支出については，内閣は，事後に国会の承諾を得なければならない。

第88条【皇室財産・皇室の費用】すべて皇室財産は，国に属する。すべて皇室の費用は，予算に計上して国会の議決を経なければならない。

第89条【公の財産の用途制限】公金その他の公の財産は，宗教上の組織若しくは団体の使用，便益若しくは維持のため，又は公の支配に属しない慈善，教育

日本国憲法（1946 年 11 月 3 日公布）

若しくは博愛の事業に対し，これを支出し，又はその利用に供してはならない。

第90条【決算検査，会計検査院】国の収入支出の決算は，すべて毎年会計検査
院がこれを検査し，内閣は，次の年度に，その検査報告とともに，これを国会
に提出しなければならない。

2　会計検査院の組織及び権限は，法律でこれを定める。

第91条【財政状況の報告】内閣は，国会及び国民に対し，定期に，少くとも毎
年1回，国の財政状況について報告しなければならない。

第8章　地方自治

第92条【地方自治の本旨】地方公共団体の組織及び運営に関する事項は，地方
自治の本旨に基いて，法律でこれを定める。

第93条【地方公共団体の機関，その直接選挙】地方公共団体には，法律の定め
るところにより，その議事機関として議会を設置する。

2　地方公共団体の長，その議会の議員及び法律の定めるその他の吏員は，その
地方公共団体の住民が，直接これを選挙する。

第94条【地方公共団体の権能】地方公共団体は，その財産を管理し，事務を処
理し，及び行政を執行する権能を有し，法律の範囲内で条例を制定することが
できる。

第95条【特別法の住民投票】一の地方公共団体のみに適用される特別法は，法
律の定めるところにより，その地方公共団体の住民の投票においてその過半数
の同意を得なければ，国会は，これを制定することができない。

第9章　改　正

第96条【憲法改正の手続，その公布】この憲法の改正は，各議院の総議員の3
分の2以上の賛成で，国会が，これを発議し，国民に提案してその承認を経な
ければならない。この承認には，特別の国民投票又は国会の定める選挙の際行
はれる投票において，その過半数の賛成を必要とする。

2　憲法改正について前項の承認を経たときは，天皇は，国民の名で，この憲法
と一体を成すものとして，直ちにこれを公布する。

第10章　最高法規

第97条【基本的人権の由来・特質】この憲法が日本国民に保障する基本的人権
は，人類の多年にわたる自由獲得の努力の成果であつて，これらの権利は，過
去幾多の試錬に堪へ，現在及び将来の国民に対し，侵すことのできない永久の
権利として信託されたものである。

第98条【最高法規，条約及び国際法規の遵守】この憲法は，国の最高法規であ

297

つて，その条規に反する法律，命令，詔勅及び国務に関するその他の行為の全
部又は一部は，その効力を有しない。

2　日本国が締結した条約及び確立された国際法規は，これを誠実に遵守するこ
とを必要とする。

第99条【憲法尊重擁護の義務】天皇又は摂政及び国務大臣，国会議員，裁判官
その他の公務員は，この憲法を尊重し擁護する義務を負ふ。

第11章　補　　則

第100条【憲法施行期日，準備手続】この憲法は，公布の日から起算して6箇
月を経過した日（昭和22・5・3）から，これを施行する。

2　この憲法を施行するために必要な法律の制定，参議院議員の選挙及び国会召
集の手続並びにこの憲法を施行するために必要な準備手続は，前項の期日より
も前に，これを行ふことができる。

第101条【経過規定—参議院未成立の間の国会】この憲法施行の際，参議院が
まだ成立してゐないときは，その成立するまでの間，衆議院は，国会としての
権限を行ふ。

第102条【同前—第一期の参議院議員の任期】この憲法による第一期の参議院
議員のうち，その半数の者の任期は，これを3年とする。その議員は，法律の
定めるところにより，これを定める。

第103条【同前—公務員の地位】この憲法施行の際現に在職する国務大臣，衆
議院議員及び裁判官並びにその他の公務員で，その地位に相応する地位がこの
憲法で認められてゐる者は，法律で特別の定をした場合を除いては，この憲法
施行のため，当然にはその地位を失ふことはない。但し，この憲法によつて，
後任者が選挙又は任命されたときは，当然その地位を失ふ。

事項索引

■ あ 行

アパシー（無関心）　213，214
アメリカ合衆国憲法　119
　　──修正1条　17，18，35，40
アメリカ独立宣言　80，118
違憲審査権　210，211，220
一般意志　165，166，168，170，
　179
イデア　100
ヴァージニア憲法　118
ヴァージニア権利章典　118
ヴァージニア権利宣言　58
ヴァージニア信教自由法（1786年）
　35
営業の自由　135
王権神授説　81，82，84

■ か 行

解散権　87，109，256，259
科学革命　66
学問の自由　40，75，266，267，
　280
カロリング・ルネサンス　28
慣習の専制　238，239
議院内閣制　200，249-251，256，
　258，261
議会主義　81，275
基本的人権　iii，2，3，12，58，79，
　80，90，142，266
　　──の永久性　2
　　──の保障　252
　　──の由来・特質　266
95ヵ条の論題　41

教育を受けさせる義務　153
教育を受ける権利　153，171
行　政　102，245，249-252，258
行政権の帰属　249
恐怖政治（la Terreur）　173，174，
　213
共和主義　8，103-106，119，
　135-137
拒否権　112，125，127，176
グライヒシャルトゥング（強制的同質
　化）　55
君主の鑑　28，32
経済的自由　134，136，142，143，
　145-148
結社の自由　116，117，119，128，
　129，131，173
ケロッグ-ブリアン条約　→パリ不戦
　条約
現実主義者（マキアヴェリスト）
　18
ケンブリッジ学派　9
憲　法　2
　前文　ii，60，61，79，153，190，
　　191，198，203
　1条　61，249
　4条　249
　9条　190-192，198，199，201，
　　203
　11条　2，266
　12条　90，266，267
　13条　3，79，80，90，237
　14条　229，231
　15条　190，192
　19条　39，40

299

20条	16, 17, 39, 40
21条	40, 116, 173, 174, 267
22条	92, 134, 135, 142
23条	40, 266, 267, 280
24条	229, 230, 237
25条	152, 170
26条	153, 170
29条	92, 134, 135, 143
41条	79, 80
42条	116, 117
43条	173
44条	229
64条	98, 99
65条	249–251, 258
66条	98, 99, 249
76条	98, 99, 211
81条	210, 211
89条	16, 17
92条	210
93条	211
94条	211
95条	210, 211
96条	152, 153
97条	3, 266
98条	2
99条	ii, 2

憲法制定（改正）権力（pouvoir constituant）　153, 167–169, 187

権利の章典（Bill of Rights）　119

権利の請願　82, 186

権力分立　12, 98, 99, 102, 200, 221, 252, 255, 268

公共の福祉　79–81, 89, 90, 118, 135, 204, 252, 266

公共の利益　134, 137, 140, 145, 148, 165

幸福追求権　79

公平な観察者　147

功利主義　241, 243

国際連合憲章　192

国民主権　iii, 163, 164, 167, 173, 174

コスモポリタニズム　104

国家理性論（レゾン・デタ）　34

コミュニタリアニズム（コミュニタリアン）　8, 92

コモン・ロー　82

混合政体論　103, 106, 119

コンテクスト（文脈）主義　9

■ さ　行

財産権の保障　85, 134, 135

裁判員制度　211

サラマンカ学派　66

サン＝シモン主義　234, 235

三権分立　98, 249, 250, 256

自衛権　191, 198, 203

自然権　58, 69, 70, 80, 86, 92, 118, 135, 141, 217

自然状態　60, 84, 85, 194

自然法　22, 30, 66, 71, 85, 89–91

思想・良心の自由　39

執行権　87, 89, 111, 249–252, 262

シティズンシップ教育　225

司法権　98, 145, 219, 220, 253

市民社会　136, 269

市民宗教　218

市民法（jus civile）　21

社会契約　86, 92, 107, 164

社会権　152

ジャクソニアン・デモクラシー

130

宗教的寛容　57，58

自由主義　92，119，135，136，176，213，275

住民自治　211

主　権　60，61，64，72

出版の自由　75

純粋代表　61，76

象徴天皇制　250，260

職業選択の自由　134

女性参政権　231，245

女性版人権宣言　231

叙任権闘争　29

新カント派　35

信義／約束の遵守　→レシプロシティ

新教徒（ユグノー）　45

信教の自由　16，17，54

　狭義の──　40

　広義の──　17

信仰義認説　41

新プラトン主義　28

（第1次）人民協約（Agreement of the People）　57

人民主権　164，168，170，174，179，268

人民立憲主義論（popular constitutionalism）　129

スコットランド啓蒙思想　135，148

ストア哲学（stoicism）　22，25

スポイルズ・システム　→猟官制

政教分離　iii，12，16–18，27，35，39，75，268

政治教育　216

政治的寛容　40，47，57，58

政治的人文主義　8，76

政治的動物　19，52

政治リテラシー　226

生存権　152，153，159，160，163，168

政体循環論　103

政　党　174，176–178，180，187

生命・自由・財産　→プロパティ

全体主義　166，170

疎　外　272

ソフィスト　18

■ た　行

代議制　12，181

代議制民主主義　268

大　権　252，256，259

大憲章　→マグナ・カルタ

大統領（制）　125，256

大日本帝国憲法（明治憲法）　91，187

　──29条　91

代　表　61，73，74，76

タウンシップ　216，217

多数者の専制　240

弾劾裁判所　98

男女平等　12，241

団体自治　211

地方自治　iii，210，211，216，217，220，222，226，244

　──の本旨　210，211

直接民主政（ピュア・デモクラシー）　126，181

定言命法　193，197

　──の根本方式　193

　──の「第二方式」　194

抵抗権　44，62，88，118，204

テクスト主義　9

デモクラシーの過剰　122，123，126，131

デモクラティック・ピース（民主的平

301

和）論　201
天　皇　249，258，259
徳　105，134–137，140，146
　　——ある富　139
　　——なき富　138
ドナトゥス派　24
〈富 vs. 徳〉論争　136，143
トーリー　83

■ な 行

内　閣　98，249，255，257
ナシオン主権　168，180
ナチス　55，173，213，267
ナポレオン法典　234
ナントの勅令（Édit de Nantes）（和平
　勅令）　47
二院制　116，117，123，125，126，
　177

■ は 行

陪審制　210，211，216，221–223，
　226，244
8月革命説　187
派閥の専制　128
パリ不戦条約（ケロッグ–ブリアン条
　約）　191
半代表　61，76
万人司祭説　41
万民法　21，202
ピュア・デモクラシー　→直接民主政
表現の自由　40，56，116，173，
　267
比例代表制　245
ファシズム　12，267，275
フェデラリスト（連邦主義者）　116，
　117，119，122–126，131，174，
　177，187

フェミニズム　229，231，234
プープル主権　168，169，180
フランス人権宣言　113，160，163
プロパティ（生命・自由・財産）
　85，87–90，118，141，272
平和主義　iii，191，199
　絶対——　191
ペラギウス派　24，25
ヘレニズム時代　19
ホイッグ　83，175，177
法　21，64，66，68–70，86
　——の支配　19，52，63，65，91，
　223
保守主義　175，176，184
　新しい——　274
ポツダム宣言　187
ポピュリズム　132，213，224
ポリス（国家）　19，20，34
ポリティーク派　40，45–47，62

■ ま 行

マキアヴェリスト　→現実主義者
マグナ・カルタ（大憲章）　82，221
マディソン型民主主義　131
マディソン主義　130
民主的平和論　→デモクラティック・
　ピース論
明治憲法　→大日本帝国憲法
モナルコマキ（Monarchomachi）
　62，88

■ や 行

ユグノー　→新教徒

■ ら 行

ラディカル・デモクラシー　169
利益多元型民主主義　130

立憲主義（constitutionalism）　ii-iv, 182, 183
　外見的——　92
　近代的——　83, 93
　伝統的——　84
立法権　79, 89, 98, 99, 111, 112, 252
リバタリアニズム（自由至上主義）143
猟官制（スポイルズ・システム）251
両剣論　29
良心の自由　39, 46, 54, 75
両性の平等　231, 233
ルネサンス（文芸復興）　28
ルネサンス・ヒューマニズム（人文主義）　35
レヴェラーズ（水平派）　56
レシプロシティ（信義／約束の遵守）85, 90
レゾン・デタ　→国家理性論
連合規約（Articles of Confederation）121
ローマ法大全（Corpus Iuris Civilis）22
ロマン主義　8, 236

■ わ 行

ワイマール憲法　135, 152
和平勅令（Édit de Pacification）　→ナントの勅令（Édit de Nantes）

303

人名・書名索引

■ あ 行

アウグスティヌス（Aurelius
　Augustinus）　17，24，25，27，
　51
　『神の国』　24，25，27
　『告白』　24
アウグストゥス（Augustus）　23
アクィナス，トマス（Thomas
　Aquinas）　28–30
　『君主統治論』　28
　『神学大全』　29
アリストテレス（Aristotle）　19，
　21，27，28，52，81，100–102，
　104，105，137，225
　『ポリティカ（政治学）』　19，100
アルチュセール，ルイ（Louis
　Althusser）　98，112
アレクサンドロス大王（Alexander）
　100
アーレント，ハンナ（Hannah
　Arendt）　173，183，205，225
　『カント政治哲学の講義』　205
アンリ3世（Henri III）　45，47
アンリ4世（Henri IV）　62
伊藤博文　93
インノケンティウス3世
　（Innocentius III）　29
ヴァレリー，ポール（Paul Valéry）
　273
ウィクリフ，ジョン（John Wycliffe）
　31
ウィルソン，ウッドロウ（Woodrow
　Wilson）　191

ウェーバー，マックス（Max Weber）
　6，272，277
　『プロテスタンティズムの倫理と資
　本主義の精神』　6，272
ウェルズ，ハーバート・ジョージ
　（Herbert George Wells）　276
　『モダン・ユートピア』　276
ウォーリン，シェルドン（Sheldon
　Wolin）　20，94
ヴォルテール（Voltaire; François-
　Marie Arouet）　58
　『寛容論』　58
ヴォルフ，クリスティアン（Christian
　Wolff）　192
ウルストンクラフト，メアリ（Mary
　Wollstonecraft）　230，232，
　233，235
　『女性の権利の擁護』　230，232，
　233，235
ウルピアヌス，ドミティウス
　（Domitius Ulpianus）　21，22
エリザベス1世（Elizabeth I）　81
オーウェル，ジョージ（George
　Orwell）　276
オーウェン，ロバート（Robert
　Owen）　235
大塚久雄　6
オットマン，フランソワ（François
　Hotman）　62
　『フランコ・ガリア』　62
小野紀明　8
小幡篤次郎　217

人名・書名索引

■ か 行

ガイウス（Gaius）　22

カエサル，ユリウス（Julius Caesar）
103

カエレスティウス（Caelestius）　24

カステリヨン，セバスティアン
（Sébastien Castellion）　43

カトリーヌ・ド・メディシス
（Catherine de Médicis）　45,
46

ガリレイ，ガリレオ（Galileo Galilei）
66

カルヴァン，ジャン（Jean Calvin）
42–44, 62
『キリスト教綱要』　42

カント，イマニュエル（Immanuel
Kant）　12, 161, 191–196,
198–205, 268
『永遠平和のために』　191, 195,
196, 198
『純粋理性批判』　12, 193
『人倫の形而上学』　200
『判断力批判』　205

キケロ，マルクス・トゥッリウス
（Marcus Tullius Cicero）　21,
22, 51, 103, 104, 105, 204
『義務論』　103
『国家論』　103–105
『弁論家』　103
『法律論』　103

ギゾー，フランソワ（François
Guizot）　215, 263

グージュ，オランプ・ド（Olympe de
Gouges）　231

クック（コーク），エドワード
（Edward Coke）　82, 84

クリック，バーナード（Bernard
Crick）　225, 226

クリュシッポス（Chrysippus）　22

グレゴリウス7世（Gregorius VII）
29

グロティウス，フーゴー（Hugo
Grotius）　64–66, 202
『戦争と平和の法』　65

クロムウェル，オリバー（Oliver
Cromwell）　57, 106

ケプラー，ヨハネス（Johannes
Kepler）　66

ゲラシウス1世（Gelasius I）　29

ゲリー，エルブリッジ（Elbridge
Gerry）　122

ケルゼン，ハンス（Hans Kelsen）
244, 245
『イギリス法提要』　82

ゴドウィン，ウィリアム（William
Godwin）　232

コノリー，ウィリアム（William
Connolly）　9

コペルニクス，ニコラウス（Nicolaus
Copernicus）　66

コリニー提督（Gaspard de Coligny）
45

コンスタン，バンジャマン
（Benjamin Constant）　213

コンスタンティヌス帝（Flavius
Valerius Constantinus）　19, 23

コンドルセ侯爵（marquis de
Condorcet）　171

■ さ 行

佐々木毅　8

ザミャーチン，エヴゲーニイ
（Yevgeny Zamyatin）　276

『われら』　276
サン゠シモン（Comte de Saint-Simon）
　　270
サン゠ジュスト，ルイ・アントワー
　　ヌ・ド（Louis Antoine de
　　Saint-Just）　157
サンデル，マイケル（Michael
　　Sandel）　92
サンド，ジョルジュ（George Sand）
　　229，234
　　『アンヂアナ』　229
シィエス，エマニュエル゠ジョゼフ
　　（Emmanuel-Joseph Sieyès）
　　167，168，185
　　『第三身分とは何か』　167
ジェイ，ジョン（John Jay）　120
　　『ザ・フェデラリスト』　117，
　　119–123，126–128，253
シェイクスピア（William
　　Shakespeare）　279
　　『トロイラスとクレシダ』　279
ジェファソン，トマス（Thomas
　　Jefferson）　35，122，125
　　『ヴァジニア覚書』（Notes on the
　　States of Virginia）　122
ジェームズ1世（ジェームズ6世，
　　James I，James VI）　81，82
　　『自由な君主政の真の法』　81
シェリー，メアリー（Mary Shelley）
　　232
　　『フランケンシュタイン』　232
シャトーブリアン，フランソワ゠ル
　　ネ・ド（François-René de
　　Chateaubriand）　176
シャフツベリー伯爵（Earl of
　　Shaftesbury）　83
シャルル8世（Charles VIII）　31

シャルル9世（Charles IX）　45
シュトラウス，レオ（Leo Strauss）
　　9，70
シュペングラー，オスヴァルト
　　（Oswald Spengler）　274，275
　　『西洋の没落』　274
シュミット，カール（Carl Schmitt）
　　55，169
　　『獄中記』　55
小ロレンツォ（Lorenzo di Piero de
　　'Medici）　31，45
ジョージ3世（George III）　176，
　　177
シロタ，ベアテ（Beate Sirota）
　　230
スキナー，クエンティン（Quentin
　　Skinner）　8，9
スコッチポル，シーダ（Theda
　　Skocpol）　216
　　『失われた民主主義』　216
スボン，レーモン（Raymond of
　　Sabunde）　51，52
　　『自然神学』　52
スミス，アダム（Adam Smith）　6，
　　10，134，135，137，142–147
　　『国富論』　6，10，144，145
　　『道徳感情論』　146，147
セネカ，ルキウス・アンナエウス
　　（Lucius Annaeus Seneca）　55
ゼノン（Zēnōn）　22
セルヴェ，ミシェル（Michel Servet）
　　43
ソクラテス（Socrates）　19，102
ソールズベリのジョン（John of
　　Salisbury）　28
　　『ポリクラティクス』　28

人名・書名索引

■ た 行

高柳賢三　259

タキトゥス，コルネリウス　20，21

武田将明　11

ダール，ロバート（Robert Dahl）
130，131，246

チャールズ1世（Charles I）　82，
186

チャールズ2世（Charles II）　82

ツヴァイク，シュテファン（Stefan
Zweig）　272，273

ティエール，アドルフ（Adolphe
Thiers）　215

テイラー，チャールズ（Charles
Taylor）　9

テイラー，ハリエット（Harriet
Taylor）　238

テオドシウス帝（Theodosius I）
23

デカルト，ルネ（René Descartes）
67

デフォー，ダニエル（Daniel Defoe）
vi，4，6–8，10，11，13
『疫病の年の記録』　4，12
『ロビンソン・クルーソー』　3–5
『ロビンソン・クルーソーの生涯と
不思議な冒険中の真面目な省察』
5

デュパン，アマンディーヌ = オーロー
ル（Amandine-Aurore-Lucile
Dupin）　→サンド，ジョルジュ

デュマ，アレクサンドル（Alexandre
Dumas）　44
『王妃マルゴ』　44

トクヴィル，アレクシ，ド（Alexis de
Tocqueville）　131，211，

213–224，226，240，243，244，
268
『アメリカにおけるデモクラシー』
211，215，216，218，219
『アンシャン・レジームと革命』
215

トリスタン，フローラ（Flora
Tristan）　234，235
『パリアの遍歴［ペルー旅行記］』
235
『メフィス』　235
『ロンドンの散歩』　235

トロツキー，レフ（Lev Trotsky）
240

■ な 行

中村正直　236

ナポレオン・ボナパルト（Napoléon
Bonaparte）　213

ナポレオン3世（ルイ = ナポレオン，
Napoléon III）　215，254

ニーチェ，フリードヒ（Friedrich
Nietzsche）　274

ニュートン，アイザック（Isaac
Newton）　66

ノージック，ロバート（Robert
Nozick）　92

ノックス，ジョン（John Knox）
44

■ は 行

ハイデガー，マルティン（Martin
Heidegger，）　8

パウロ（Paulo）　23，41，46
「ローマ人への手紙」　41

バーク，エドマンド（Edmund
Burke）　76，174，175，177–

307

188，232，233
『現代の不満の原因を論ず』　175，
　178，185
『フランス革命の省察』　175，182
ハクスリー，オルダス（Aldous
　Leonard Huxley）　vi，267，
　279
『すばらしい新世界』　267，
　275–277，279
バジョット，ウォルター（Walter
　Bagehot）　250，253–257，
　259–262
『英国憲政論』　250，254，255，
　257，261–263
『ロンバート街』　255
パスカル，ブレーズ（Blaise Pascal）
　13
パットナム，ロバート（Robert
　Putnam）　216
『孤独なボウリング』　216
パドヴァのマルシリウス（Marsilius
　of Padua）　30
『平和の擁護者』　30
ハーバーマス，ユルゲン（Jürgen
　Habermas）　196，202
ハミルトン，アレクサンダー
　（Alexander Hamilton）　120，
　121，124，125，127
『ザ・フェデラリスト』　117，
　119–123，126–128，253
ハリントン，ジェームズ（James
　Harrington）　106，125，137
『オシアナ共和国』　106，137
ヒューム，デーヴィッド（David
　Hume）　134，135，137，
　139–141，143，144，148，177，
　178，193

『政治論集』（Political Discourses）
　139
フィルマー，ロバート（Robert
　Filmer）　83
フォイエルバッハ，ルートヴィヒ
　（Ludwig Andreas Feuerbach）
　270
福澤諭吉　217，236
『学問のすゝめ』　236
『分権論』　217
福田歓一　8
藤原保信　8
フス，ヤン（Jan Hus）　31
プーフェンドルフ，ザミュエル・フォ
　ン（Samuel von Pufendorf）
　70，71，85，202
『自然法と万民法』　70，71
ブライケン，ヨッヘン（Jochen
　Bleicken）　105
ブライス，ジェームズ（Viscount
　James Bryce）　226
『近代民主国家』　226
プライス，リチャード（Richard
　Price）　175
ブラクトン，ヘンリー（Henry de
　Bracton）　82
ブラックストン，ウィリアム
　（William Blackstone）　221
プラトン（Plato）　18，19，99，
　100，102，103
『ゴルギアス』　18
『ポリテイア（国家）』　19，99
フランクリン，ベンジャミン
　（Benjamin Franklin）　180
フランス，アナトール（Anatole
　France）　173
『神々は渇く』　173

人名・書名索引

フーリエ，シャルル（Charles
　　Fourier）　235
ブルック，メラー・ヴァン・デン・
　　（Moeller van den Bruck）　274，
　　275
ブルートゥス（Junius Brutus）　62
　『暴君に対する権利主張（ヴィン
　　ディキアエ・コントラ・ティラン
　　ノス）』　62
フロイト，ジグムント（Sigmund
　　Freud）　273，279
　『夢判断』　279
ペイン，トマス（Thomas Paine）
　　174，180–182
　『コモン・センス』　180，181
　『人間の権利』　182
　『理性の時代』　183
ヘーゲル，ゲオルグ・ヴィルヘルム・
　　フリードリヒ（Georg Wilhelm
　　Friedrich Hegel）　8，268–270
　『精神現象学』　269
ベーコン，フランシス（Francis
　　Bacon）　67
ベーズ，テオドール・ド（Théodore
　　de Bèze）　62
　『臣民に対する執政官の権利につい
　　て』　62
ペラギウス（Pelagius）　24
ベール，ピエール（Pierre Bayle）
　　58
ベンサム，ジェレミー（Jeremy
　　Bentham）　242
　『憲法典』　242
ポーコック，ジョン・グレヴィル・ア
　　ガード（John Greville Agard
　　Pocock）　8，137
ボダン，ジャン（Jean Bodin）　60，

　　63–65，69
　『国家篇』　63
　『歴史方法論』　63
ホッブズ，トマス（Thomas Hobbes）
　　8，60，61，64，66–76，81，84，
　　85，88，91，92，106，156，202
　『市民論』　67
　『ビヒモス』　73，106
　『物体論』　67
　『法の原理』　67，69
　『リヴァイアサン』　60，66，67，
　　71，72
ボテロ，ジョバンニ（Giovanni
　　Botero）　34
　『国家理性論』　34
ポリュビオス（Polybius）　103
　『歴史』　103

■ ま　行

マキアヴェリ，ニッコロ（Niccolò
　　Machiavelli,）　8，16，17，
　　31–36，40，45，51，53，69，79，
　　105，106，110，111，137
　『君主論』　31，32，34，36，45，
　　53，105
　『ディスコルシ（ティトゥス・リ
　　ウィウス「ローマ史」に基づく論
　　考）』　33，105，110
マッキンタイア，アラスデア
　　（Alasdair MacIntyre）　8，92
マディソン，ジェームズ（James
　　Madison）　35，117，119，120，
　　124，126–130
　『ザ・フェデラリスト』　117，
　　119–123，126–128，253
　「宗教課税に反対する請願と抗議」
　　35

マラルメ，ステファス（Stéphane
　　Mallarmé）　272
　『デカダンス』　272
マルクス，カール（Karl Marx）　6，
　　7，268，270，271，276
丸山眞男　8
マン，トーマス（Thomas Mann）
　　212
マンデヴィル，バーナード・デ
　　（Bernard de Mandeville）　138，
　　139
　『蜂の寓話』　138
ミル，ジョン・スチュアート（John
　　Stuart Mill）　231，235–246，
　　268
　『自由論』　236，239，240，244
　『女性の隷従』　231，235，238，
　　240，241
　『代議制統治論』　238，242
　『婦人論』　236
ミルズ，チャールズ・ライト
　　（Charles Wright Mills）　132
　『パワー・エリート』　132
ミルトン，ジョン（John Milton）
　　40，56
　『アレオパジティカ──許可なくし
　　て出版する自由をイングランド議
　　会に対して訴える演説』　56
メストル，ジョゼフ（Joseph-Marie
　　de Maistre）　184
メーソン，ジョージ（George Mason）
　　118
森有礼　93
モルネ，ダニエル（Daniel Mornet）
　　→ブルートゥス
モンテスキュー，シャルル・ド
　　（Charles-Louis de Montesquieu）

98，99，107–113，117，124，125，
127，140，177，253
　『ペルシア人の手紙』　107
　『法の精神』　107，108，111，113，
　　253
　『ローマ人盛衰原因論』　108，113
モンテーニュ，ミシェル・ド（Michel
　　de Montaigne）　vi，40，47–56，
　　69，161，223，224，268
　『エセー』　47–51，53，161，223

■ や 行

山本史郎　11
ユイスマン，ジョルジュ（Georges
　　Huisman）　272
　『さかしま』　272
ユスティニアヌス帝（Justinianus I）
　　22
ユング，エドガー・ユリウス（Edgar
　　Julius Jung）　275
　『劣等者の支配』　275
ヨーク公（Duke of York；後のジェー
　　ムズ2世）　82

■ ら 行

ライプニッツ，ゴットフリート
　　（Gottfried Wilhelm Leibniz）
　　192
ランゲ，H（Hubert Languet）　→ブ
　　ルートゥス
リップマン，ウォルター（Walter
　　Lippmann）　224，269，278
　『世論』　224
ルイ13世（Louis XIII）　64
ルイ14世（Louis XIV）　107，113
ルソー，ジャン＝ジャック（Jean-
　　Jacques Rousseau）　153–162，

164–166, 168, 170, 171, 174, 179, 180, 184, 194, 253, 268

『エミール』　155, 170, 194

『学問芸術論』　154, 155

『コルシカ国制案』　155

『社会契約論』　153, 155, 164, 170

『政治的経済論』　253

『人間不平等起源論』　155, 164

『ポーランド統治論』　155, 179

ルター, マルティン（Martin Luther）41–43, 212

ル・ボン, ギュスターヴ（Gustave Le Bon）　273

レーニン, ウラジミール（Vladimir Il'ich Lenin）　240

ロック, ジョン（John Locke）　35, 40, 57, 58, 71, 80–91, 93, 94, 111, 118, 135, 136, 141, 143, 181, 182, 252, 253, 256

『寛容についての書簡』　57, 91

『自然法論』　85

『市民政府論』　83, 84, 86, 89

『統治二論』（『市民政府論』）　80, 83, 88, 118, 252

『人間知性論』　84, 94

『父権論』　83, 84

ローティ, リチャード（Richard Rorty）　9

ロピタル, ミシェル・ド（Michel de l'Hôpital）　46, 63

ロベスピエール, マクシミリアン（Maximilien de Robespierre）160–162, 173, 174

ロールズ, ジョン（John Rawls）　92, 169, 170, 202

■ わ 行

我妻栄　153

ワシントン, ジョージ（George Washington）　120, 125, 126

著者紹介　髙山 裕二（たかやま ゆうじ）

1979 年生まれ。
2009 年，早稲田大学大学院政治学研究科博士課程修了，博士（政治学）。
現　在，明治大学政治経済学部准教授。
専門は，政治学・政治思想史。
主な著作に，『トクヴィルの憂鬱――フランス・ロマン主義と〈世代〉の誕生』
　（白水社，2012 年，サントリー学芸賞受賞）；『近代の変容（岩波講座 政治
　哲学 第 3 巻）』（分担執筆，岩波書店，2014 年）；『フランス知と戦後日
　本――対比思想史の試み』（共編著，白水社，2024 年）；「フランス自由主義
　「第 2 世代」と〈リベラル〉の誕生――経済優先の時代に政治座標軸の再生
　は可能か？」『年報政治学』71(2)，2020 年，191-212 頁；"Beyond 'civil
　religion' – on Pascalian influence in Tocqueville," *History of European Ideas*,
　48(5), 2022, pp. 518-535, ほか。また，翻訳に，C・ミュデ＆ C・R・カルト
　ワッセル『ポピュリズム――デモクラシーの友と敵』（共訳著，白水社，
　2018 年）などがある。

憲法からよむ政治思想史〔新版〕
A History of Modern Political Thought, New Edition

2022 年 9 月 20 日　初版第 1 刷発行
2024 年 9 月 30 日　新版第 1 刷発行

著　者	髙山裕二	
発行者	江草貞治	
発行所	株式会社有斐閣	

　　　　〒101-0051 東京都千代田区神田神保町 2-17
　　　　https://www.yuhikaku.co.jp/

印　刷	萩原印刷株式会社	
製　本	大口製本印刷株式会社	
装丁印刷	株式会社亨有堂印刷所	

落丁・乱丁本はお取替えいたします。定価はカバーに表示してあります。
©2024, Yuji Takayama.
Printed in Japan, ISBN 978-4-641-14952-6

本書のコピー，スキャン，デジタル化等の無断複製は著作権法上での例外を除き禁じられています。本書を代行
業者等の第三者に依頼してスキャンやデジタル化することは，たとえ個人や家庭内の利用でも著作権法違反です。

JCOPY　本書の無断複写（コピー）は，著作権法上での例外を除き，禁じられています。複写される場合は，そのつど事前に，（一
社）出版者著作権管理機構（電話 03-5244-5088, FAX 03-5244-5089, e-mail:info@jcopy.or.jp）の許諾を得てください。